当代学人文库

实体经济学

——给你带来财富的研究

刘开海　王华民　刘　露　著

华夏出版社

图书在版编目（CIP）数据

实体经济学／刘开海，王华民，刘露著．－－北京：华夏出版社，2016.8
（当代学人文库／魏清源，杨国安主编）
ISBN 978-7-5080-8893-8

Ⅰ．①实… Ⅱ．①刘…②王…③刘… Ⅲ．①经济学 Ⅳ．①F0

中国版本图书馆 CIP 数据核字（2016）第 156636 号

实体经济学

著　　者	刘开海　王华民　刘　露
责任编辑	霍本科　廖　贤
封面制作	殷丽云
出版发行	华夏出版社
经　　销	新 华 书 店
印　　装	三河市少明印务有限公司
版　　次	2016 年 8 月北京第 1 版　2016 年 8 月北京第 1 次印刷
开　　本	720×1030　1/16 开本
印　　张	17.75
字　　数	310 千字
定　　价	38.00 元

华夏出版社　社址：北京市东直门外香河园北里 4 号　邮编：100028
　　　　　　网址：www.hxph.com.cn　电话：010-64663331（转）
　　　　　　投稿邮箱：hxkwyd@aliyun.com　互动交流：010-64672903
若发现本版图书有印装质量问题，请与我社营销中心联系调换。

序一　在坚守中不断创新

史晋川[*]

开海兄是我熟识的一位学长，我们有着二十多年的交往。近十年来，由于开海兄离开学术界，投身商界，与他见面的机会就少了。数年不见，今年年初在杭州相会，已过花甲之年的开海兄竟捧出这么一部煌煌大作，着实令人大吃一惊。

据我所知，开海兄当年是从研读马克思经典著作《资本论》步入经济学理论研究领域的，是秉承马克思主义政治经济学的学术研究传统成长起来的经济学家。因此，这部著作的一个非常明显的理论特征，就是试图运用马克思主义政治经济学来研究当代中国的改革开放和经济发展。

中国改革开放近四十年来，经历了一场大规模的经济制度变迁——从计划经济走向市场经济，同时也经历了长时期的高速经济发展——从低收入国家步入了中等收入国家的行列。在这一历史巨变的过程中，中国的经济学理论也经历了空前的大发展和大繁荣，经济学已从改革开放前的传统政治经济学走向了与国际学术界接轨的现代经济学，经济学的研究成果为中国的改革开放和经济发展做出了巨大的贡献。从改革开放以来党和政府的重要历史文献以及党和国家领导人的重要报告中运用的经济学专业术语，就可以清清楚楚地看出中国经济学理论发展的印记，例如宏观经济和微观经济、总供给和总需求、市场准入和产业管制、混合所有制和公司治理，等等。毋庸讳言，中国经济学理论研究发展至今，坚持传统政治经济学研究道路的经济学者已经不多了，但是，开海兄无疑是其中的一位。

事实上，在当代中国，坚持传统政治经济学研究道路的经济学家也并不完

---

[*] 史晋川，复旦大学经济学博士，浙江大学文科资深教授。

全相同。据我个人观察，这一群体至少可以分成三种不同的类型：一是坚持运用马克思主义政治经济学理论，同时吸取现代经济学理论，与时俱进地研究中国改革开放和经济发展的学者；二是将马克思主义政治经济理论作为人类伟大的思想成就，从经济思想史或当代马克思主义研究的视角来研究政治经济学理论及经济思想演化的学者；三是仅从马克思的经典"本本"出发，热衷于把马克思主义政治经济学当作"大批判"的工具，成天高调批判"非我族类"经济学家的学者。对于上述第一类和第二类坚持传统政治经济学研究道路的经济学家，我从来都是抱着一份发自内心的尊重；而对于第三类学者，我实在没有功夫纠缠，只能避之唯恐不及。

在本书中可以看出，开海兄在坚持传统政治经济学研究道路的同时，也大量地学习和借鉴了现代经济学的理论和分析工具，从而在坚守中不断创新。坦率地说，阅读本书时，我首先想起的是陈寅恪先生当年为王国维先生写的碑文：

> 先生之著述，或有时而不章；先生之学说，或有时而可商；惟此独立之精神，自由之思想，历千万祀，与天壤而同久，共三光而永光。

当然，开海兄肯定不能与王国维先生相比，本人对陈寅恪先生也只有高山仰止，但我辈学者可以学习前辈"独立之精神、自由之思想"，努力成为一名认真做学问的问心无愧的经济学者。

是为序。

2016 年 5 月 31 日
于浙江大学玉泉校区

序二　创业的宝贵礼物

胡成中[*]

在当下全国"大众创业、万众创新"的热潮中，一部崭新的经济学著作隆重问世。这部由刘开海先生等学者合著的著作，给广大读者特别是为实现财富梦想的年轻人，送来了宝贵的礼物。

翻阅这部书稿时，我不由自主地回想起自己的创业历程。起初，我们这些"草根"办厂，根本不知道有什么"经济学"。有媒体记者问我创业致富有什么秘诀，我说我是靠"悟"。创业之初，我有三悟。

一悟出路。我因父亲被打成"新生的资产阶级分子"而辍学，初中只读一年就跟父亲学裁缝。改革开放之初，有着经商传统的柳市人，悄悄掀起跑供销、推销电器的热潮。我不安心学裁缝，常溜到离裁缝店不到300米的柳市汽车站——那里是当时的"信息中心"，去看看行人的神色，听听供销员走南闯北的故事。此时我悟出：外面的世界很精彩，如果到外面闯一闯，也许能闯出一番事业来。

二悟商机。我成了温州供销大军的一员，可说是赤手空拳闯天下。刚开始接电器业务，把长沙城里的影剧院、城郊的抽水机站跑了个遍，连续跑了十几天，还没接到业务。后来就朝有烟囱的地方跑。我想，有大烟囱的肯定是大工厂，工厂就得用电器。就这样，我终于接到了400元的接线鼻业务，在17岁时淘到了人生的第一桶金。

三悟企业生存。1984年，我们办起了求精开关厂。当时柳市的电器厂多如牛毛，假冒伪劣成风。我从上海请来的退休工程师王工提出，要想产品真正过关，必须创办一个测试实验室。面对当时天文数字般的投资，王工问我：

---

[*] 胡成中，德力西集团董事局主席兼总裁，第十、十一届全国政协委员。

"你要赚今天的钱,还是要赚明天的钱?"那时,我悟出了:质量是企业的生命!于是,我下决心借高利贷,办起了我国民营企业第一个热继电器检测室,不久拿到了部颁生产许可证,企业越来越兴旺。

随着市场经济体制的不断完善,"机会取胜"的时代已经永远过去了。这时,我意识到:光靠悟是不够的,必须学知识。我先后到清华、北大、美国加州大学等学府学习经济管理等课程。近年来,还研读了产业经济学,参加了全球金融工商管理(DBA)专修。只有不断"充电",用战略思考领引企业发展,才能在激烈的市场竞争中立于不败之地。我深感,口袋里的金钱是有限的,脑袋里的财富是无限的。

刘开海先生为北京大学经济学院访问学者,曾任多所大学客座教授,长期从事经济学研究、企业管理研究和培训工作。为了研究温州模式,他毅然下海,应聘到我们温州的民营企业工作。在德力西集团的三年多时间里,他以渊博的经济学知识,对我进行经济管理、投资等多方面的指导,使我受益非浅,我们俩也因此结下了深厚的友谊。

如今,捧读刘开海先生等学者的书稿,我深感欣慰。从德力西离职后,刘开海先生曾对我说:"说实话,当时虽然已是博士生和教授级高知了,如果不到众多的民族经济典范中去实践,我学不到真东西。"确实,这部著作中,有他理论与实践结合的结晶,有他不惧艰难严谨治学的心血。在书中,他对树立"实体经济是国家经济基础"的观念做了深刻的阐述,认为国家富强、家庭幸福、个人致富都要靠经济实体。他提出人口论新学说,认为人类完全可以养活自己。书中还有海洋经济中心论等观点,明白易懂,让人读后深受教益。他还从学术上分析了宗教冲突、难民、偷渡等热点问题,一洗经济学著作常有的空洞、空谈之风。

人生离不开财富,创造财富离不开知识。在此,我向读者热情推荐本书,希望每个人都能通过学习本书获得无限的财富。

2016 年 5 月 28 日于上海

序三　新常态，新经济学

余开元[*]

我国已进入社会经济的新常态。2014年5月，习近平总书记指出："我国发展仍处于重要战略机遇期，我们要增强信心，从当前我国经济发展的阶段性特征出发，适应新常态，保持战略上的平常心态。"为此，我们需要一本适应新常态、研究新常态的新经济学著作。新中国建立已经有60多年了——前30年百废待兴，虽然经历了许多困难和曲折，但是已经基本建立了工业、农业、科技、国防、社会公共文化服务的体系；后30年的改革开放使中国经济和综合国力实现了巨大的飞跃，中国已从国民经济总量排世界150多位的落后状态，上升为世界第二大经济体，取得了举世瞩目的成就。

中国有着5000多年文明史，有着"四大发明"，有着现代化的经济基础和社会文明，有占世界20%的人口，中国已经被世人公认为负责任的大国，是全世界发展中国家的代表，在许多科学领域都占有重要的一席。

在世界政治经济学创立400周年之际，刘开海教授和王华民、刘露同志适应新常态需要，出版了这部《新经济学》，填补了我国经济学研究的一大空白。这本书主要是为我国青年学生、创业者和经济管理干部写的，是一本很好的经济学教科书和重要的教学参考读物。

本书是研究财富的学说，论述了人们在社会经济生活中怎样发挥自己的能力，寻求和把握良好机遇，如何择业、就业、创业，如何融入经济实体、找到适合的岗位、实现自己的梦想，以及如何参与政府组织和非政府组织的管理和服务工作，努力为各种经济实体提供服务，从而使个人致富、家庭幸福、社会和谐、国家富强。人类进步、人民幸福都要以经济实体为基础。经济实体是物

---

[*] 余开元，第十二届全国人大代表，成都艺术学院创始人、校长。

质和精神产品的创造者，是社会的主体。

刘开海教授40年磨一剑，长期从事经济学、管理学、社会学、教育学等领域的研究，也长期到企业兼任经济顾问、总经济师、部门主管、总经理、总裁等实际岗位。他还深入我国大部分市县和乡镇，为本书的出版做了大量的调查和研究，精神可贵，值得倡导。

2016年5月17日，习近平总书记指出："一个没有发达的自然科学的国家不可能走在世界前列，一个没有繁荣的哲学社会科学的国家也不可能走在世界前列。"习总书记的讲话深刻阐述了创新理论、构建中国特色哲学社会科学的重大战略意义。刘开海同志从事的就是哲学社会科学理论学习和研究，近年来也涉及文化产业的研究。文化产业是我国经济新常态下亟需大力发展的主导产业、支柱产业。文化产业经济学将研究文化产业发展的路径、方法以及与其他经济部门的关系。

让我们携起手来，认识新常态、适应新常态、引领新常态，为实现美丽中国梦而共同努力。

2016年5月28日于北京

序四　尊重经典，锐意创新

邹健明[*]

本书作者刘开海是一位具有丰富实践经验的经济学家，是闲不住的人。他不断地阅读，不断地实践，不断地创新，积四十年之辛劳，终于写出了一部具有中国特色的经济学著作，值得为之点赞。

本书的特点：一是尊重经典，二是锐意创新。

本书多次提到《资本论》，这是尊重经典的体现。《资本论》是马克思一生的主要著作，是一部市场经济论、社会化生产论、科学发展论。马克思的《资本论》对中国产生了巨大的影响，他的政治经济学理论是世界政治经济学科学宝库中的重要组成部分。

马克思说："工人自己的合作工厂，是在旧形式内对旧形式打开的第一个缺口。"在合作工厂里，工人既是职工，又是股东；既是劳动者，又是投资者；既按劳取酬，又按股分红。劳动者拥有股权，就是拥有了财产，股权红利就是财产性收入。中国共产党的十七大报告提出"创造条件让更多群众拥有财产性收入"，十八大又强调"多渠道增加居民财产性收入"。劳动者既有劳动所得，又有财产性收入，才能真正富起来，"共同富裕"的目标才能最终实现。

任何国家都有国有制，但社会主义国家的特点是要重新建立劳动者的个人所有制。讲公有制时只想到国有制，而不知道要建立劳动者的个人所有制，这不能不说是中国理论界的疏忽。

作者刘开海在书中有很多创新，这部书可以说就是一部锐意创新之作。比如，书中提到了海洋，并明确提出要建立海洋经济学。过去，我们重视领土，忽视领海；重视陆地，忽视海洋。我们的经济学都是扎根在陆地上的，现在必

---

[*] 邹健明，四川省乐山市社科联顾问、中共乐山市委党校原常务副校长、经济学教授。

须同时扎根在海洋上，本书前瞻性地提到"海洋是未来世界经济的中心"。又比如，书中全面论述了"人是经济中最基础的力量"，并明确提出"经济学本质上是人学"，这是非常好的命题。我们经常讲"以人为本"，但往往把人同人民混淆起来。人民是相对敌人来讲的，是政治概念；人是相对动物来讲的，是一个广泛的概念。人既具有社会属性，也具有自然属性，把人仅仅看成是"社会关系的总和"，而忽视其自然属性，这是不全面的。书中谈到"人们的偏好"，实际就是论述人的自然属性。人们求生存、求安定、求发展，这是人与生俱来的偏好。人们在生存发展过程中必然要结成一定的关系，即经济关系、政治关系、文化关系、家庭关系、宗教关系、环境关系等，这就是人的社会属性。本书的创新在于第一次把人作为经济学研究的核心，不仅探讨了人的社会属性，而且探讨了人的自然属性，就凭这一点，就值得大为点赞。

本书的体系非常庞大，在结构上和内容上都不可能尽善尽美，也不能苛求作者做到尽善尽美。但全书的确体现了尊重经典，锐意创新，能够给我们带来精神财富和物质财富，这就足够了。随着实践的发展，我相信本书还会有第二版、第三版……

2016 年 5 月 15 日于乐山

前　言

敬爱的读者，放在你面前的是一本崭新的经济学著作、一本给你带来财富建议的书。

这本书是为富于创新、敢于创业的年轻人，为敢于追求财富梦想的人，为希望成为企业家的人，为关心个人和国家财富增加的人，特别是为大学生写的。

建立一门具有中国特色的"主流经济学"是中华民族的伟大梦想之一，作为一位中国土生土长的经济学者，我有责任、有必要、有能力投身于这一任务。本书就是作为中国"主流经济学"的教科书而构思、创作的。

一、为什么要建立中国的"主流经济学"？

虽然按人均GDP来计的，中国在世界各国中还处于中等偏后的水平，但是，从总量上看，中国已经成为世界第二大经济体。

中国的发展和进步是历史的必然结果，是全体中国人民，包括香港、澳门、台湾同胞，世界华人、华侨共同努力得来的。然而，中国经济学界的研究成果与现实状况很不一致，突出表现为，这几十年来，没有一本自己的"主流经济学"教科书。下面简要介绍一下建国以来中国经济学教材的大致情况。

1949—1970年，我们主要引进苏联原版《政治经济学》教科书，并以《资本论》第一卷作为大学教科书；后来有了苏星、于光远主编的《政治经济学：资本主义部分》"教科书"——这实际上只是一本手册式的普及读本。

1971—1980年，中国人民大学徐禾教授等人主编了《政治经济学概论》，这称得上是中国第一本自己编写的"政治经济学"教科书。但是，该书只被部分大学使用，实际上并没有流行开来。

1981—1999 年的 19 年间，中国的"政治经济学"教科书可以说是百花齐放，各种版本纷纷出现，主要有：《政治经济学》（北方本），主编是南开大学谷书堂、黑龙江大学熊映吾；《政治经济学》（南方 16 所大学教材），主编是四川大学宴仁章、石柱成；人民大学仍然使用徐禾主编的《政治经济概论》；复旦大学蒋学模主编的教科书《政治经济学》则被中央电大选为干部培训教材，其发行量很大。另外，各大学都相继编写了本校或几校共用的教材。

这些大学教科书，虽然结构上各有千秋，却都没有脱离传统的体系，严格来讲，照抄照搬的成分还是较多的。

从 2000 年至今，中国各个大学的经济学教科书主要是自编和从美国引进的。1998 年 8 月，美国的保罗·萨缪尔森和威廉·诺德豪森合著的《经济学》在中国大陆正式出版，此书引起了一阵"萨缪尔森旋风"，很快成为中国各个大学的主要经济学教科书。很多自编教材也参照该书的基本体系进行了修订。

在这几十年中，中国的经济学者从不同的角度发展、传播了经济学的理论和知识，为中国经济改革过程做出了许多重大贡献，特别是北京大学厉以宁教授和肖灼基教授对中国资本市场的建立，尤其是对中国股票、证券市场的创立和发展做出了巨大贡献。

同时，中国的专门经济学和部门经济学也有了很大的发展。可以说，我国已基本建立了具有中国特色的专门经济学和部门经济学体系，如北京大学厉以宁教授就主编了专门经济学著作《生产力经济学》和部门经济学著作《教育经济学》。

中国改革开放 30 多年的成功经验让世界瞩目，大多数发展中国家都希望学习和借鉴中国的成功经验以增进本国的发展。随着改革开放的深入和经济社会的进步，中国亟须建立有自己特色的"主流经济学"体系，为世界提供自己的经济学理论和知识。

在经济学理论和知识上，我们能向世界贡献什么？许多中国人从不同的角度做出了回答。例如：

林凌教授在 2006 年 10 月出版了《中国经济的区域发展》一书，着重阐述了中国改革开放的有益经验；

吴敬琏、马国川合著了《中国经济改革二十讲》，主要阐述中国继续改革开放的必要；

何新先生出版了《反主流经济学——主流经济学批判》，主要研究中国改革的宏观政策和战略，提议建立中国的"主流经济学"；

林毅夫教授出版了《繁荣的求索——发展中经济如何崛起》和《新结构经济学——反思经济发展与政策的理论框架》两本重要著作；

高鸿业教授主编了《经济学》；

刘伟教授主编了《经济学教程：中国经济分析》。

这些著作都是难能可贵、值得称道的，但都不是我所说的具有中国特色的"主流经济学"教科书。

经过近20年的准备和努力，我决定自己来完成此事。

二、笔者的学习和研究经历

1. 1974—1984年为主要的学习阶段

1974年，我在四川师范大学政治教育专业学习，开始接触政治经济学。也许是因为经历过三年困难时期的痛苦生活，我下决心要学习经济学（当时还只有政治经济学）。在那个年代，绝大部分同学都不大认真学习，但我却不一样，经常到图书馆去阅读经济类书刊。这是我打基础的阶段。

1983年，为了实现"经济报国梦"，我从当时人们认为"很吃香"的政府部门调到四川乐山师范学院，专门从事政治经济学的教学研究工作。

1986年，我到西南交通大学攻读政治经济学专业社会主义经济理论研究方向的硕士研究生，并一边讲授政治经济学课程。

1988年，我有幸参加编写由教育部主持的西南地区师专和教育学院使用的《政治经济学》教材，此书于1989年9月在西南师大出版社正式出版，我负责主编社会主义部分。在此期间，我专门阅读了几十本政治经济学著作，理论水平得到了较大的提高。

2. 1989—1992年是笔者研究经济学的关键阶段

1989年我成为北京大学经济学院第一位经济学专业的"国内访问学者"，师从肖灼基教授。这是一个极好的机会：第一，有机会见到中国经济学大师级的老师，如陈岱孙教授、胡代光教授、厉以宁教授、肖灼基教授等；第二，有机会利用北京大学图书馆的资料；第三，有机会到大师家去拜访，当面请教学术问题。在一次拜访胡代光教授期间，他就谈到了创立中国主流经济学的议题，当时我深受启发。

在这段时间里，我多次参加中国股市的研究工作，并积极策划、组织企业上市，成功鼓励、促成了乐山电力（600644）在上交所的上市，这是全国除上海市之外的30多个省市在上交所上市的第二家公司；同时策划了原川盐化（000506）在深交所的上市，这是全国除广东省之外的30多个省市在深交所上市的第一家公司。

3. 1992—2003年是本书的策划、准备阶段

我那时在杭州从事经济学教学和研究工作。1995年初夏，南开大学谷书堂教授到杭州讲学。一天，他到我家看望我，聊到了我的研究方向，我说想写一本类似凯恩斯的《就业、利息和货币通论》的书。这是我构思具有中国特色的主流经济学教科书的开始。

后来因为忙，更因为准备不充分而迟迟未动笔。

直到2003年春节，我利用假期写出了本书的写作大纲，并经过修订，于当年4月定名为《实证经济学——给你带来财富的建议》。

4. 2005年至今，是本书的资料收集和体系充实阶段

在这段时间内，我一直从事经济学研究和企业管理研究，把大量时间用于三个方面：一是了解和研究外国经济状况和经济学发展状况，关注世界经济和科技的新变化；二是到中国各地实地考察，据不完全统计，中国大陆的2868个县（区、市）中，我已跑过2360个；三是到企业去调查研究，包括到企业去兼职、为公司提供管理咨询服务等。

2013年，我正式决定，把"实证经济学"修改为"实体经济学"。经济学是实证的，实体是现实的。站在经济实体的立场上，我为经济实体的参与者和实践者，为服务于经济实体的政府官员、立法机构、司法机构、社会组织以及一切关心国家经济发展的人们写一本中国特色"主流经济学"教科书的基本条件已经成熟，可以付诸实际行动了。

三、笔者的创作计划

我的目标是出版一部有中国特色的"主流经济学"著作，书名为《新经济学——给你带来财富的研究》，全书共分为三卷：第一卷为《实体经济学——给你带来财富的研究》，第二卷为《虚拟经济学——股票、网络的淘宝时代》，第三卷为《国家经济学——宏观和区域财富管理》。现在读者看到的就是第一卷。

经济理论需要后继有人，因此，我引入了一位中年学者和一位青年学者参与本书的后期研究工作。中年学者王华民为北京大学经济学博士、北京市政协委员，他参与了全书提纲的研究，并承担了第十二章、第十四章的大部分写作，还通阅了全书。青年学者刘露女士系北京工商大学金融学硕士，从事国际期货、国家外汇管理、央企财务管理工作十余年，她参与了全书提纲的研究，并承担了第十五章的大部分写作，还通阅了全书。

综上所述，这是一本积40年学习、研究成果的著作，但愿能达到我的预想目标，为读者带来财富的启迪，为发展中国家探索经济新模式提供有益的帮助。

刘开海

2015年4月8日

目 录

导 论 ·· (1)

第一部分 实体经济是经济学的源泉和基础

第一章 经济学在实体经济中产生和发展 ·· (11)

    1. 经济学是从管理家庭开始的 ·· (11)

    2. 国王和王后的家政经济学 ·· (11)

    3. 经济史和经济学说史漫话 ·· (11)

    4. 经济学是经济学家的至理名言 ·· (12)

    5. 参与经济活动与学习经济学 ·· (13)

    6. 中国在经济学研究方面的缺陷 ·· (13)

    7. 对20世纪经济学的总结和概括 ·· (14)

    8. 市场经济是胜利之王 ··· (14)

    9. 空想是需要付出时间和代价的 ·· (15)

    10. 经济学是实证的产物 ·· (16)

    亮点、难点、重点与基本概念 ··· (17)

    问题与思考 ·· (18)

第二章 经济学研究的基础和出发点 ·· (20)

    1. 经济学研究的基础 ·· (20)

    2. 社会分工是经济学研究的出发点 ··· (21)

    3. 商品生产 ··· (23)

    4. 货币 ··· (24)

    5. 金融市场 ··· (26)

    6. 资源和效率 ·· (27)

    7. 经济学要研究的其他问题 ··· (28)

亮点、难点、重点与基本概念 ································ (29)
问题与思考 ··· (30)

第三章 企业是经济实体的核心和社会的基础 ················ (31)

1. 经济实体是什么 ·· (31)
2. 大、中型企业决定国家的经济命脉 ··························· (32)
3. 经济实体是社会组织的基本形态 ······························ (32)
4. 经济实体不但是生产、流通和服务的机器,也是赚钱的机器 ······ (33)
5. 社会组织、政府职能和经济实体 ······························ (34)
6. 经济实体是竞争的产物 ·· (35)
7. 大的经济实体是无所不能的 ······································ (36)

亮点、难点、重点与基本概念 ································ (37)
问题与思考 ··· (39)

第四章 政府和市场是经济的两大"魔方式"系统 ············ (40)

1. 宏观经济学产生新说 ··· (40)
2. 关于凯恩斯的宏观经济学 ·· (40)
3. 政府调节和政府干预 ··· (41)
4. 法律和行业管理 ·· (41)
5. 中介机构是政府和经济实体之间的桥梁 ····················· (43)
6. 总供给、总需求——看不见的手 ······························ (44)
7. 市场是由总供给和总需求决定的 ······························ (45)
8. 竞争产生生产过剩 ·· (45)
9. 短缺是中央集权或计划经济的必然 ··························· (46)
10. 中国的事业单位 ·· (46)

亮点、难点、重点与基本概念 ································ (47)
问题与思考 ··· (49)

第五章 国外是最好的经济实验场 ································ (51)

1. 任何国家的资源总是相对有限的 ······························ (51)
2. 小农经济是闭关自守产生的根源 ······························ (53)
3. 开放的经济才是科学的经济 ······································ (54)
4. 经济经验首先来自历史 ·· (54)

5. 经济实验在先，经济理论在后 …………………………………… (55)
6. 为什么医学重视病历 …………………………………………… (55)
7. 法学案例给人以实证的启示 …………………………………… (56)
8. 从推理小说看实体经济学 ……………………………………… (56)
9. 到国外去学习 …………………………………………………… (57)
10. 科学文化都是没有国界的 ……………………………………… (57)
11. 不同信仰的人们的经济行为却是一致的 ……………………… (57)
12. 学习其他"金砖国家"发展经济的成功经验 ………………… (58)
13. 经济实验场在自我完善中发展 ………………………………… (59)
14. 人的更新是经验的来源 ………………………………………… (59)

亮点、难点、重点与基本概念 ……………………………………… (60)
问题与思考 …………………………………………………………… (61)

第二部分 社会经济要素说：人、土地、资源、资本和信息

第六章 人是经济中最基础的决定力量 ……………………………… (65)
1. 人首先是属于一个国家的 ……………………………………… (65)
2. 人的出身是无法选择的 ………………………………………… (66)
3. 人是经济活动的主体 …………………………………………… (66)
4. 经济学本质上是人学 …………………………………………… (67)
5. 人们的偏好、求安、储蓄、消费 ……………………………… (67)
6. 人的文化趋向新说 ……………………………………………… (68)
7. 宗教——人类精神之谜 ………………………………………… (70)
8. 人的经济权利新说 ……………………………………………… (71)
9. 人在经济实体中生存 …………………………………………… (72)
10. 人的生产新说 …………………………………………………… (72)
11. 人不能超越社会环境 …………………………………………… (73)
12. 人可以超越自我 ………………………………………………… (74)
13. 人应该自我规划 ………………………………………………… (74)
14. 人力资本是社会生产力的基础 ………………………………… (76)
15. 人力是体力和智力之和 ………………………………………… (76)

亮点、难点、重点与基本概念 ……………………………………… (77)
问题与思考 …………………………………………………………… (78)

第七章　人才和就业是社会活动的本源力 (80)

1. 人才是相对的历史概念 (80)
2. 就业是人类发展的必然结果 (80)
3. 充分就业只是一种目标和愿望 (81)
4. 失业和社会积极稳定性 (82)
5. 从骑自行车看运动中的稳定 (83)
6. 劳动者的就业平等 (84)
7. 劳动价值观新说 (84)
8. 社会分工与就业 (85)
9. 劳动力的价格 (86)
10. 培养费用新说 (86)
11. 工资和社会工资 (88)
12. 继续教育费用 (89)
13. 人才的价格 (89)
14. 人才决定论 (90)
15. 机制留住人才说 (91)
16. 怎样得到人才 (92)

亮点、难点、重点与基本概念 (93)
问题与思考 (94)

第八章　土地是生存之母 (96)

1. 地球只有一个 (96)
2. 土地是不可再生的资源 (97)
3. 怎样看待地缘经济学 (97)
4. 从中东战争看世界经济中的土地问题 (98)
5. 工业化社会与土地的解放 (99)
6. 地下资源与人类命运 (100)
7. 地理地貌资源的运用 (100)
8. 地球到底能供养多少人 (101)
9. 马尔萨斯人口论与人口控制论 (102)
10. 保护环境是现代文明的标志之一 (102)
11. 人口老龄化趋向和土地利用率新说 (103)

12. 科学和文化的进步能解决土地问题 ……………………… (104)
13. 企业在保护地球中生存 ……………………………………… (105)

亮点、难点、重点与基本概念 …………………………………… (105)
问题与思考 …………………………………………………………… (107)

第九章 合理开发和利用资源是经济实体的天然使命 ……… (108)

1. 地表资源的开发和利用 …………………………………… (108)
2. 水资源的利用新说 ………………………………………… (110)
3. 淡水养殖 …………………………………………………… (110)
4. 地下资源的开发利用 ……………………………………… (111)
5. 空中资源的利用 …………………………………………… (112)
6. 国家控制资源命脉 ………………………………………… (113)
7. 资源的战略地位 …………………………………………… (113)
8. 资源开发的规划和利用 …………………………………… (114)
9. 资源为国民所用 …………………………………………… (114)
10. 资源开发与环境保护 ……………………………………… (115)
11. 资源开发的国家监管 ……………………………………… (116)
12. 民众有保护资源的权利和义务 …………………………… (117)

亮点、难点、重点与基本概念 …………………………………… (117)
问题与思考 …………………………………………………………… (119)

第十章 海洋是未来世界经济的中心议题 ……………………… (120)

1. 地球演化史 ………………………………………………… (120)
2. 沧海桑田 …………………………………………………… (121)
3. 海洋利用与海洋科学 ……………………………………… (122)
4. 人类走向海洋 ……………………………………………… (122)
5. 向海洋要土地 ……………………………………………… (123)
6. 海洋是人类的宝库 ………………………………………… (124)
7. 海洋捕捞业 ………………………………………………… (124)
8. 海洋养殖业 ………………………………………………… (125)
9. 海洋能源的运用 …………………………………………… (126)
10. 海洋航运的发展 …………………………………………… (126)
11. 海洋技术 …………………………………………………… (127)

12. 人类要保护海洋 ……………………………………………… (128)
　　13. 海洋管理 …………………………………………………… (128)
　　14. 海洋经济学的建立 ………………………………………… (129)
　亮点、难点、重点与基本概念 ………………………………… (129)
　问题与思考 …………………………………………………… (131)

第十一章　资本是人类经济的五大要素之一 ……………… (132)
　　1. 广义的资本 ………………………………………………… (132)
　　2. 资本是能增值的货币 ……………………………………… (133)
　　3. 资本主义是人类生产力急剧发展的阶段 ………………… (133)
　　4. 自由竞争与资本 …………………………………………… (134)
　　5. 资本的原始积累 …………………………………………… (136)
　　6. 人们不能改变历史 ………………………………………… (138)
　　7. 机遇是资本的重要源泉 …………………………………… (139)
　　8. 资本的继承性特征 ………………………………………… (139)
　　9. 资本是流动的 ……………………………………………… (140)
　　10. 国际资本 …………………………………………………… (141)
　　11. 国内资本 …………………………………………………… (141)
　　12. 人才资本和劳动力 ………………………………………… (142)
　　13. 科技资本 …………………………………………………… (143)
　　14. 杂交水稻之父 ……………………………………………… (143)
　　15. 比尔·盖茨的财富 ………………………………………… (144)
　　16. 改革开放以来的资本积累的特征 ………………………… (144)
　　17. 资本是变动的 ……………………………………………… (145)
　亮点、难点、重点与基本概念 ………………………………… (146)
　问题与思考 …………………………………………………… (148)

第十二章　经营和组合是经济的灵魂所在 ………………… (149)
　　1. 生产要素说 ………………………………………………… (149)
　　2. 经济要素学说 ……………………………………………… (150)
　　3. 法律配套说 ………………………………………………… (153)
　　4. 经营环境 …………………………………………………… (154)
　　5. 经济体制 …………………………………………………… (154)

6. 收入新说 ……………………………………………………… (155)
7. 分配学说 ……………………………………………………… (155)
8. 财富新说 ……………………………………………………… (156)
9. 公平要素说 …………………………………………………… (157)
10. 公正要素说 …………………………………………………… (157)
11. 公开要素说 …………………………………………………… (158)
12. 区域发展差异学说 …………………………………………… (158)
13. 流动要素说 …………………………………………………… (160)
14. 志愿者要素说 ………………………………………………… (160)
15. 国家调节学说 ………………………………………………… (161)
16. 有效组合学说 ………………………………………………… (161)
17. 政府服务要素说 ……………………………………………… (162)

亮点、难点、重点与基本概念 ……………………………………… (163)
问题与思考 …………………………………………………………… (164)

第三部分 企业经济论——财富之源

第十三章 市场是企业的赛场 …………………………………… (169)

1. 人是社会的基因 ……………………………………………… (169)
2. 企业是基因的组合 …………………………………………… (170)
3. 企业产生财富 ………………………………………………… (171)
4. 要想发财致富，就到企业中去 ……………………………… (172)
5. 不懂得企业的人，一旦有了权力就容易产生腐败 ………… (173)
6. 商场新说 ……………………………………………………… (175)
7. 市场 …………………………………………………………… (176)
8. 赛场新说 ……………………………………………………… (177)
9. 市场是公平的 ………………………………………………… (178)
10. 市场利润和平均利润 ………………………………………… (178)
11. 商业产生财富么？ …………………………………………… (179)
12. 善于"投机"新说 …………………………………………… (180)
13. 企业是有生命周期的 ………………………………………… (181)
14. 主业经营好还是产业多元化好 ……………………………… (181)
15. 搞好企业转换 ………………………………………………… (183)

亮点、难点、重点与基本概念……………………………………(185)
问题与思考……………………………………………………………(186)

第十四章 经营战略是企业的命脉……………………………(188)

1. 经营是企业之魂……………………………………………………(188)
2. 企业要有"隆中对"………………………………………………(189)
3. 经营是企业的生财之道……………………………………………(189)
4. 经营是一种谋略……………………………………………………(190)
5. 经营理念是企业最高负责人的指导思想…………………………(190)
6. 经营是实证的，也是难以捉摸的…………………………………(191)
7. 经营不能"照本宣科"……………………………………………(191)
8. 经营的诀窍在于抓住机遇…………………………………………(192)
9. 经营理念是别人学不到的…………………………………………(192)
10. 企业战略——经营理念的透视图说………………………………(193)
11. 企业家要善于让下属理解企业战略………………………………(193)
12. 战略是一面旗帜……………………………………………………(194)
13. 企业战略与企业形象策划…………………………………………(195)
14. 企业的行业定位……………………………………………………(195)
15. 企业标识的"三名四度"说………………………………………(195)
16. 企业的无形资产……………………………………………………(197)
17. 人品高于一切………………………………………………………(198)

亮点、难点、重点与基本概念……………………………………(198)
问题与思考……………………………………………………………(200)

第十五章 企业家和企业管理…………………………………(201)

1. 企业家的财富是风险收益的最大化………………………………(201)
2. 企业家三大素质：远见、冒险、组织力…………………………(202)
3. 企业家都是善于抓住机遇的高手…………………………………(203)
4. 企业家的品格是难以继承的………………………………………(204)
5. 你想当企业家吗？…………………………………………………(204)
6. 企业家大多数是企业创始人………………………………………(204)
7. 企业家是企业的精神领袖…………………………………………(205)
8. 企业文化来自企业家的修炼………………………………………(206)

9. 企业领导岗位是可以接班的 …………………………………………… (206)
10. 企业家是从市场拼搏出来的 …………………………………………… (207)
11. 企业管理是企业的制度化 ……………………………………………… (207)
12. 企业管理既是一门科学，又是一门艺术 ……………………………… (209)
13. 企业管理的主要内容 …………………………………………………… (210)
14. 程序管理与过程管理 …………………………………………………… (211)
15. 管理是相对的，服从是绝对的 ………………………………………… (212)
16. 经营是人治，管理是法制 ……………………………………………… (213)
17. 尊重人是管理的出发点 ………………………………………………… (213)
18. 管理面前人人平等 ……………………………………………………… (215)
19. 管理出效益，管理出质量和安全 ……………………………………… (215)

亮点、难点、重点与基本概念 ……………………………………………… (216)
问题与思考 …………………………………………………………………… (218)

第十六章 客户和服务是企业发展的动力 ……………………………… (219)

1. 企业为谁生产 …………………………………………………………… (220)
2. 海尔——个性化冰箱的创立者 ………………………………………… (221)
3. 满足客户需要就是满足自己 …………………………………………… (221)
4. 引导消费新潮流 ………………………………………………………… (222)
5. 学会时尚 ………………………………………………………………… (223)
6. 敢于前卫 ………………………………………………………………… (223)
7. 客户心理学 ……………………………………………………………… (224)
8. 推销产品 ………………………………………………………………… (225)
9. 推销企业 ………………………………………………………………… (225)
10. 推销自我 ………………………………………………………………… (226)
11. 逆势推销，突破重围 …………………………………………………… (227)
12. 服务至上学说 …………………………………………………………… (229)
13. 代理服务和服务代理 …………………………………………………… (229)
14. 服务人性化新说 ………………………………………………………… (230)
15. 服务成本、企业成本 …………………………………………………… (231)
16. 服务水平和企业水平 …………………………………………………… (231)
17. 服务没有终点 …………………………………………………………… (232)
18. 服务出效益，服务是企业的生命 ……………………………………… (233)

亮点、难点、重点与基本概念 …………………………………………（233）

问题与思考 ………………………………………………………………（235）

第十七章 诚信和竞争——企业外化管理 ………………………（236）

1. 诚信是企业生存之本 …………………………………………（236）
2. 商业秘密与诚信并不矛盾 ……………………………………（237）
3. 经营之道，诚信之道 …………………………………………（238）
4. 用产品和服务说话 ……………………………………………（239）
5. 诚信自我，让社会评价 ………………………………………（240）
6. 广告词与诚信 …………………………………………………（240）
7. 诚信，不战而胜 ………………………………………………（241）
8. 竞争，诚信之战 ………………………………………………（242）
9. 抢占市场靠什么 ………………………………………………（243）
10. 竞争是比赛 ……………………………………………………（244）
11. 联合协作出规模、出效益 ……………………………………（245）
12. 竞争——温州模式之谜 ………………………………………（245）
13. 为什么温州会产生名牌 ………………………………………（246）
14. 遵守游戏规则 …………………………………………………（247）
15. 行业协会的妙用 ………………………………………………（247）
16. 科研是竞争的根本 ……………………………………………（248）
17. 创新是致胜的法宝 ……………………………………………（248）

亮点、难点、重点与基本概念 …………………………………………（249）

问题与思考 ………………………………………………………………（250）

参考文献 ………………………………………………………………（251）

后　记 …………………………………………………………………（255）

导　论

经济学是经济学家和经济工作者总结国家和企业发展经验的产物。一代代经济学家们用不同的思想和方法，观察和分析世界经济发展的风云变幻，形成各自的理论体系，提出各自对经济发展的独到见解，这就形成了各种学派的经济学。

经济学家是时代的产物，经济理论是时代的标志。经济学家的理论、方法都是向国家最高管理者的献言献策——学者们力争说服国家的最高管理层接受自己的理论，运用自己提出的各种路线、方针和政策，以达到国家富强、民众富裕的目的。因此可以说，经济学家基本都是民族主义者和爱国主义者。

同时，经济学作为一门科学，无论叫什么名称，如政治经济学、宏观经济学、微观经济学、发展经济学等，应该说都是没有国界的。所以，真正的经济学理论也是为世界的发展服务的。

一、中国 60 多年的发展向西方主流经济学提出了挑战

近代以来，中国的经济学理论主要来自外国，这是因为中国近代以来长期处于半殖民地、半封建社会的状态中，外国侵略、军阀混战并存。长期的战争使中国人民不能把主要的精力放在经济建设上，所以，中国始终处于"一穷二白"的状态，难以出现自己的经济学家和经济理论著作。

新中国建立以后选择了走苏联式道路，基本照搬苏联的经济理论和经济政策，中国的经济建设因此走了将近 10 年的曲折道路，也产生了许多争议。

1. 关于所有制问题的争议

在建国的前 30 年，经济学界争论的核心问题是资产的所有制问题。长期以来，中国把经济重点放在消灭私有制，准确来说是彻底消灭私有制上面，甚至提

出了"跑步进入共产主义"的狂热口号。

同时，在经济政策和策略上，强调完全的公有制。从某种意义上讲，正是由于对马克思相关论述的片面理解，再加上当时国际环境对中国的影响，以及中国刚刚从战时共产主义经济的管理方式转变过来，所以人们比较片面地强调了公有制的主导地位。以公有制为主导，一方面为中国的经济建设打下了一定的基础，总体上改变了旧中国落后的经济体系；另一方面，又因为超越了生产力发展的水平，在很大程度上限制了广大劳动人民生产的积极性，特别是严重地压抑了占中国人口80%以上的广大农民的劳动热情和生产积极性。此后中国又经历了"三年困难时期"和"十年动乱"的严重影响，生产力的发展受到了严重的制约。

到了20世纪70年代，中国的发展如果纵向比较，成就是巨大的。但是，横向比较，同发达国家相比，差距还很大，特别"亚洲四小龙"的出现，让国人不得不深刻地反思：到了改革的关头，应该怎么改？农村的生产承包责任制取得了很大成功。这个改革，实际上就是农村所有制从集体经营转向个体经营的成功。这种经验拿到城里可以吗？城市集体经济转向个体经济也是可以的。随后乡镇企业的兴起，给城市国有、集体经济与其说是带来了巨大冲击，不如说是树立了榜样。但是，全民所有制经济可以改变吗？国有经济的主体地位可以改变吗？这些问题引起了极大的争议。

2. 市场和计划的对立

中国的改革首先从农村生产承包责任制开始，极大地解放了8亿农民的生产积极性和活跃性。中国人在经过前30年自力更生的基础经济建设之后，真正开始了国家经济的腾飞，同时也真正开始了中国人的经济学理论和体系的建设。中国经济学的思想基础建立在"实事求是"、"一切从实际出发"、"实践是检验真理的唯一标准"之上，也建立在对无数实践的总结之上。改革开放的伟大成就为中国经济理论的建立提供了基础。

直到现在，中国经济学界最重大的争论，仍然是所有制问题和市场、计划的对立问题。邓小平同志"资本主义也有计划，市场和计划都是手段"的科学论断，使中国的经济改革走上了正轨，中国人开始用自己经济发展的实践来创立自己的经济理论。

近60年来，特别是改革开放30年来中国的经济建设，为世界各地的发展中国家提供了一条全新的经济发展道路。因此，中国人应该把自己所创立的经济理论和方法贡献给世界，建立具有中国特色的"主流经济学"。

二、关于研究经济学的方法

笔者认为，经济学的研究方法应该多种多样，本书主要采取以下几种基本方法：

1. 实证方法

经济学理论是从经济实践中总结出来的，只有经过经济实践证明的理论，才是真正科学的。西方主流经济学中也有"实证经济学"，它回答的是如下问题：为什么医生比看门人赚的钱要多？自由贸易是提高了还是降低了美国人的工资？增加税收对经济的影响是什么？这些问题尽管很难回答，但是，只要利用分析和经验例证，就可以找到答案。因此，经济学家将这类问题归于实证经济学的范畴。

笔者认为，用实证的方法能解决在经济实践中很难回答的问题，或者说，利用分析和经验验证的方法可以找到很多经济问题的答案。可以说，经济学首先是实证的，其次才是有用的。

2. 辩证和逻辑方法

在18世纪，逻辑学得到了普遍的应用和推广，成为人们思维的重要方式之一。无论是形式逻辑还是辩证逻辑，都属于人们研究科学的重要工具。分析研究和逻辑推理尤其适合于社会科学研究。

科学的方法只有得到合理的运用才会有效。适用有效应该是对经济学理论的普遍要求之一。马克思的经济学理论在中国得到了长期、广泛的运用，但是，有时也受到了一定的曲解。因此，研究经济学还需要将辩证和逻辑方法与历史结合起来。

3. 历史的方法

历史的方法是人类研究社会和自然可以采用的普遍方法之一。人们可以创造历史，但不能超越历史和改变历史，因为历史客观地反映了社会发展的一定过程，同时也反映了某段历史时期内的主客观环境和条件。中国人有句俗语："看他的昨天，可以知道他的今天；看他的今天，可以知道他的明天。"这个道理对一个人、一个社会、一个国家都适用。所以，分析社会的历史，可以科学地预测社会的发展，预测经济学的未来。

4. 数学的方法

数学是人类进行科学研究的基本方法和手段之一，也是自然科学和社会科学普遍采用的重要工具之一。经济学家们通过数学统计，对经济史进行分析和比较，找出经济发展的规律和方法。

20世纪30年代，荷兰经济学家詹思·丁伯根最先提出了计量模型理论，并和他人共同创立了计量经济学，为经济学的发展做出了十分重大的贡献。但是，后来人们建立了大量的经济学模型来解释各种经济现象，证明自己的经济学观点，甚至试图用复杂的经济模型来代替经济理论。从某种意义上来说，那些让人看不懂的经济模型把人们引向了歧途。因此，笔者认为，经济学研究需要运用数学方法和数学模型，但是把数学模型的功能极端化是不可取的。

5. 拒绝假设

经济学家们在研究经济的过程中，为了便于交流，为了把纷繁复杂的事物简化和单一化，往往假设某些条件不存在，或者假设某些条件是不变的、假设某些条件是相同的。这种方法用来研究数学问题是可以的、有效的，但是，经济问题极其复杂，与其相关的因素是多方面的，同时也是千变万化的。因此，我们在研究经济问题的时候，像研究数学问题一样对相关条件做假设，从表面上看可以自圆其说，但实际上所有的假设都可能与现实不符。所以，本书在研究经济命题的时候会尽量避免假设。

我们在日常生活中常用"如果"，实际上现实生活是没有如果的。经济问题都是现实问题，都关系到个人、家庭、企业、政府等具体单位的切身利益。可以说，经济学研究的多数都是已经发生的问题，即使是那些尚未发生的事件，也都是自然、社会规律所决定的，都不需要做不必要的假设。所以，经济学对未来的预测是事物发展趋势的客观反映，没有什么如果可言。

6. 归纳和综合分析的方法

经济的发展是由各方面的因素所决定的，各种因素之间又是互相影响、互相联系、互相制约的。对经济问题的分析和研究是一个宏大的系统工程，我们必须应用信息工程、系统工程的方法来研究经济问题。凡事不要轻易做结论，更不能简单地下结论，只有把复杂的经济现象进行归纳，再综合分析，才能得出科学结论。

关于经济学的研究方法有很多，但是，归根结底应该是实证的、辩证的、逻辑的、历史的、数学的、归纳的和综合的方法。

三、关于经济理论和经济政策的研究

经济学家的研究成果如果符合一定的历史发展阶段，就能够制定出合理的政策，对经济社会的发展做出重大贡献。亚当·斯密的《国富论》对英国的经济发展起到了十分积极的影响和推动作用，后来的凯恩斯主义、发展经济学等多种经济理论也都对经济的发展做出了许多积极的贡献。

1. 关于政治与经济学的研究

从 1615 年法国人蒙克莱田出版《献给国王和王后的政治经济学》开始，在此后近 330 年里，经济学都是与政治紧密联系在一起的。所以，这段时期被称为政治经济学的时代。

20 世纪 30 年代凯恩斯主义的产生，标志着宏观经济学的诞生。由于凯恩斯的经济学相当侧重于对国家宏观政策的研究，而宏观政策往往是和政治紧密相连的，所以宏观经济学从某种意义上来说仍然属于政治经济学的范畴。

对于任何国家和地区而言，经济都是和政治紧密相连的。经济是社会发展的基础，政治又对经济的发展产生重要的影响，甚至起着某种决定性的作用，在战争年代或者物质财富比较匮乏的情况下更是如此。

2. 经济学与政治是紧密联系又相对独立的

马克思曾讲过，经济学的本质是法学。法律又是国家制定的、规范人们行为的准则。法律代表着社会各政治集团、政治阶层的权利和利益，所以，在社会矛盾相对缓和的历史时期和历史阶段，经济学的理论是相对独立于政治的；反之，在社会矛盾趋于紧张的历史阶段，经济学的理论是完全服从于政治的。有相当部分的人重视政治与经济学的结合，而忽略经济理论和经济政策的相对独立性，这是人们应当十分重视的经验教训。

四、对经济发展状况的划分

对国家经济状况的划分主要有以下几种标准：

1. 世界银行的标准

作为世界上最有代表性的国际组织之一，世界银行自成立以来对全球经济的发展做出了很多重大的贡献。

世界银行制订了一个衡量经济水平的标准，即按人均国民收入（GNI）来划分国家经济的发达状况，具体标准是：

人均国民收入低于 975 美元为低收入国家。

人均国民收入在 976 至 3855 美元之间为中等偏下收入国家。

人均国民收入在 3856 至 11905 美元之间为中等偏上收入国家。

人均国民收入高于 11906 美元为高收入国家。

以上标准不是固定不变的，而是随着经济的发展不断进行调整。

2. "三个世界"的划分标准

在 20 世纪 60 年代，中国领导人提出了"三个世界"的理论，这是对世界政治经济发展理论的重大贡献。把美国和苏联称为第一世界，把其他 20 多个经济发达的国家称为第二世界，把此外的将近 180 个国家和地区称为第三世界，这是中国人以经济为主要标准对世界各国的科学划分。

随着苏联的解体和欧洲社会主义国家的变迁，世界各国的经济以及政治形势都发生了相应的变化，特别是随着殖民主义体系的基本瓦解，世界各国的状况又有了新的变化。世界进入了和平与发展为主流的时代，新的时代给世界各国带来了极好的发展机会。中国经济的发展和起飞就是这个时代最好的例证。

3. 现在的划分

当今世界共有 220 多个经济体，大致可以分为以下几类：

20 国集团。以美、英、法、德、日为主体的经济发达国家形成了 20 国集团。20 国集团所代表的经济体占了世界经济的一半以上，体现了 18 世纪以来人类发展的主要经济成果。

以上为人们常讲的经济发达国家。

"金砖五国"。"金砖五国"是中国、巴西、印度、南非、俄罗斯,它们体现了20世纪后期以来的30年世界经济发展的重要成果和新的态势。"金砖五国"的出现,为人类的发展创造了新的模式和新的榜样。

"亚洲四小龙"。"亚洲四小龙"是指韩国、中国台湾、中国香港和新加坡等四个国家或地区。它们的崛起反映了当时经济发展的新动态和新潮流,为资源短缺、人口较少的国家和地区树立了发展经济的榜样。

石油产出国。有十几个石油产出国未被列入20国集团,尽管它们在20世纪70年代的人均国内生产总值(GDP)已达到了发达国家的水平,但是,它们的综合实力还有些缺陷,人们习惯上还没有把这些国家与20国集团的国家并列。

以上40多个国家可以说是中等发达国家。这只是大体的划分。其中,俄罗斯就综合国力而言,应划入发达国家之中;中国虽然是"金砖五国"之一,但是人均GDP还处于发展中国家之列。中国是世界上最大的发展中国家。世界上的发展中国家约有130多个,它们的人口约占世界人口的70%,面积约占世界面积的60%。这些国家都面临着发展经济、消除贫困的问题。

此外,据不完全统计,在世界上现有的220多个经济体中,还有20个左右属于贫困国家或地区。

五、关于经济学的继承与发展

1. 关于继承

没有继承哪有发展,没有发展哪有继承。经济学在继承中发展,在发展中继承,才有了今天的世界范围的繁荣。

本书的研究是对世界经济理论的精华部分加以继承并发扬光大的结果。在研究过程中,笔者首先结合中国近60年来的发展进程,总结出适合中国国情的经济理论和经验,同时又借鉴学习了其他国家和地区的有益经验,并加以概括,最后得出了新的经济学理论。

2. 关于发展

正确和科学的经济理论都是经过经济实践活动证明的、有用的经济理论,本书力图对中国经济发展的成果进行总结,为其他经济体提供参考,更重要的是为中国经济未来的发展提供科学实用的经济学理论。

中国是世界上最大的发展中国家,中国有理由、有责任、有义务为其他发展中国家提供经济发展的有益理论和经验。

第一部分

实体经济是经济学的源泉和基础

第一章

经济学在实体经济中产生和发展

1. 经济学是从管理家庭开始的

古希腊哲学家色诺芬①的《经济论》一书是人类有史以来第一次使用"经济"一词。这本书主要论述一个优秀的主人如何管好自己的财产并且使自己的财产不断增加。色诺芬所处的时代距今已有2500年的历史了。

"经济"一词在中国也早就出现了。《中庸》中说"凡为天下国家有九经",这里的"经"是规范的意思。同时,经济还有济世济民、治理国家等意思——经是管理国家的道理,济是惠济百姓的实际行动。

2. 国王和王后的家政经济学

政治经济学的产生。1615年,法国重商主义经济学家安·德·蒙克莱田出版了《献给国王和王后的政治经济学》一书。他在书中指出,"政治"一词在希腊文中是城邦、国家的意思。从此,政治经济学开始由研究家庭管理转变为研究国家管理。

在中文文献里,"政治经济学"一词最早出现于1908年朱宝绥翻译的美国人麦克凡所著的《经济学原理》一书,从此,中国开始与世界同步研究政治经济学。

3. 经济史和经济学说史漫话

经济学说史在近几百年来成为人们极其关注的一门社会科学,这是因为经济学说直接影响国家的经济政策,关系到社会各阶层的切身利益。这也是我们

---

① 色诺芬,古希腊哲学家、政治家、社会学家,一生出版了许多著作,其中,《经济论》对后人影响很大。

要学习经济学的重要原因之一。

历史在不断进步，经济学也产生了众多的分支和流派，其中最基础、运用最广泛的就是理论经济学。本书就属于理论经济学的范畴。理论经济学是对经济学理论的基础部分和主干部分的研究，并直接指导经济实体的发展，促进个人财富的增加。

尽管大部分人都要从事与经济实体相关的工作，但是专门研究经济学的人毕竟是少数，更何况理论经济学体系庞大、流派纷呈，要把经济学理论运用到经济实践当中去又是一门相当重要的学问，因此才产生了应用经济学。应用经济学包括企业管理学、市场销售学、工商管理学等诸多内容。

由于理论经济学涉及整个人类生存和发展的各个方面，所以专门理论经济学就随之产生了，如：经济学研究生产力的问题，相应就产生了生产力经济学；理论经济学研究生产、交换、分配和消费四个环节，其中消费在四个环节中起着十分重要的作用，人们随之创立了消费经济学；此外还有劳动经济学、发展经济学、短缺经济学等。

随着社会分工的发展，国民经济产生了众多的经济部门。部门经济学研究的就是经济部门在国民经济中的地位及相互关系、本部门经济发展的方向和趋势。一般来说，一个国家会有几十个到上百个经济部门，许多大的部门还管理着几个细分的经济部门。中国国务院常设的经济部门一般在 50 个左右（不同的历史时期有不同的调整）。因此，中国应该有 50 种部门经济学，如农业经济学、工业经济学、教育经济学、民族经济学、林业经济学、运输经济学等。

4. 经济学是经济学家的至理名言

经济学是时代发展和进步的产物，经济学家也是时代的产物。时代的发展是跌宕起伏的，也是波澜壮阔的。时代的前进犹如大江大河，春天水流平缓，夏天洪峰滔天，秋天波澜犹存，冬天则是平静的枯水季节。经济学家就随大江大河的流水变幻产生于不同季节。有的经济学家产生在经济形势很好的年代，他们的理论往往偏向于发展经济学。有的经济学家产生在洪水或者寒冬的季节，如凯恩斯就产生在人类发展的寒冷冬季，所以，他的经济学理论研究的是如何过冬、怎样创造美好的春天。时势造英雄，正是因为如此。

经济学说和著作一般都是由五大部分组成：对经济政策、经济过程的描述；对过去的经济学家和当代经济学家的评述；对经济实体成败的叙述和评论；对经济学理论的创新和对国家经济政策的建议和意见；对未来的预测。

5. 参与经济活动与学习经济学

人总是要参与经济活动的。任何人都要不同程度地参加社会经济活动。婴儿和老人也要参与消费活动——消费是经济活动中十分重要的环节。人们生产的目的就是为了消费，不但自己要消费，家庭成员也要消费。

在中国，人人都是公平、平等、自由的社会成员，人人都要参与社会劳动。在有些国家，如英国，由于长期以来的私有财产继承，有少数人可以不参加广义的社会劳动，但是，他们也要参加社会活动。可以说，对家庭遗产的管理也是一种劳动。

人人都要学习经济学。经济学是研究人类生产、流通、分配、消费的社会科学。人们对社会财富的占有和支配的欲望是趋向于最大化的，而经济学能帮助人们有效处理社会资产和个人财富。所以，想要生活得更充实和更富足一些，就必须认真学习经济学。最近流传的一句格言"你不理财，财不理你"是有一定道理的。

6. 中国在经济学研究方面的缺陷

一直以来，中国的经济学理论主要引进自国外。近百年来，中国先后翻译和引进了欧、美、日等工业发达国家出版的许多部经济学著作。前面提到的美国人麦克凡的《经济学原理》可以说是中国翻译的第一本国外经济学著作。后来，中国有很多青年精英到欧美学习经济理论，他们也翻译了一些经济学著作，其中最重要的是马克思的《资本论》。

在经济学方面，中国近百年来的最大缺陷是照抄照搬外国的经济学理论，尤其是照抄照搬马克思的经济学理论。我们学习马克思的经济理论，应该认真领会其精神实质，根据中国的实际，制定出适应中国的经济发展模式。

正因为习惯于照搬照抄，我们到今天为止还没有建立起具有中国特色的"主流经济学"。所谓"主流经济学"，应该是在国家的主流大学、经济部门和经济实体中都被广泛学习和运用的经济学理论。

中国主流经济学的创立，需要多方面的支持、帮助和协同。本书的出版算是一次抛砖引玉的大胆尝试。

7. 对 20 世纪经济学的总结和概括

20 世纪是人类历史上最为悲壮和最为成功的世纪。最为悲壮是指 20 世纪发生了两次世界大战和许多局部战争，使得 20 世纪特别是前半期世界人民都处在战争的灾难之中。20 世纪的前 20 年是第一次世界大战时期，虽然第一次世界大战前后只有 4 年多的时间，但是，在其他的十几年里，大大小小的殖民主义战争连绵不断，给人类的经济带来了极其严重的破坏。

在这一历史时期，资本主义进入了垄断阶段，经济危机不断发生。经济学领域被阿尔弗雷德·马歇尔[①]在 1890 年出版的《经济学原理》统治了四十多年，大多数国家都传播和应用着马歇尔的经济学。在第一次世界大战结束以后，世界经济发生了前所未有的危机，按照马歇尔的经济学理论制定的经济政策已经严重失灵了。在随后爆发的 1929—1933 年的经济大萧条、大灾难中，马歇尔的经济学理论完全不能解决问题。

时代呼唤着新的经济学理论，约翰·梅纳德·凯恩斯[②]这样的经济学家就应运而生了。他在 1936 年出版了著名的《就业、利息和货币通论》这本开创性的理论经济学著作。在以后的几十年里，凯恩斯的经济理论成为世界的主流。

当然，我们不得不提的是，在第一次世界大战期间，世界上第一个社会主义国家苏俄诞生了。苏俄选择以马克思的政治经济学为理论基础，这可以说是凯恩斯学派之外的另一种主流经济学。

两大理论并行的局面直到 20 世纪 90 年代苏联解体以后才发生较为重大的变化。

8. 市场经济是胜利之王

社会经济是由成千上万的经济实体主导的，所谓经济实体主要是指企业。很多人在探索和研究美国成功经验的时候得出了这样的结论：美国人人都在搞企业。笔者认为这个结论是比较客观和科学的。

[①] 阿尔弗雷德·马歇尔（1842—1924），著名经济学家。
[②] 约翰·梅纳德·凯恩斯（1886—1946），剑桥大学教授，以出版《就业、利息和货币通论》而世界著名。

中国长期处于"官本位"① 的状态，这在很大程度上阻碍了中国经济的正常发展。所以，中国和大部分发展中国家都应该发展经济实体，确立企业在国民经济中的主体地位。

在改革开放初期，人们争论的焦点在于是否应该坚持计划经济。当时，中国学习苏联，搞高度集中统一的计划经济，计划经济是当时中国经济学理论的核心。可以说，中国改革开放的初期基本上没有所谓的市场。中国主要的社会产品还处于计划调配、计划供给的阶段。

随着改革开放的深入和发展，中国才进入了以计划经济为主、市场经济为辅的阶段。中国的改革开放首先是在农村实行了市场经济或者说部分实行了市场经济，后来在消费品方面也很快实行了市场经济，但是，在生产资料方面仍然是以计划经济为主。

在生产资料方面的市场经济是从乡镇企业的大发展开始的，也可以说是从农村开始的。现在中国的民营企业大部分就是从改革开放初期的乡镇企业转变而来的，也有部分是国有企业改制而来的。

市场是人类生产和社会发展的经济平台，市场是社会发展的主要经济手段和不可磨灭的经济要素。可以预见，在未来的几百年中，市场仍将是经济发展的重要舞台。

不过，21世纪初迅速兴起的以互联网为平台的网上购物、网上结算、网上阅读、网上交友等互联网经济模式，彻底改变了传统的市场模式，生产者与消费者之间的直接商品交换渐成主流。互联网经济使有形的市场变得越来越小，无形的市场变得越来越大，几乎不受任何时间空间条件的限制。这一历史性的变化，将给经济学理论带来革命性的变化。

9. 空想是需要付出时间和代价的

空想和梦想是有区别的。所谓空想，是指人们的想象与社会的实际状况有巨大的差距。空想的实现是极其困难甚至是不可能的。进一步来说，空想的实现要经过非常长的时间过程。但是，根据对人类思维的科学研究，任何人的想象都不是完全凭空产生的，人们之所以会有某一想法，必然来自自然界或者他人思想的启迪或提示。

---

① 中国历史上遗留下来的"读书就是为了做官、官方的意志起决定作用"的一种传统思想观念。

从某种意义说，人类不可能产生完全无缘无故的想法，除非他的头脑处于病态。有许多神话故事在当时看起来是难以实现的、不可能的，但是，这些空想随着人类的进步都变成了现实。比如，飞机的发明把人类上天的空想变成了事实。

梦想本质上是指人们在睡梦中的某种思想。梦不是大脑的积极思维，而是大脑在睡眠状况下产生的某种奇特的想法。人的一部分梦想是可以实现的，这就是所谓的梦想成真，但大部分梦想是难以实现的，或者说是梦者以及梦者这代人或几代人难以实现的。

空想社会主义的创始人对社会的改革做出了超乎人们想象的设想和计划，这些设想在他们那个时代部分成功实现过，但是，他们的这种想法不可能长久，更不可能在全社会普及。所以，后来人们才把他们所设计的经济制度称为空想社会主义。

空想社会主义的创立者为之付出了沉重的代价。苏联搞的"土豆烧牛肉"的共产主义也让苏联人付出了沉重的代价。

新中国建立以后，经过3年时间的过渡，顺利进入了社会主义建设时期，这个开头是很好的。后来，由于空想社会主义的严重影响，再加上苏联假共产主义高潮对中国产生的严重影响和危害，中国人付出了沉重的代价。直到新中国建立30年以后，人们才开始了有中国特色的社会主义建设。这是对假共产主义的有力批判。

10. 经济学是实证的产物

世界上也有少数经济学理论被称为纯粹的经济学理论，这种理论采用一系列的逻辑推理或数学公式，从理论推演出新的理论——这种理论大部分与社会经济实际脱离，很难得到运用，所以被称为纯理论经济学。在中国改革开放初期，笔者曾听到一个经济学教授给企业的厂长、经理上经济理论课，该教授根本无法回答听课者提出的问题。这大概是纯理论经济学研究的鲜活实例。

新的经济学理论主要来自两个方面：一个方面是前辈或者说其他经济学家的经济理论，另一方面是现实的经济生活。经济学家所创立的理论，必须运用于社会经济的实践。只有被经济实践证明了的，才是最好的经济学理论。

有些经济学家的理论在刚刚提出时不一定能为社会所用，却在几十年后，甚至更长的时间之后才为人们所认识，才为社会经济实践发挥积极的指导作用，才为社会实践所证实。发展经济学就是一个典型的例子。发展经济学真正的创立者是中国经济学家张培刚先生。在20世纪40年代，张培刚在美国留学期间发表的博士论文的主题就是发展经济学。30年之后，美国经济学家才开始研究发展经济学。

亮点、难点、重点与基本概念

亮　点

1. 经济学分为理论经济学和应用经济学。近400年来经济学的主体是理论经济学，其中又包含专门经济学（如生产力经济学）、部门经济学（如教育经济学、农业经济学）等。
2. 人人都要学习经济学，"你不理财，财不理你"。
3. 中国要创立自己的主流经济学，并为其他发展中国家提供借鉴。

难　点

1. 怎样正确认识苏联社会主义经济模式？苏联已解体二十多年了，应该从中得到什么启发？
2. 空想和梦想有什么区别？
3. 经济学理论为什么要经过实践检验？

重　点

1. 政治与经济关系。
2. 经济理论和政策。
3. 市场的地位。

基本概念

经济、经济学、政治经济学、主流经济学、空想社会主义、计划经济、市场、市场经济、发展经济学。

问题与思考

1. 近 400 年来经济学的历史给你的启发是什么？

自 1615 年蒙克莱田出版《献给国王和国后的政治经济学》后，经济史的重点分别是：

1695 年，布阿吉尔贝尔《法国详情》；

1767 年，斯图亚特《政治经济学原理》；

1776 年，亚当·斯密《国民财富的性质和原因研究》；

1817 年，大卫·李嘉图《经济学及税赋原理》；

1867 年，马克思《资本论》；

1890 年，阿尔弗雷德·马歇尔《经济学原理》；

1936 年，凯恩斯《就业、利息和货币通论》；

1948 年，萨缪尔森《经济学》；

1955 年，刘易斯《经济增长原理》。

以上是经济学近 400 年来最闪亮的 10 个点。每一部经济学著作的出版都反映了当时经济发展的伟大进程。

20 世纪七八十年代是世界经济开始走向和平与发展的年代，也是经济学家们百花齐放、百家争鸣、群雄崛起的年代。21 世纪是发展中国家走向经济解放和腾飞的时代，实体经济学应该成为发展中国家的主流经济学。

2. 中国改革开放成功的经验主要是什么？

第一，中国建国 30 年来战胜了种种困难，建立了基本工业体系，使城乡居民的生活有了很大的改善。

第二，中国和发达国家还有很大差距，因此，中国必然选择改革开放，建设有中国特色的社会主义经济。

第三，中国的改革开放首先是从农村家庭经济承包责任制开始的，这就极大地解放了占中国总人口 80% 的农民的生产力，为城市的改革提供了经验。

第四，中国城市经济的改革是以激发企业的活力开始的，实际上也就是以实行经济责任制开始的。这一步取得成功以后才进行了其他一系列的改革，有了今天的成就。

第五，中国经济特区的实验为全国的改革和进步提供了示范和榜样。

第六，中国以经济改革为基础，对文化、教育、科技、政治、军事、外交等方面进行了全面深入的改革，使中国特色的社会主义制度得到了巩固和发展。

3. 关于市场与计划的争论

在改革开放初期，中国人首先改变了传统的观念，确立了关于商品经济的理论，使改革有了好的开始，之后就发生了最激烈的争论——到底应该以计划经济为主还是以市场经济为主。传统观念认为计划经济就是社会主义，市场经济就是资本主义，这种思想一度影响了部分人对改革开放的信心和决心。关键时刻，邓小平提出，市场经济也有计划，计划和市场都是手段。这一英明论断使中国的改革开放更加坚定，使中国的经济走上了快速增长的通道，取得了今天的巨大胜利。

4. 苏联的历史和经济实验告诉我们什么？

苏联是第一个按马克思的基本理论进行实践并取得成功的国家。但是，后来苏联的经济模式确实失败了，这告诉我们，经济制度的建立和发展是受生产力水平和国际环境所决定的，具有空想特色的社会主义经济制度并不能持久。

人们不可以超越生产力和历史的发展，建立阻碍生产力和社会进步的社会制度。苏联搞的"土豆烧牛肉"式共产主义让人们付出了沉重的代价。

5. 经济学的理论要来源于社会的实践，并且要经过历史的检验

经济学是总结前人经验而形成的。经济学的奇妙之处就在于它不但能指导今天的社会经济活动，而且能预测和指导今后相当长一段时间的社会经济活动。经济学理论、方法、观点以及政策建议都能在特定历史条件下发挥作用。

在经济学的众多流派之中，也有极少数纯理论的经济学，它们主要从经济学的内在联系上分析和总结一定的经济理论和经济观点。

万丈高楼平地起，要想有大的发展，必须扎扎实实打牢基础。树无根不活，水无源不流，学习和研究经济学也应该找到其根本所在。

第二章

经济学研究的基础和出发点

人类的进步和发展，最初是从劳动开始的，这也是人与动物的根本区别。劳动带来了分工；分工使生产力发展，有了可供交换的剩余产品，交换物成为商品；生产和交换进一步扩大就产生了货币；专门制造、管理、经营货币的机构就是银行。这个过程人类用了约50万年才完成。

1. 经济学研究的基础

人总是要活动的。人从生下来开始，到去世之前，无时无刻不在活动着。人的活动是人体本能的表现。人的活动，首先是个体的，其次是家庭的，再次就是社会的。在人类发展的漫长历史过程中，人们一直从事着各种各样的活动，这也是人类生存和发展的基本保证。

随着人类社会的不断发展，人们开始了劳动。劳动是人类运用工具向自然索取和适应自然以满足自身需求的活动。从本质上来说，劳动是为了满足人们更高的欲望和需求的活动。在原始状态下，人类通过各种劳动维持生命，使生产力比以前有了较大发展。随着人类的发展和进步，简单的采集生活和狩猎生活已不能满足人类的各种需求，所以产生了农业和畜牧业的社会分工。人类的劳动变得多样化。

用来交换的劳动产品即商品。商品的形式是复杂多样的，服务也是一种商品。由于科学和生产的巨大进步，生产劳动产品已经是比过去更为容易的事，而通过劳动提供服务却变得越来越复杂和令人难以捉摸。

传统的简单劳动也叫体力劳动，也就是说劳动者在劳动过程中以消耗体力为主，对于脑力的要求不高。简单劳动所提供的商品，通常价格相对低廉或者构成相对简单。简单劳动还有另外一种情况，就是在生产过程中，固定在流水线上进行的反复活动。以消耗体力为主的活动也有特殊情况，比如运动员为观众提供服务，他所进行的活动也属于经济学上的劳动的范畴，但是运动员的活动不应该称为简单劳动。

复杂劳动也叫脑力劳动，即在劳动过程中以消耗脑力为主、消耗体力为辅的劳动。比如，技术工人和工程师、教授、医生、艺术家、科学家所进行的劳动，大多数都属于复杂劳动。再如，棋类运动员所进行的劳动也是复杂劳动。

劳动创造和增加产品的使用价值。所谓"劳动创造产品的使用价值"，主要是指：劳动者在生产、加工、研究、教学、表演等过程中，或者在为他人提供服务的过程中创造了新的价值。所谓"增加价值"，主要是指劳动者在商品产生位移的过程中为商品增加了价值（不是使用价值）。

交换价值是商品交换过程中所体现的商品所包含的劳动的多少。商品具有交换价值，用通俗的话来说就是，某种商品值多少钱。商品的价值量即商品的价格。交换价值是在商品的交换过程中实现的。

劳动力也是商品。无论是体力劳动力还是脑力劳动力，都会通过一定方式浸透在商品之中，通过商品或者服务的价格来实现。劳动力的价格是劳动力价值的物质体现。在传统情况下，劳动力的价格就是工资。但是，随着社会的发展和进步，劳动力的价格还有很多其他形式，最普遍的就是奖金、中介收入、小费、红利收入等。

在经济学史上，威廉·培第首先研究了劳动价值论，奠定了劳动价值论的基础。

英国人亚当·斯密后来全面研究了劳动价值论，对相关的经济学研究做出了杰出的贡献。18 世纪马克思在创立资本论的时候，科学地发展和完善了劳动价值的理论，劳动价值论是马克思资本论研究的基础。

自亚当·斯密以后，西方主流经济学不再把劳动价值论作为经济学研究的基础，这是因为，马克思科学地发展了劳动价值理论，并通过劳动价值论证实了剩余价值。西方国家和地区普遍实行的是资本主义制度。在这个制度下，劳动和资本是对立的。所以，古典经济学所研究的劳动价值论和马克思的劳动价值论都被排除在经济学研究之外。

2. 社会分工是经济学研究的出发点

人类历史上有三次社会大分工：第一次社会大分工是畜牧业从农业中分离出来，第二次社会大分工是手工业从农业中分离出来，第三次社会大分工是商业的分离。每一次社会大分工都是人类生产力的巨大进步。

分工与价值交换联系紧密。人类社会的发展一方面是由于科学和技术的进步，另一方面，一个人、一家人甚至一个部落都不可能生产出自己所需要的所有商品，但是，人类对商品或者说物质财富的需求又是不断提高的，为了满足自己消费的欲望，人类就必然要进行商品交换。

商品之所以能够交换，首先要有使用价值。商品交换实际上是价值的交换——一部分人用自己的商品去交换自己所需求的商品；另一部分人通过交换同样满足了自己的需求，这就实现了商品的交换。在交换过程中，比较优质的商品可以交换到更多其他商品。

人类社会不断进步，在能够战胜自然给人类带来的大部分灾害的情况下，专门的脑力劳动就出现了。在人类发展历史上，奴隶主及以后各个时代的统治者和社会管理者都是以脑力劳动为主的社会成员，但是，其中一部分人用脑力管理社会的活动，不是本书所说的劳动。社会的发展催生了专门从事脑力劳动的社会阶层，如艺人、教师。在现代，由于电脑的发展和互联网的普及，人们通过电脑延伸和扩大了自己脑力的作用。这是一次对人类分工的新的挑战和启示。

人们一直梦想着电脑代替人脑甚至超过人脑，这在几十年前被认为是根本不可能的。但是，俗话说，一切都有可能。几年前美国有人用电脑和世界国际象棋冠军比赛，电脑第一次战胜了人脑。现在，电脑的计算速度已经远远超过人脑成百上千倍，其储存量也是人脑不可比的。好莱坞拍摄过许多部科幻片，其共同的主题是梦想将来有一天机器人统治世界。人创造了机器人，同时创造了现代世界。人一定能管理好机器人，也能管理好世界。

企业内部的分工随着科学技术的进步而更加细化，企业内部的专门化程度也越来越高，因此，企业内的分工应该更加合理，要实现精细和协调统一。企业内部的程序化为分工带来了新的要求和规定，程序化是提高劳动生产力的重要途径。

区域之间的分工。一个人口和国土面积都有一定规模的国家或者地区会形成多个区域之间的分工。像美国、中国这样地域辽阔的国家，由于气候条件和地理位置的影响，各个不同的区域都会有自己的优势。在一国之内，区域之间的分工是比较容易解决的。但是，世界各国不同程度的地方保护主义，排斥和削弱了地区的分工，为国家生产力的发展制造了一定的困难。因此，在一国之内要加强和扩大区域的分工合作。

国际分工。在历史上，由于科学技术相对落后，交通运输也不十分发达，各国之间的分工合作有一定的难度。同时，战争和民族间的冲突不断发生，又为国际分工制造了各种障碍和误会。近代以来的一部分国际分工是某些国家强加给其他国家的，这种变了味的国际分工不应该受到支持。中国所提倡的国际分工是在国家之间通过正常的国际贸易和国际合作，自然形成的互惠互利的国际分工。

经济学为什么要把社会分工作为研究的出发点之一呢？

第一，历史告诉我们，社会的分工决定了社会的发展，经济学自然要把分工作为自己研究的出发点。

第二，随着人类的进步，社会分工朝着精细化、程序化、系统化、网络化等方向发展，特别是网络的迅猛发展为经济学研究带来了许多新的挑战和新的课题。

第三，研究社会分工对每个经济实体、每个青年学生都是十分有用的。青年学生学习什么，将来参加何种社会分工，对自己是极有意义和十分重要的事情。

3. 商品生产

由于人类的劳动与社会分工必然产生产品和商品，整个人类的发展过程就是劳动产品与商品的生产过程。产品是劳动者或人们用于自己消费的物品。产品的最初级形式是采集品。原始人采集的野果子和野菜可以直接食用，原始人通过狩猎得来的猎物最初也是直接食用的，这些野果野菜和猎物都是人类社会最初级的产品，它们主要是供自己和家庭成员甚至是部落成员食用。

后来，人类生产的不用于他人消费的物品也叫产品。在当代，有些企业在经济不景气的时候把生产的产品作为工资的替代品直接分配给员工，这在某种意义上说也是产品。

商品是社会大分工的产物，是人类生产力发展的必然结果。商品生产的直接目的是为了满足他人的消费需求。因此，商品生产者要把客户的需求作为生产的最高目的。广义上的商品生产包含了商品的生产、流通、分配、消费等四个环节。

商品要进入交换领域就必须进行商品流通。最初的商品流通是通过简单的商品集散地进行物物交换，后来就产生了市场。市场是商品流通的主要场所。商品经过流通后进入市场，就产生了商品交换。商品通过交换，达成了商品生产者的生产目的，也满足了社会的需要。

商品交换的另外一种形式是商品购买者到商品生产者的生产场所去进行商品交换，这种交换形式减少了市场这一中间环节。

最近几年，人类迅速地进入了互联网时代。互联网对商品交换产生了革命性的积极影响，商品生产者和交换者通过互联网和物流公司，可以迅速地实现商品交换，这是一个划时代的变革。①

互联网时代的商品交换给人类的生活带来了巨大的变化。商品交换不再需要有形的场地，商业经营者可以在家里开展商品交换业务。互联网时代的商品交换为新时代的年轻人，特别是资本很少的年轻人带来了很好的创业机会。

互联网时代的商品交换，关键在于信用的监管：一方面商品交换者要十分讲信用，另一方面政府相关部门又要对互联网交易的参与者进行监管。

在商品生产不太发达的情况下，经济实体把生产的商品分配给企业成员，以满足他们的生活需要，企业成员再把部分产品拿到市场进行交换。在商品生产发达的阶段，商品的生产者会优先把商品拿到市场进行交换，再把交换所得进行分配。

初次分配是指商品生产的组织者、业主或者资本家向经济实体的成员发工资，而商品生产者自己得到利润。二次分配是指经济实体向国家交纳税收，再由国家向社会其他成员进行分配。历史上，商品分配的形式主要是二次分配。

消费是商品生产的最终环节，是市场的决定因素。

综上，社会财富都是由经济实体向实体内的成员和其他社会成员提供的，研究经济学就必须重视和研究经济实体的创立、运作和管理。

4. 货币

货币是商品的一般等价物。货币产生于商品交换的过程中。在商品交换的初期，人们所进行的都是物物交换，也就是商品交换者双方用自己的商品交换他人的商品。在生产力落后的情况下，商品的数量不大，商品的运输过程也比较简单，物物交换还是可行的。但是，后来商品交换的数量不断增大，交换双方要把所得的商品搬运回去很费事，同时在搬运过程中又会有损坏。为了克服这些困难，人类发现了一种可以替代商品的物品，这就是货币的初级形态或者原始形态。

根据考古发现，世界各地用不同的物品充当过初级状态的货币，比如动物的皮毛、贝壳。货币应该是一种特殊的物质，应该具备稀有性、可保管性、可分割性和形态的稳固性。经过几千年的发展，人们首先是用铜作为货币，后来又用白银作为货币，最终人们选择了黄金作为货币。应该说，黄金是最适合充当货币的贵金属材料，到目前为止没有任何材料可以替代黄金。

货币一般具有以下职能：

---

① 由于网络经济为社会提供的服务已突破了时间、空间的许多限制，网上支付、网上签字使互联网似乎变得"万能"了。

1. 价值尺度，即货币作为表现和衡量一切价值的职能。货币把一切商品的价值表现为一定量的黄金，使它们在质上相同，在量上可以相互比较。例如，30斤大米和一把斧子都等于1克黄金。商品的价值用货币来表现，这就是商品的价格。

2. 流通手段，即货币作为商品交换的媒介的职能。货币作为流通手段使商品与商品的直接物物交换发展为以货币为媒介的商品流通，即由商品—商品（W—W）发展为商品—货币—商品（W—G—W）。既然货币成了商品交换的流通手段，于是产生了一个问题：在一定时期内，为实现商品流通，社会总共需要多少货币呢？流通中需要的货币量，由以下两个因素决定：一是商品总量越大，需要的货币量越多；二是货币的流通速度（即一定时期内的流转次数）越快，需要的货币量越少。其公式是：

$$\text{一定时期流通中需要的货币量} = \frac{\text{商品价格总额}}{\text{同一单位货币流通的平均速度（次数）}}$$

3. 贮藏手段，即不再用货币来购买商品，而是把它贮存起来。由于货币是一般等价物和流通手段，是社会财富随时可用的绝对形式，人类就产生了贮藏货币的欲望。随着社会生产力和商品经济的发展，贮藏一定量的货币也成为商品生产者的必要手段。作为贮藏条件的货币，除直接的金银货币以外，还有金银制的商品，这样就形成了日益扩大的金银市场。

4. 支付手段，即用货币清偿债务、支付赋税、租金、利息、工资等。随着商品流通的发展，商品的让渡与商品价值的实现在时间上分离开来，即先赊购商品，过一定时期再支付货币。这样，货币就成了支付手段。

货币在作为支付手段时，同时执行价值尺度的职能。在商品转手时，货币作为观念上的购买手段，债务人只是承诺到期支付货币，当支付日期到来时，作为支付手段的货币才进入流通。在这里，货币不再是交换过程的媒介，货币的支付结束了这一交换过程。货币作为支付手段的职能，要以货币作为价值尺度和流通手段的职能为前提。

5. 世界货币，即货币走出国内流通领域，在世界市场上充当一般等价物。在世界市场上，货币退出了国内的价格标准、铸币、辅币和价值符号等地方形式，恢复了原来的贵金属条块的形式，即只有以重量计的金和银，才能充当世界货币。世界货币除了执行价值尺度的职能外，还有以下职能：作为一般支付手段，支付国际贸易差额，这是世界货币的最主要职能；作为一般购买手段，购买别国的商品；作为一般财富的绝对化身从一个国家转移到另一个国家，如向国外借款、战争赔款、把金银作为财富转移国外等。

货币的本质是充当一般等价物的特殊商品，货币是一种价值符号。

社会的发展需要大量的货币。货币只能以金、银等贵金属条块的形式出现，由于这些金银条块有成色的区别，给交换带来了许多不便，因此就出现了铸币。铸币是国家强制发行的代表一定重量和成色的货币。尽管这些铸币在长期的使用过程中会出现磨损，重量会减轻，实际上人们还是把它作为额定的货币来使用，这就产生了一种可能——用其他材料来代替金属货币。

纸币是由国家发行并强制流通的价值符号，纸币本身只有很小的价值，甚至没有价值①，它只有代表一定量的金属货币时才有较大价值。纸币的发行受限于它代表的金和银的实际数量，这就是纸币流通的特点。如果纸币的发行量超过了它代表的金属货币，纸币就会贬值，物价就会上涨，这种现象叫通货膨胀。纸币之所以能得到社会公认，靠的是国家的强制执行，这种执行只有在国内才能有效。

由于经济的发展，货币的需求量不断增加，但货币的发行和流通又是极其严肃和严格的事情，所以就产生了货币的衍生品。货币的衍生品能部分替代货币的某种功能，它具有区域性和地方性。衍生品的数量相对有限，存在的时间也有限制，所以说货币的衍生品是对货币的有益补充。

货币的衍生品有很多，如债券、股票、基金等。国债也是货币的衍生品之一。国债是由国家发行，在规定的地区和时间内使用的一种债券，国家发行国债不具备强制性，国债是通过市场运作的特殊的货币衍生品。企业债券则是某一企业根据需要发行的，类似于国债性质的债券。企业债券与企业的经营好坏有直接的关系，购买企业债券是要承担一定风险的。

5. 金融市场

金融是货币资本的流通，也指与货币流通有关的一切活动。

银行是管理货币与实现金融流通的专门机构。银行主要通过存款接收社会的财产资源，通过贷款为经济实体提供资金保证。银行的收益是通过贷款利息得到的。银行将贷款利息的大部分回馈给存款者，包括经济实体、个人和其他组织。存贷款的利息之差就是银行的收益。

一个国家或者地区的经济实体一般都有自己的中央银行。中央银行的功能主要是代表国家发行货币、管理货币、制定货币政策和代表国家进行外汇管理以及制定汇率政策。

---

① 传统经济学认为纸币没有价值，其实，印刷、保管纸币是需要成本的，只是这点成本与纸币的面值相差甚远，所以可以忽略不计。

现在的国际金融机构种类很多，主要包括以下几种：

世界银行。世界银行是现在世界上覆盖面最广、金融实力最强的国际金融机构。它主要是为各个国家提供融资。

国际货币基金组织。国际货币基金组织是类似于世界银行的国际金融机构。

洲际开发银行。现在世界上几乎每个洲都成立了洲际开发银行，如亚洲开发银行、非洲开发银行、美洲开发银行。这些洲际开发银行为该洲的贫困地区和贫困人口提供金融支持和帮助，其中大部分是低息贷款，少部分是无息贷款。

亚洲基础设施投资银行。2014年由中国发起成立。它的创立引起了世界金融业较大的震动，受到了大多数国家和地区的支持。到2015年为止，共有57个国家和地区正式成为亚洲基础设施投资银行的创始成员国。这些国家来自五个大洲，占世界国家总数的四分之一以上。亚投行创始资本1000亿美元以上，将为亚洲各国的基础建设提供帮助。

国家级的开发银行。世界上多数国家都设有国家级的开发银行，主要是从国家层面出发，支持国内重要行业的开发。中国国家开发银行成立于20世纪末，主要为中国的基础设施建设和重大项目提供资金支持，近年也为中小企业提供贷款帮助。国家开发银行也采取低息和无息贷款的方式。中国的国家级开发银行还有中国进出口银行和中国农业发展银行。中国进出口银行是帮助国内的经济实体扩大进出口业务的银行，中国农业发展银行是国家促进农业发展的重要金融机构，它主要通过低息和无息贷款的方式支持农业项目的发展。

商业银行。商业银行是为经济实体提供建设资金和流通资金的专门金融机构，商业银行也承担着为经济实体保管货币财产的重要功能。

非银行金融机构如信托投资公司、网上结算机构[①]等，是对传统银行的补充和发展。

6. 资源和效率

地球只有一个，地球上的资源是相对有限的，资源的短缺是人们面临的最大的课题之一，历史上许多战争和冲突都是由于争夺资源引起的。

由于科学的进步和生产力的发展，现在地球能提供给人类的主要资源，除海洋资源以外，绝大部分都已经基本勘测和调查清楚。经济学的重要任务之一就是研究如何合理开发和利用现有的资源。

---

① 网上结算是个新事物，银行有自己的网络结算系统，证交所、证券公司、淘宝网也有网上结算系统，后几种应称为非银行机构。

关于空间资源。传统的经济学认为大气资源是取之不尽的。随着保护臭氧层、减少二氧化碳的排放量成为近年来世界各国研究的重大课题，保护大气层变得刻不容缓，所以，大气也是一种有限制的资源。空间资源还有很多有待开发和利用的领域，如国际国内航线、无线电通道、卫星导航等。

人类已经开始了对太阳系以外的外太空空间①的探索。这个资源的开发才刚刚开始，但是，可以预见它在将来会大有可为。

关于效率。效率也叫时效，指一定时间内人类或者经济实体所获得的效用的多少。

7. 经济学要研究的其他问题

研究市场的作用和对资源的调节问题。

研究收入分配问题以及如何使社会收入更加公平、公正的问题。

研究国家宏观管理和市场的自我调节功能问题。

研究政府的税收财政支出和投入是否合理。本书第三卷将专门研究该问题。

研究劳动者的就业问题。

研究虚拟经济，特别是网络经济对社会的影响、作用和相关的管理问题。

研究股票证券市场的功能和管理问题。

研究期货市场和现货市场的关系和相关的管理问题；研究商业保险市场的作用和监管问题；研究社会养老保险和医疗保险的组织和管理问题；研究城乡公共事业的投入和管理问题；研究社会公共安全的管理问题；研究中央政府和地方政府如何管理经济的问题；研究国际贸易问题；研究各国的发展模式及其比较优势问题；研究发展中国家如何有效利用资源；研究国际组织的合作和人类共同发展、共同富裕、共同进步的问题；研究实体经济、虚拟经济、国家经济如何协调发展的问题。

总之，经济学要研究人类社会的经济发展，分析其中的各种因素，阐明人类最为关心的财富问题。

---

① 一般是指太阳系之外的空间，或者指银河系或更远的宇宙空间。

亮点、难点、重点与基本概念

亮 点

1. 人总是要劳动的，人和动物的根本区别就在于动物的活动只是本能的体现，只有人才能劳动。

2. 劳动的本质是满足人更高的欲望和需求。如果人没有追求物质财富和精神享受的欲望，就不会参加劳动。劳动创造了社会财富。

3. 社会的进步是由于分工带来的，专门化的大生产使生产力有了进步。

4. 人创造了机器人，同时创造了现代世界，人一定会管理好机器人，也能管理好世界。

5. 互联网时代的商品交换关键在于信用，重点在于监管。

6. 亚洲基础设施投资银行是由中国发起创立的、共有57个创始成员国的银行，这说明中国的倡议得到了世界上大多数人的支持。

难 点

1. 劳动的价值。劳动者借助生产工具对生产资料进行加工，改变其形态，旧的形态改变后得到的价值便是劳动的价值。

2. 劳动者的价格是劳动者获得的收入。传统意义上的劳动价格就是工资，在现代社会，劳动价格有了很多衍生的和转变的形式，如奖金、红利收入等。

3. 货币的本质是充当一般等价物的特殊商品，是一种价值符号。

1944年布雷顿森林会议决定了以美元为中心的世界货币体系，给世界的经济带来了新的形态。21世纪美元的中心地位有了很大的改变，欧元和人民币在世界货币中开始起着一定的作用，这将为世界的发展带来新的活力。

重 点

1. 社会分工促进了生产力的发展，也带来了人类文明的进步。

21世纪是互联网的世纪，互联网的广泛运用在很大程度上使人类的分工更加精细、更加普及。所谓普及就是从小学生到百岁老人都可以运用互联网这个工具和平台进行生产、交换、分配和消费。这是对人类生产力的革命性、开创性解放。

2. 对劳动价值论的理解。价值的货币表现形式就是价格。

3. 关于充分利用资源和提高经济效率。传统的观点认为大气是取之不尽的资源，现在人们对空气质量的要求越来越高，因此整个地球的大气层都需要保护。

效率和资源的关系也是重点之一。人类的目标就是要在保护环境的前提下尽可能地利用较少的资源为社会提供更多的消费和服务。

基本概念

简单劳动和复杂劳动、价值、劳动力的价值、社会大分工、商品、货币、货币的性质、金融市场、银行、亚洲基础设施投资银行。

问题与思考

1. 为什么说劳动是人与动物的根本区别？

劳动与活动的区别在于劳动是动物（人是世界上最高级的动物）运用工具去获取满足自己需要的物品。黑猩猩可以采摘野果、搬运野果，鸟可以筑巢，但它们无法使用工具，更不能制造工具，所以它们所从事的活动不能叫劳动。

2. 简单劳动和复杂劳动

按照传统的说法，简单劳动叫体力劳动，复杂劳动叫脑力劳动。随着人类历史的进步，劳动会逐步由以生产劳动为主转为以为他人提供服务为主。

3. 人创造了机器人，也一定能管理好机器人和世界

可以预见，几十年后将会有更多的机器人投放市场，给人们的社会活动带来一些意想不到的精彩场面。有时候机器人很难控制，但是，不管机器人多么复杂、智能化程度多么高，生产和制造它的人是可以管理好它的。

4. 互联网经济给人类的发展提供了更为广阔的平台，为人类的经济和文明进步开拓了新的空间，我们应该怎样理解互联网经济？

第三章

企业是经济实体的核心和社会的基础

经济实体的主体部分就是企业。企业不但是经济实体的核心部分,而且是社会的基础和主干。

1. 经济实体是什么

经济实体就是指能承担民事责任的、在生产流通和服务领域从事经济活动的社会法人。法人是指能够独立承担民事责任的社会组织或单位。这里所谓的法人,一般指的是企业。企业是从事生产流通或者服务性活动的、独立核算的、承担民事责任的经济单位。

经济实体主要是相对于非经济组织和政府部门而存在的组织。经济实体包括五种:

第一,最简单的是一个人的经济实体。比如个体工商户、独立从医的医生、独立从事法律服务的律师、独立的经纪人,这些都是以个人为单位从事经济活动的经济实体。

第二,家庭也是经济实体。以家庭为单位的经济实体的数量是很庞大的,在农业部门中尤其如此。即使是在美国这样的经济发达国家,在农业领域也有很多以家庭为生产单位的经济实体。中国的改革开放就是从家庭生产承包责任制开始的。现在中国鼓励农民搞规模化的现代农业,但是以家庭为主体的基本生产形式不会有较大的改变。

第三,小微企业。所谓小微企业,既包括个体或以家庭形式为单位的企业,也包括合伙制企业和规模较大的小企业。

第四,大中型企业。大中型企业数量虽少,但它的规模较大,对社会经济起着重要的作用。

第五,合资企业、外资企业、跨国企业集团。

为什么经济学要对经济实体进行专门的研究？因为经济实体可以解决社会的就业问题。中国自古以来就有安居乐业之说，劳动者的就业问题是社会安定的首要问题。一个国家在一定的历史时期内，只要老百姓的就业问题基本解决了，社会的安定问题就基本解决了。

中国是世界上人口最多的国家。像许多发展中国家一样，中国也存在着比较严重的就业问题，但是，中国是世界上解决人口就业难题比较成功的国家之一，特别是近30年以来，中国的发展为多数发展中国家提供了有益的经验。

2. 大、中型企业决定国家的经济命脉

所谓大、中型企业，也就是大、中型的经济实体。什么是中型企业，什么是大型企业，世界各国都有不同的标准。总体上衡量企业的规模应该参照以下几个因素：

第一，企业为政府提供的税收。这是一个硬指标，纳税越多，说明企业为社会做的经济贡献大。

第二，企业的就业人数。在任何一个国家和地区，就业都是人们极其关注的问题。某企业能够为社会提供更多的就业岗位，也是为社会做出了较大的贡献。

第三，企业的生产规模，包括年生产总值、年销售额、年利税、年进出口额四大主要指标。

第四，企业在该行业的排名。世界的社会分工发展到现在，主要体现为行业的存在和行业的分工。某企业在行业中所处的地位也是检验该企业规模的标准之一。

现在我们对大型企业，或者说是特大型企业的评价标准，首先就是世界500强。

各个洲、各个国家也在评比出500强企业，如果能进入亚洲500强、中国500强，那当然属于大型企业。此外，中国还统计"规模以上工业企业"，这是具有中国特色的企业规模的统计模式之一。

综上所述，一个国家的大、中型企业决定着国家的经济命脉。

3. 经济实体是社会组织的基本形态

无论何时何地，经济实体都是最基本的社会组织。

人类要生存和发展，人们的欲望又具有无限性，所以人类组织了各式各样的经济实体，生产了大量的物质产品和精神产品以满足不断增长的需求。经济实体

生产商品，进行商品流通，为社会提供有效的服务，使人们过着幸福生活。所以，只有社会的领导者、组织者和管理者重视经济实体的创立、生存和发展，社会才会安定，人类才会进步。

美国是现在世界第一大经济体，也是世界上最发达的国家。美国之所以能够如此发达，有多方面的原因，其中最重要一条就是美国举国上下重视经济实体。有人讲，美国人人都在搞企业。这是一条非常重要的经验。在美国，平均12个人，包括婴儿和老人在内，就有一个经济实体；如果除开老人和婴儿，大约7个成年人就有一个经济实体。从国土面积论，美国大约每0.6平方公里就会有一个经济实体存在。当然，由于经济发展的不平衡性，各个地区、城乡之间都会存在很大的差异，上述平均数字只是提供一个令人启发的参考值。

中国是发展中的经济大国，现在已经成为世界第二大经济体，但是就经济总量而言，中国与美国还有相当大的差距。从人口平均值来看，中国平均42个人才有一个经济实体。这也是包括婴儿和老人在内的数据，如果除开婴儿和老人，平均23个成年人才有一个经济实体。从国土面积来看，中国每0.3平方公里就有一个经济实体。

以上关于中国和美国经济实体的比较只是一个简单的参照。美国有美国的国情，中国有中国的国情，二者最大的差别在于人口数量。通过这个比较，我们认识到，发展经济实体是有利于国计民生的重大举措。就中国而言，国家鼓励大学生自主创业，鼓励劳动者返乡创业，这是十分可喜的。

4. 经济实体不但是生产、流通和服务的机器，也是赚钱的机器

经济实体是生产物质财富的机构。人类对物质财富的占有欲总体上是无止境的，或者说人们的欲望是永远无法满足的。一旦人类的欲望达到了充分满足，人们就不会努力了，就没有追求了。所以，经济实体要不断创造和生产出大量的物质财富。人类对物质财富不止是有数量上的追求，从某种意义上说，拥有了一定数量的物质财富之后，人们就会转向对物质财富质量的追求。所以，经济实体还要不断地改进技术，加快发明和创新，生产出一定数量而又高质量、高品位的物质财富，以满足社会成员的需求。

经济实体是进行商品流通的机器。传统的商品流通主要是物质的交通运输和劳动力的位移以及商品销售。现在已进入互联网的时代，商品的流通由物流公司和互联网交易逐步替代，使社会生产和商品流通产生了重大变革，商品流通的企业或经济实体为人类创造了更加完美的物质满足形式。

经济实体是提供服务的机构。人类需求的难以满足性一方面体现在对物质财富的追求上，另一方面体现在对服务质量的追求上。20世纪70年代以来，工业发达国家兴起了第三产业的革命。所谓第三产业，就是传统服务业和新兴服务业的总称。

经济实体为国家创造最大的税收。除了经济实体的直接参与者外，社会的其他成员都必须通过国家的再分配得到收入，以满足自己物质和精神上的需求。国家凭什么为社会提供资金和服务？国家支出的主要来源就是税收，而经济实体是为国家创造税收的生力军和基本力量。没有经济实体为国家提供税收，就没有国家和老百姓的安全和幸福。

经济实体为投资者或者业主创造利润。资本所有者要想获得更大的利润，就必须投资，投资的收益来源于经济实体创造的利润。即使是通过金融机构投资获得的收益，也是间接从经济实体创造的利润中获得的。

经济实体为员工创造收入。经济实体中的管理者的收入是经济实体所创造的，企业的劳动者的工资收入也直接来源于经济实体的创造。

经济实体创造了社会所有成员的经济收入，是社会全体成员收入的源泉。

5. 社会组织、政府职能和经济实体

社会组织是千姿百态的。一般来说，除了依法注册的各类经济实体外，政府各级机构、法律职能机构、军队、公安武装、事业单位等一切社会团体都可以称为社会组织。各国的党派也是特殊的社会组织。社会组织包括的范围很大，涉及的层面很广。

现在我们常常将国家称为一个"经济体"，如美国是世界第一大经济体，中国是世界第二大经济体。所谓经济体，实质上是就是经济实体。政府作为经济体[①]，和其他经济实体的主要区别在于：政府不会直接参与物质财富的生产，不直接为社会创造物质财富和精神财富。

在相当长的时间内，政府和市场对经济的发展起着决定性的作用。政府调节市场的手段主要有：第一，制定各种政策，协调社会的各种关系；第二，通过税收和支出进行社会的再分配，对某些社会组织和经济实体进行经济补贴和帮助；第三，直接投入某些经济实体，参与各种经济活动。

各个国家都有国有的企业，如美国的航天工业就是国有的，又如英国将邮政

---

① 政府的主要职能是代表国家行使主权和管理国家，在经济活动中，属于广义上的经济实体。

和铁路部门也都收归了国有。当然,有时政府又会部分地进行私有化改制,这都是调节经济的手段。

中国政府对涉及国计民生的部门和行业采取了国有的政策,对保证百姓生计和社会稳定起到了重大的作用。国有化的管理也会带来一些负面的影响。1988年,英国首相撒切尔夫人在北京和中国领导人邓小平会见时,第一句话就讲,我们两国也有共同点,就是国有企业都面临着亏损。

政府的各级机构对经济实体还承担着管理的职能。所谓管理,包含两个基本的方面:第一是管,对经济实体的行为进行监督和约束;第二是理,协调、理顺经济系统内的各类关系。管理的本质就是服务。政府部门一定要为经济实体和其他社会组织搞好各类服务。管理和服务是政府行政职能的主要内容。

从历史上看,大多数以计划经济为主体的国家都存在重管理轻服务的弊端。中国经过30年的改革开放,经过多次简政放权,取消了政府的许多种行政收费,特别是所谓的事业性收费,在政府的管理和服务功能上有了很大的改变和进步。

经济实体要依法设立。经济实体主要是企业。企业是以公司章程或合作协议为依据而设立的。个体劳动者和合作经营者一般没有制定公司章程,但是,在依法注册的时候也要根据工商行政管理区的要求提供文字记载的资料,如经营范围、经营手段、注册地、法定代表人等。

经济实体要依法经营。在组建经济实体之前,经济实体的创立者就应该学习与所要从事的经营活动相关的法律和法规;在经营的过程中,也要不断学习和了解国家新的法律法规,依法依规经营。

6. 经济实体是竞争的产物

人与自然的竞争是个体或社会存在的主要形式。自然界的优胜劣汰是一个普遍的规律,但是,自然界的某些竞争并不是完全无干扰的,比如,人类对自然界有干扰,动物对植物的竞争有干扰,天气等自然灾害对动植物有干扰。因此,从某种意义上说,自然界的竞争不是完全的自由竞争。

人与自然界也存在竞争。在原始社会或生产力落后的状态下,人在自然界面前是力量弱小的一方。但是,随着社会的发展,人与自然界的竞争成为一种社会行为,也就是说,人类可以团结起来,以社会组织的形式或经济实体的形式向自然界索取,部分地改造自然。①

---

① 传统上讲的"征服自然、改造自然"在很大程度上是不正确的,人类应该"热爱自然,尊重自然,部分地改造自然"。

有些经济学家把自然界的规律完全照搬到社会经济界，认为人类各个经济实体之间的竞争、社会组织之间的竞争以及国家、地区之间的竞争也像自然界的竞争一样。这个观点并不可取。

由于经济实体通过市场这个平台开展各种各样的竞争，为新的经济实体的产生提供了机会和条件，因此，经济实体是在竞争中产生的。同样，经济实体的破产也是竞争的结果。所以，在一个国家或者地区，每时每刻都有经济实体破产，也有新的经济实体不断产生。

经济实体的行为渗透到社会的每个角落。只要有人存在的地方，就会有经济实体的存在，经济实体的影响遍布世界各地。到目前为止，世界上还没有任何一个原始部落与外界完全隔绝，这些部落只是相对封闭——如果它们与外界绝对隔绝，那外面的现代人怎么能发现他们呢？又怎么能了解它们的状况呢？世界上还有许多原始森林，特别是南美洲。但是，卫星对地球表面的探测将世界的每个部分都纳入了现代人的视野。

世界上很多大型经济实体的经济行为和政府直接相关，大企业家有时会直接进入政府。在民主和工业化发达的国家，一些大企业家直接成为政府的部长，甚至直接参与政府首脑或总统的选举，这类例子屡见不鲜。

自改革开放以来，中国政府也从大型企业的领导者中选拔了一些人才。这是因为，一方面，他们在经济实体中成长起来，成了大企业的领导者，他们到政府的职能部门会代表大的经济实体说话；另一方面，他们来自大的企业，成为政府职能部门的领导人后，再到企业部门去进行交流和协调会更有影响力和启发性。

7. 大的经济实体是无所不能的

大的企业富可敌国。当代一些大的跨国企业组织，其资产总量远远超过或者相当于一个中等发达国家的经济总量，大的企业在世界经济和政治活动中可以创造许多纪录。在20世纪80年代后期，石油输出国组织的总裁一天之内创造了两个世界纪录：第一，他是世界上第一位出席英国女王生日宴会而提前退席的客人；第二，他创造了一天跨越欧亚大陆会见三个国家最高领导人的纪录。当天他之所以要提前离开英国女王的生日宴会，是因为他和俄罗斯的最高领导人有重要的会见，同时，他又和中国的最高领导人在当天有会见预约，所以他一天之内从伦敦坐着自己的专机到俄罗斯会见了俄罗斯最高领导人，再直飞北京会见了中国的最高领导人。

历史上很多国家间的关系都是通过经济实体进行国际贸易来完成的。一些大的经济实体到另外一个没有与本国建交的国家做生意,通过民间的交流,逐步改善了两国的关系。大的企业家或者大的经济实体还可以参与协调国家间的关系。朝韩关系①僵化了五十多年,最终打开了两国对话的大门的也是韩国的企业家,他们通过举办开城工业园区来改善和协调两国关系,这是一个比较成功的案例。

企业家参与调节国际关系的例子还有很多,其中,著名的达沃斯论坛是比较成功的。每年的达沃斯论坛都会有几十位在任或离任的国家领导人和上千位企业家在这里聚会、交朋友,讨论大家所关心的经济问题、社会问题甚至国家关系问题。

改革开放以后,中国也在海南建立了博鳌论坛,取得了很大的成功。博鳌论坛最初的定位是亚洲论坛,现在已经发展成为一个国际论坛,每年都会有几十位在任或离任的国家领导人和上千位经济界人在此聚会,讨论大家共同关心的问题。

综上所述,我们讨论了经济实体在国家经济和社会中所处的重要地位和作用,任何人、社会组织、政府机构、国际组织都应该重视这一点。

年轻人总怀有美好的理想和远大的抱负,而任何伟大目标的实现都必须脚踏实地。从现在开始,走创业之路,投入到经济实体中去,这是每个人最好的选择之一。

亮点、难点、重点与基本概念

亮　点

1. 经济实体是什么?

经济实体是指实实在在的、有经济活动的社会组织,其规模可以小到一个人,如个体工商户和独立从业的医生都是以一个人为单位的经济实体,也可以大到一个跨国企业集团。本书之所以名叫《实体经济学》,就是告诉人们要重视经济实体。关注经济实体,一个国家或地区才会进步,这是本章的亮点之一。

2. 世界500强和各国的500强构成了世界经济和地区经济的骨干,做企业就是要做大做强,同时一定要遵守所在国家的法律法规。

3. 经济实体不但是生产和流通的机器,也是赚钱的机器。

金钱是财富的价值形式。所谓赚钱,就是追求和聚集财富,这也是人最基本的欲望之一。

---

① 朝韩关系是"二战"遗留下来的问题之一,现在双方仍处于对立之中。

难　点

1. 为什么追逐财富是人的普遍欲望？答案很简单，人总是要消费的，并且人们的消费需求又是不断提高的。如果人不通过合法的途径获得更多的财富，就不可能满足自己对物质和文化的消费欲望，所以人总要追逐财富。本书的副标题就是"给你带来财富的研究"，读者在学习本书的时候会不断领悟到其中的道理。

2. 美国人人都在搞企业，这告诉我们一个最普遍的道理：实体经济或者说创业对个人的富裕和国家的富强是非常重要的。

3. 从某种意义上讲，政府也是一个经济实体。

政府的首要职能是对所管辖的范围进行行政管理，包括政治、军事、外交、文化、经济等。中国有句老话称政府官员为"父母官"，实际上就是讲政府要管理一切。

在政府的多种管理职能中，经济管理是极其重要的一个方面，同时，政府本身也需要有自己的经济运行体制，如美国等发达国家的政府职能部门经常由于经费开支不足而停工，所以本书认为政府也是一个经济实体。

重　点

1. 经济实体主要包括五个种类。

经济实体和国家行政管理部门、军事机关、法律机关、外交机构以及社会组织，是因为社会的分工不同而划分的，但是社会生活的基础和主要部分是由经济实体来完成的，所以我们要重视对经济实体的研究。

2. 经济实体是国家税收的主要创造者。

国家要维持整个社会的二次分配，其收入的源泉就是经济实体。国家要发展，首先就要发展经济实体，引导全社会重视、尊重经济实体，为经济实体提供实实在在的帮助和支持。

3. 经济实体为投资者或业主创造利润，为劳动者创造收入。

经济实体为社会创造物质财富，因此，在初次分配时，经济实体的参与者就会首先获得投资收益、管理收入和工作收入。

基本概念

经济实体、企业、大中型企业、世界 500 强、社会组织、投资者、业主、政府、博鳌论坛。

问题与思考

1. 为什么大中型企业决定国家的经济命脉？

大中型企业是指上规模、上档次的企业。一般来说，占企业总数2%—3%的大中型企业在 GDP 上会占一个国家或地区的一半左右，这就说明了它们对国家经济的影响。同时，大中型企业所生产的商品大部分都是涉及国计民生的重要商品，能源、航空、通讯、钢铁、重型机械等行业都是以大中型企业为主体的。

2. 关于政府的管理职能

政府要通过各种经济手段来调节市场，要从行政上管理、指导经济实体的发展，这是政府管理职能的主要方面。

政府还可以通过行政的、法律的手段来管理经济实体，根本的目的是调节社会关系，促进社会生产力的进步。

3. 大企业对国家和社会的重要影响

有些大企业的经济总量富可敌国，因此它会对国家和社会产生积极的作用和重要的影响。人们在新闻媒体上可以了解到，一个国家的领导人会经常会晤他国领导人，也会用相当多的时间来会见大型企业的领导人。

中国改革开放后在海南建立的博鳌论坛，就是党和国家领导人与企业家商讨国家大事的场所。

对年轻人来说，走创业之路或投入到经济实体中去是最好的选择之一。

第四章

政府和市场是经济的两大"魔方式"系统

各国经济的发展都处于市场的作用下,经济学家们将市场对经济发展的作用比喻为"看不见的手"。同时,政府也会指挥、干预市场,这叫"看得见的手"。其实,这两种干预就像魔方一样变化无穷,都是综合性的。

1. 宏观经济学产生新说

1615年,法国经济学家蒙克莱田出版了《写给国王和王后的政治经济学概论》。该书从内容来看,应该属于宏观经济学的范畴。可以说,宏观经济学应该是从这里开始的。

在160年以后,英国人亚当·斯密发表了他划时代的著作《国民财富的性质和原因的研究》,该书也是立足于国家经济的发展来进行研究的。

1817年,李嘉图的《政治经济学及赋税原理》发表,这是宏观经济学发展史上的一部标志性著作。

1867年,马克思的《资本论》第一卷出版。马克思站在整个无产阶级和资产阶级对立的宏观高度来研究政治经济学,这是宏观经济学的一个伟大的里程碑。

2. 关于凯恩斯的宏观经济学

1936年,剑桥大学一个名叫约翰·梅纳德·凯恩斯的人出版了一本名叫《就业、利息和货币通论》的书,引起了世界轰动。因为当时的世界刚刚经历过1929—1933年的经济危机,西方资本主义世界处于一片混乱,人们迫切需要一种能够影响国家政策的经济学理论,凯恩斯的著作正好适应了这种客观需要,所以人们称凯恩斯创立了宏观经济学。

实际上,在凯恩斯之前的320年里,古典主义经济学家所提出的政策和理论观点，大部分也属于宏观经济学的范畴，凯恩斯对经济学的贡献是他第一次正式提出了"宏观经济学"的概念。

在凯恩斯以前的经济学家们也提出了许多关于宏观经济管理方面的理论，但是，他们没有能够像凯恩斯那样直接把这些理论和国家的宏观政策联系起来。这是由各方面的因素决定的：首先，社会的进步，特别是以苏联为代表的社会主义国家的进步，迫使资产阶级所管理的国家做出宏观经济政策上的调整；其次，1933年美国选出了新的总统罗斯福①，开始了政府对经济生活的全面干预，凯恩斯的理论和罗斯福的政策趋向非常巧妙地结合在一起，很快产生了较好的社会效果，为凯恩斯主义的确立创造了重要的条件。

3. 政府调节和政府干预

在凯恩斯之前的50年，马歇尔的经济学理论占统治地位。他创造了局部均衡经济理论，建立了供给需求理论，所有这些都是强调市场对经济的决定作用。

凯恩斯的宏观经济理论提倡政府用经济手段直接干预市场。

此外，政府还可以用行政手段干预市场，最简单的方法就是更换国家经济要害部门的行政官员。美国最常用的方法就是更换美联储②的主席，其他国家一般都采用更换财政部长和央行行长的办法来干预市场。国会对经济状况的干预也是一个重要的方面。

政府常常直接控制关系国计民生的大型企业。各国历史上都有政府把关系国计民生的大型企业收归国有的案例，首当其冲的就是铁路运输、矿山采矿、邮政通讯等行业的企业。在特殊情况下，政府会对某些行业实行特别管制，如很多国家就对石油工业或涉及军事需要的机械制造业进行管制。

有些经济学家提倡完全市场状态下的企业之间的自由竞争，实际上这是不可能的事情。政府的职能是什么？政府首先要代表民众参与对市场的管理和调节，这才是经济发展的正常状态。

4. 法律和行业管理

法律是政府管理市场的重要手段之一。一般情况下，绝大多数国家的法律都是由议会制定的，但是，议会制定的法律，通常是由政府的法律主管部门提出建

---

① 富兰克林·罗斯福（1882—1945），美国第32任总统，是美国历史上最有成就的总统之一。

② 美国的联邦中央银行，由国会的专门机构管理。

议和初步框架意见，再经过议会审议的。所以，需要制定什么样的法律，主动权还是在政府的手里。更重要的是，政府可以制定很多临时性的法规或条例。依法管理市场是政府的责任，也是社会大众的迫切需要。

政府必须遵照一定的程序来制定法规。程序之一就是要举行听证会①，比较广泛地征求社会各方面的意见；程序之二就是要搞短期的试行，让市场对法规的管理有一个过渡期；程序之三是市场参与者可以对政府的某种行为进行法律诉讼，这就避免了政府法规的不合理性和某些失误。

历史上不同国家的政府对市场的干预都有一些失误，中国政府干预市场失误的例子主要有两个：一、在20世纪90年代急于搞"现代企业制度"②，把大量的国有企业转变成私人所有，使国有资产大量流失，给国家和人民带来不可估量的损失；二、对中国房地产市场进行直接干预，不经过应有的法律程序，经常突然宣布打击房地产市场的措施，而实际上政策措施又不落实、不到位。

一些国家的政府机构十分庞大，关键的原因就是政府直接管理经济，轻视和不顾市场对经济的重要调节作用。其实，对某些经济部门实行行业管理是十分重要的。比如，英国对建筑业的管理是比较成功的，相关管理制度为世界多数国家所采用。

中国一直都有行业管理的传统。在古代，行会起着重要的协调管理作用。近年来，中国加强了行业协会的设立和管理工作，如成立了银行业监督管理委员会、证券业监督管理委员会、保险业监督管理委员会、电力监管委员会等协会，直接把政府对经济的管理职能移交给行业协会。但是，目前这些协会的管理还处于探索阶段，还需要进一步完善和发展。

在政府实施法律和行业管理的过程中，律师事务所起到了极其重要的作用：一、律师事务所成了相对独立、公正的法律机构，中介机构对司法的公正有极其重要的作用；二、律师事务所是法律当事人双方的桥梁，可以把许多法律纠纷调解好；三、律师事务所为法律当事人理解和执行法律起了指导作用；四、律师事务所可以在法律当事人处理法律事务的前期依法对法院检察、公安部门开展工作，保护当事人的正当权益；五、律师事务所对市场参与者的纠纷有极其重要的调节作用。

---

① 是一种听取事件参与者或公众意见的制度，一般由议会、政府等部门组织。
② 是指现代市场经济条件下的产业组织制度，主要是产权明晰的企业法人制度。

5. 中介机构是政府和经济实体之间的桥梁

中介机构也是依法设立的经济实体。中介机构是专门为两方以上的经济实体、社会组织、政府部门调解纠纷及传递信息的社会服务机构。中介机构是通过自己拥有的特殊专业知识和特殊服务功能为第二、三方或 N 方提供咨询服务的经济实体。中介机构最基本的要求是服务要具有客观公正性。

中国是一个发展中国家，中介机构相对较少，专业人才欠缺，因此服务水平相对较低。中国的情况对世界上许多发展中国家都有代表性和启发性，所以，很多国家都应该积极发展中介机构。

在工业发达国家，会计师事务所普遍存在，并发挥着重要的作用。在发展中国家，由于经济相对落后，会计师事务所相对较少，发挥的作用也相对有限。我们应该十分重视会计师事务所在经济运行中的重要作用。第一，会计师事务所是政府联系经济实体的重要桥梁。由于政府在社会经济运行中也有自己的经济利益，同时部分政府官员也容易被某些经济实体所雇用，所以政府要了解其他经济实体的真实情况，通过中介机构是一个比较好的途径。第二，会计师事务所最基本的要求就是客观公正，所以，会计师事务所在市场中起着"公证人"的作用。第三，会计师事务所有着相当丰富的专业知识，可以为市场的各方服务。第四，会计师事务所有着丰富的工作经验。一般一位注册会计师一年会接触几十家经济实体，通过为各类经济实体提供会计业务，获得重要的工作经验，这不是某一经济实体聘用的本单位的财务人员所能具备的。

发达国家实行市场经济的历史很长，它们通过上百年或几十年时间，培育出了自己的能承担国际业务的知名会计师事务所，对世界经济做出了积极的贡献。改革开放以来，中国聘请了很多从事国际业务的会计师，他们在帮助中国发展经济、和世界经济接轨等方面起了极其重要的作用。

随着经济的发展，我国的文化产业也日益繁荣。中国是世界上最早实行经纪人制度的国家之一，在古代中国市场上活跃着的捎客就是经纪人。但是，中国的文化经纪人制度中断了几十年，最近十几年才开始有自己的文化经纪人。现在的问题是需要对中国的文化经纪人进行培训，一是提高业务水平，二是培养职业道德。

在经济运行中还需要大量的评估机构。目前，中国的评估机构数量相对较少，评估人员的素质也相对较低，所以要加强评估机构的发展和扶持工作。现在世界上有一些世界级的、比较权威的评估机构①，由于历史的原因，这些评估机构对发展中国家的评估有某种偏见和缺陷。中国作为发展中的国家里的大国，应该尽快创立具有与自己经济地位相适应的评估机构。评估机构建立的初期要从世界各地引进顶级的人才，尤其是要引进发展中国家的人才，只有这样才能建立起具有发展中国家特色的世界级评估机构。

6. 总供给、总需求——看不见的手

自经济学创立以来，经济学家们一直着眼于需求和供给，进行了各种积极有益的探索。亚当·斯密研究了市场的供给和需求，分析了市场这只"看不见的手"作用的过程："每种商品的上市量自然会使自己适合于有效需求。因为，商品量不超过有效需求，对所有使用土地、劳动或资本而以商品供应市场者有利；商品量不少于有效需求，对其他一切人有利。""如果市场上商品量一旦超过它的有效需求，那么它的价格的某些组成部分会降到自然率以下。反之，如果市场上商品量不够供应它的有效需求，那么它的价格和某些组成部分必定会上升到自然率以上。"这些都是围绕市场上的价格波动的研究成果。

后来，大卫·李嘉图对市场的总需求和总供给理论的研究作了极其重要的贡献。到了马歇尔时代，他创立了需求极限和供给理论、均衡价格理论。凯恩斯则提出了边际消费趋向递减的理论和需求不足的灵活偏好理论，并且提出了满足有效需求的办法。萨缪尔森的《经济学》用了大量的篇章来介绍前辈经济学家对需求和供给的理论研究成果，也提出了自己独到的见解。

到了 21 世纪，由于互联网的发展和广泛运用，人们对市场的需求有了有史以来无与伦比的统计水平和反应能力。比如，人们每天都可以通过电视或网络看到世界上几十个股票交易所的市场状况，可以看到世界上几十种主要货币的汇率状况，可以看到石油市场的几个主要交易所的价格变动情况，还可以看到诸如钢材市场、粮食市场每天的价格变动情况。经济学家们还创立了职业经理人指数、海运指数等反映市场变化的参数。笔者可以自信地说，从 21 世纪开始，经济学会产生一次重要的革命，其突破口就是市场的供给和需求理论。

---

① 主要是指该评估机构的评估报告为多数大的企业集团、政府组织所认可。

7. 市场是由总供给和总需求决定的

市场是自由的和客观的。首先，市场的参与者在经济的范围内是自由的；其次，市场是不以人的意志为转移的，市场行为是客观的。因此，市场所反应的状况是客观公正的。

在 20 世纪以前，由于通讯设备和统计手段落后，所谓的总需求和总供给应该只是经济学家们研究经济学的一个概念而已。

在现代，市场是一种调节各种地方保护主义的重要手段。由于交通的原因，任何一个地方的产品和资源都是相对短缺的，所以，地方保护主义会长期存在。

中国不久前才出台了市场法，市场法的功能有很多，首要的一条就是限制地方保护主义，让国内外的商品能够顺利进入各地市场。

总供给和总需求都是动态的，所以，社会的总供给和总需求是事后才能看见的，人们往往是通过价格的波动来判断市场的供求状态。经济学家们创造了供需均衡理论，但在实际经济生活中，供需均衡是不成立的，只是一种理想的状态。比如，世界石油的价格由几美元一桶上涨到一百多美元一桶，增长了几十倍，如石油输出国组织这样权威的行业管理机构也难以调节油价的上涨；同样，也没有力量能够阻止石油价格的下跌。

价格的上涨必然会调节消费者个人的需求，因此会直接影响到市场的总需求。有的人以为不断扩大生产可以更好地满足市场的需求，实际的结果却适得其反，只能带来生产的过剩。近年来，互联网的发展很大地调节了市场，部分地改善了总供给和总需求失衡的传统格局。

8. 竞争产生生产过剩

有市场就必然有竞争。市场价格的波动反映了市场需求的状况。为了获得超额的利润，经济参与者必然把资本投向价格增长快的生产领域，这是竞争最原始的动力。市场竞争必然把那些质量落后甚至包装落后的商品淘汰出局，所以，竞争也是促进人类进步的重要手段。

比较完全形态的竞争让生产参与者把大量的资本、财富和生产资料投入某些利润高的行业，由于生产周期和市场反应相对滞后，再加上市场的虚假现象等因素，市场竞争者必须到某种商品生产过剩的时候才会停止或减少投入，把投入转移到其他生产部门去。

由生产过剩带来的经济危机，造成了社会财富的极大浪费，成为自由竞争状态的一大危害。

9. 短缺是中央集权或计划经济的必然

中央集权制是封建社会的主要标志。20世纪很多国家，特别是发展中国家都处于封建或半封建社会，这些国家由于民族资本主义十分落后，再加上殖民主义的侵略和掠夺，短缺经济十分突出。在这些国家，只有继续实行历史上的中央集权制才能较为公平合理地处置和分配商品和资源。商品的短缺和货币的短缺是特定历史环境决定的。

在20世纪，苏联创立了计划经济这样一种新模式。后来许多社会主义国家在选择经济模式时都选择了以计划经济为主的模式。因为这些国家没有也不可能经过自由资本主义的完全发展阶段，政府部门当然要尽自己的责任和义务，把国家经济向好的方面引导。

在1949年以前，中国实际上处于半封建经济、半殖民地经济和官僚资本经济共存的年代，再加上外国势力的侵略和掠夺，中国的经济十分落后。新中国建立以后，用了30年的时间搞计划经济。虽然这30年中国的经济发展遇到了很多困难和曲折，但是仍然建立了比较完善的的工业体系，为后来中国改革开放的经济发展打下了重要的基础。

在改革开放初期，人们讨论的焦点是市场经济与计划经济之争。经过反复的讨论，人们得出了一条重要的经验：计划和市场都是经济手段。这一重要论断迅速转变为国家的经济政策，使中国的发展迅速走上了正轨。中国的经验教训，可以供现在经济还相对落后的国家借鉴。

10. 中国的事业单位

所谓事业单位，是介于企业和政府之间的社会经济组织。中国的事业单位是隶属于某一政府部门的，所以它主要的经费都是由直接管理它的那一级政府提供的。

事业单位的主要功能是为社会公众服务。事业单位的主体主要是以下几个部分：

第一，教育部门。凡是政府出资兴办的学校，无论大学、中学、小学、幼儿园，还是各类职业学校、技术学校，都属于事业单位的范畴。现在中国属于事业单位的教育部门的从业人员在2000万人左右，这是一个庞大的数字。

第二，公立卫生医疗机构，包括医院、防疫机构、计划生育服务机构、职业病防治机构，从业人员为 800 万人左右。

第三，文化、图书、文物管理机构，主要是各级政府管辖的文艺演出团体、文化馆、图书馆、博物馆、文管所，这些机构的从业人员有几十万之多。

第四，体育培训和管理机构，从事的人员也有几十万人之多。

第五，科研机构，如农业科学院等专门的研究机构，中国科学院、中国社会科学院等综合性研究院所。

第六，其他社会组织。政府还直接管理一些社会组织，最有名的就是红十字会、贸易促进会等。

最近几年，中国对事业单位进行了深入改革。

首先，对上述除基础教育和国立大学①以外的教学机构，用企业化的办法来管理，减少了国家财政对事业单位的投入。同时，大量鼓励民间资本、国外资本、私人资本兴办教育机构，这些民办的教育机构也基本上实现了企业化的管理。

对医疗卫生机构的改革，基本上也采用同样的改革方式和方法，取得了较好的效果。

文化机构的改革要更为深入一些。将来除保留少数文艺团体、图书发行机构外，市场化改革使这些文化演出机构主要采取企业法人管理的形式，同时国家财政也会适当发放补贴和津贴。

中国对事业单位的设置和改革的经验为许多国家提供了榜样。发展中国家要发展和保护本民族的文化传统，特别是兴办教育和科技，保证人民必要的卫生医疗条件，采用这种半市场化的管理是必要的，但是也要结合各国当时的经济条件和国内外环境来设计。

亮点、难点、重点与基本概念

亮　点

1. 对宏观经济学和微观经济学这两个概念的评论。

人们一般认为，凯恩斯出版《就业、利息和货币通论》，标志着宏观经济学的创立。实际上，在凯恩斯以前的三百多年里，经济学研究的内容都是宏观的，只不过当时人们没有创立微观经济学，所以也就无所谓"宏观"经济学。

---

① 是国家投资设立的大学，在国外比较常见，相对的还有州立大学、私立大学。

宏观经济学直接提出了政府调节和干预市场的政策建议，这是十分重要的。其实，凯恩斯之前的经济学家们也都是直接向国家的最高管理者提供经济理论和政策建议，从而影响国家经济的走向。

2. 法律管理和行业管理是政府管理市场的重要手段。

国家对市场经济的管理主要是通过法律的制定和执行来实现的。国家还可以通过行业管理的手段来管理市场，这也是专业化管理的一个方面。

3. 供需平衡只是一种理论状态。

经济学家们通过各种经济模型创立了市场供需均衡的理论，实际上这只是一种理想的状态，市场每时每刻都处在波动中。

以价格调节供求是本书提出的一个新理论。在过去，人们因为价值规律产生的价格曲线波动，只知道用扩大供给来调节需求，实际上市场参与者，包括政府，也可以用提高价格或者降低价格的办法来调节市场的供求关系。

难　点

1. 为什么美国总统罗斯福采取对经济生活全面干预的政策，能使美国经济很快复苏？

自由竞争的资本主义市场带来了生产过剩的危机，社会需要政府对市场的干预。实际上，政府总会不同程度地影响市场经济状态，在自由竞争的市场经济条件下，由于民主政治的作用，政府干预的程度只不过相对弱一些而已。任何事物的发展都是相辅相成的，经济危机的加深促进了政府干预程度的加大。

2. 为什么中央集权的国家都选择了计划经济的模式？

计划经济的主要特点是，国家通过每年或每五年向各社会生产机构下达计划的办法来统一调节和组织经济活动。

只有中央集权的国家和地区才有可能成功实施计划经济，因为计划首先是人们对生产和社会物质财富的一种主观的判断，这种思维模式只有在中央集权的国家才能够推广，所以两者一拍即合。

重　点

1. 竞争淘汰落后，同时产生生产过剩。

竞争是一种利润最大化的结果。人们为了追逐更多的利润，再加上生产力发展的需要、社会民主和制度的配合，就产生了全社会广泛的竞争。竞争把人才、资源、技术都集中到了赚钱的领域，促使这个领域迅速增长，落后的东西自然遭到淘汰，这是竞争带来的积极作用。

但是，竞争的普遍性和激烈性使生产过度集中，就会带来生产过剩。大量的商品卖不出去，就产生了经济危机，这是自由竞争给社会带来的最大危害。

2. 计划和市场都是调节经济的手段。

20 世纪 30 年代，人们把计划经济和市场经济对立起来了，一度认为市场经济是资本主义制度的最主要标志，而计划经济是社会主义制度的最主要标志。当时之所以产生这种状况，主要的原因是国际社会秩序的混乱带来了国家之间的割裂，从而使人们无法了解彼此社会的真实情况，再加上殖民主义的泛滥，就使得这种情绪化的见解成为主流。

经过半个多世纪的进步和发展，和平与发展为世界的主要发展趋势，人们对计划经济和市场经济有了新的认识，至少人们的情绪不像过去那么尖锐对立了。

在改革开放的关键时刻，中国人清楚地认识到，市场经济也有计划，计划经济也必须以市场为主导，这样才能促进生产力发展。

基本概念

宏观经济学、市场调节、银行业监管会、证券业监管会、保险业监管会、中介机构、经纪人、文化经纪人、评估机构、总供给、总需求、生产过剩、经济危机、事业单位。

问题与思考

1. 法律手段是政府管理市场的重要手段

政府不可能不干预市场，关键是采取什么手段。以计划经济为主的政府管理体制，主要采取行政手段干预和调节市场经济。

现代文明国家应该是法制化的，因此法律手段应该成为国家调节和干预市场经济的主要手段之一。

法律有它自身的内在规律，它充分体现了公开、公平和公正性，所以政府通过法律手段来调节和干预市场经济，会取得最佳的效果。

2. 中介机构是政府和经济实体之间的桥梁

政府和经济实体是管理和被管理的关系。历史上人类长期处于中央集权的封建社会制度下，在当代一些资本主义制度不发达的国家，中央集权的影响还很深，所以政府最容易采取行政的办法来管理经济。但是，社会是极其复杂庞大的系统工程，中介机构可以比较客观地代表双方或多方的意见和愿望，从而调节市场经济过程中所产生的矛盾。

在世界经济发展的过程中，中介机构起了相当重要的积极作用。

在实行简政放权的过程中，中国出现了一种"政难简、权难放"的现象，原因之一就是中国的中介机构还不规范、不健全、数量少。因此，中国和其他发展中国家都应该重视并发挥中介机构的作用。

3. 关于建立世界级的评估机构

通过几十年、上百年的努力，经济发达国家把中介机构中的评估机构建立得更加规范和权威。但是，人总是生存在特定的环境、受各种条件影响的，不管多么公正的评估机构，都难以摆脱其环境的影响。

中国已经发展成为世界第二大经济体，又有五千年的文明，中国有条件建立世界级的评估机构。并且，世界上有130多个发展中国家和地区，还有20多个贫困国家，中国有必要带头建立世界级的评估机构，为发展中国家提供更优惠和优质的服务。

评估机构的人才需要经过相当长时间的培养和锻炼，评估机构的权威性也需要几年、几十年时间的检验。中国应该尽快组织几家综合的或专业的、瞄准世界市场的评估机构，经过十几年或更长时间的运作和检验，使之成为具有公正权威的世界级评估机构。

第五章

国外是最好的经济实验场

进入21世纪以后，国际形势和整个世界的格局发生了重大的变化。

首先，世界朝着和平与发展的趋势发展已有一段时间，除少数国家发生了冲突外，多数国家的经济出现了较快的发展，以"金砖五国"为标志的新经济体的发展给人们带来了很多的启发。

其次，交通运输迅速发展，海运、航空、铁路和高速公路使世界大大地缩小了。

第三，互联网的普及让世界变得越来越小，各国之间的经济联系更加紧密。

同时，WTO的成员越来越多，这就使世界各国之间的贸易更加畅通、更加规范。中国加入WTO以后就给世界经济带来了新的活力。

1. 任何国家的资源总是相对有限的

西方主流经济学把资源的有效配置作为经济学研究的主要对象，这在半个多世纪以前是天经地义的。当时资源严重短缺，原因主要有以下几个方面：一是由于阵营的对立把世界各国分割开来；二是20世纪前半期发生了两次世界大战和连绵不断的中小战争；三是世界生产过剩，经济危机也给资源带来了极大的浪费；第四，能源特别是石油的短缺使各国都感到了危机。所以，西方主流经济学把资源短缺和资源的有效配置作为研究的第一命题，这是可以理解的。

但是，大部分经济学家没有看到，自20世纪50年代到今天的六十多年里，世界经济的形势发生了根本性的变化，我们应该重新考虑经济学研究的重点。

我们先用事例来证明，即使是资源短缺的国家，也可以很好地发展本国的经济，为世界经济的发展做出应有的贡献。

第一个案例，日本的经验。

日本是第二次世界大战的战败国。长期的侵略战争浪费了日本巨大的人力和财力，虽然日本通过战争也掠夺了大量的财富，不过二战后世界各国对日本的战争罪行进行了清算，对日本进行了严重的经济封锁，使日本的经济处于非常困难的状态。

日本是个资源严重短缺的国家，其国土面积是中国的二十分之一，人口只有当时中国的五分之一左右。这样一个资源十分短缺的小型岛国，却创造了经济的奇迹。日本用二十多年的时间使国内经济迅速崛起，很快超过了苏联和英、法等工业发达国家，成为世界第二大经济体。与之相反，像苏联，南美洲的巴西、墨西哥、阿根廷和非洲的南非、津巴布韦，亚洲的印度等资源相对丰富的国家，发展速度却远远落后于日本。

同样，德国的经验也足以说明问题。二战后德国的国内外形势和日本有极大的相似之处，所不同的是德国由于东西德的割裂状态，不得不花费一部分财力和物力用作军费开支。自柏林墙①被推倒以后，德国的经济发展更加迅速，也很快超过了英、法、苏联，成为当时世界第三大经济体。难道说德国的资源很丰富吗？这是第二个案例。

第三个案例是"亚洲四小龙"的崛起。20世纪70年代，随着日本经济的腾飞，"亚洲四小龙"闪亮登场。所谓"亚洲四小龙"，指的是韩国、中国台湾、新加坡和中国香港。"小龙"，顾名思义，既然小，它们的物力资源和人力资源都是和很多大中型国家不能比的，属于资源短缺的国家和地区。

现在我们分别来介绍"亚洲四小龙"的基本状况。

韩国。韩国当时人口只有1500万左右，国土面积是日本的二分之一，是中国的四十分之一，资源相当匮乏。但是他们抓住了日本经济腾飞带来的重要机会，通过引进日本的技术，结合本国的情况，使自己的经济迅速发展。1988年韩国举办了奥运会，使世界各国目睹了韩国的进步和发展。韩国引进日本的汽车制造技术，创立了"现代"汽车品牌并出口到多个国家，现在韩国的"现代"汽车在中国大陆都还占有相当大的份额。韩国的造船工业在世界也占有重要的地位。

中国台湾。台湾是一个小岛，土地面积有几万平方公里，当时人口也只有1700万左右。1949年国民党撤退到台湾的时候从大陆带去了一些资产，但是，台湾自身的资源是十分匮乏的。在后来的二十几年中，台湾引进日本的机械技术和水泥生产设备，对农业进行了有效改造，使经济迅速地崛起。在1980年前后，台湾的人均外汇储备处于世界的前列。

---

① 二战以后，德国分为东德和西德两个国家，德国原来的首都柏林也被分为两部分，中间由一道墙隔开，这就是"柏林墙"。

新加坡。新加坡国土面积只有 2 万平方公里左右，当时人口 500 万左右。由于总理李光耀采取了全面对外开放的政策（如新加坡为了全面对外开放，首先把英语作为国家法定语言之一，让新加坡人可以走向世界），还采取了一系列发展经济的措施，新加坡很快进入了中等发达国家的行列。

中国香港。香港作为中国的一部分，是一个特殊的经济体，其土地面积和人口跟新加坡差不多，同样进入了中等发达国家的行列。

综上所述，日本、德国、"亚洲四小龙"都是资源十分短缺的国家和地区，它们的经济都在 20 世纪后半期迅速腾飞，为我们主流经济学的研究提供了有益的经验。

西方主流经济学，特别是萨缪尔森的《经济学》，把短缺视为经济学的双重主题之一，把资源的有效配置作为经济学研究的第一命题，这在 1948 年《经济学》出版的时候是可以理解的，因为这个时期离第二次世界大战结束才 3 年的时间，离 1929—1933 年的世界经济危机才 15 年的时间，当时萨缪尔森、凯恩斯都还没有看到日本经济的奇迹和德国经济的迅速腾飞。但是，《经济学》第 16 版出版的时候已经是 1999 年了，此时萨缪尔森不但看到了日本、德国的兴起，而且还看到了"亚洲四小龙"的崛起以及中国改革开放 20 年的巨大成就，他没有或者说来不及审视自己的经济学观点，仍然把经济短缺和资源的有效配置作为自己经济学的首要研究命题，这是令人不解的。

中国是一个资源短缺的国家。1949 年新中国面临的情况是"一穷二白"[①]，特别是由于长期遭受侵略和掠夺，工业十分落后。后来，中国又出现了人口膨胀，20 年的时间里人口从四亿多成倍增长到八亿多。到改革开放的时候，中国面临的情况是"一穷二白人口多"。但是，中国进行了改革开放，用 30 年的时间从一个落后的国家飞跃成为世界第二大经济体。这是十分令人鼓舞的。中国的崛起为多数发展中国家做出了榜样。

2. 小农经济是闭关自守产生的根源

经济学是以经济的发展为前提的，是对各种经济思想的总结。先进的经济学理论，只有在经济实践中产生了效果，才能得到社会的承认并产生积极的影响。20 世纪的经济学理论主要产生在英国和美国，另外一些国家如瑞士人瓦尔拉斯[②]

[①] 这是毛泽东同志对新中国的评价，"穷"是指当时中国经济上贫穷落后，"白"是指当时中国文化上落后。

[②] 瓦尔拉斯（1834—1910），瑞士人，主要著作有《纯粹经济学要义》。

创立了一般均衡理论,奥地利人欧根·冯·庞巴维克①创立了利息的理论,英国人马歇尔创立了局部均衡理论,荷兰人丁伯根②创立了周期计量模型的理论。

小农经济是闭关自守的根源。中国是一个农业大国,极其分散的小农经济占了中国经济总量的80%以上,人们的小农经济思想根深蒂固,再加上1949年以后遭到了西方国家的经济封锁,中国只有"关起门来搞建设",更加促进了闭关自守的思维和经济状态。

现在非洲也有几十个以农业为主的国家,美洲国家像阿根廷、智利,农业和畜牧业比重也较大,它们都可以根据本国的情况发展本国经济。

3. 开放的经济才是科学的经济

思想决定行动,思想开放是经济开放的前提。开放的思想才有开放的思路,包容的态度产生新生事物。人们所处的区域和位置决定了人们思想文化的模式。一般来说,沿海国家和地区的人们思想都比较开放一些,而内陆和山区生长的人们思想稍微保守一些,这是受世世代代的生产方式和文化传统影响所形成的。资本主义的发展是人们思想解放的结果。历史上的重大进步都与事先的思想解放运动分不开,所以,一个国家和一个地区要开放、要发展,就必须经历相应的思想开放的过程。

开放要有最优的切入点。新加坡的开放就选择了把英语作为国家的主导语言之一,这是一个很好的切入点。中国的改革开放是以实践检验真理的唯一标准的讨论③展开的,为此,这次讨论被人们称为中国现代史上的第三次思想解放运动④。

4. 经济经验首先来自历史

历史是一面镜子,既可以让人们吸取前人的经验教训,又会让人们受到警示并开创未来。历史对人们的启示是客观公正的,本国的历史经验是适合本国国情和文化状态的,所以对本国人民最为有用。

---

① 欧根·冯·庞巴维克(1851—1914),奥地利人,主要著作有《资本实证论》。
② 丁伯根(1903—1994),荷兰人,他创立了计量经济学模型。
③ 中国改革开放初期,为了解放思想而展开的"关于实践是检验真理的唯一标准"的大讨论,为中国改革开放的成功做了重要的思想准备。
④ 中国现代史上有3次大的思想解放运动,第一次是1919年的新文化运动,第二次是1942年的延安"整风"运动,第三次就是"关于实践是检验真理的唯一标准"的大讨论。

向外国学习可以节约成本。世界的文化是一定时代的产物,各国之间虽然存在地理位置、自然环境、经济条件等不同,但是,同处一个世界的各个国家又会有许多相似之处。一国创造的经验或者所得的教训,对另外的国家也会有很好的参考和启发作用。

但是,学习外国必须结合本国实际。外国的先进经验产生于外国的土壤,适应外国的历史和文化,绝不可以照抄照搬,应该结合本国的情况去粗取精、去伪存真,任何简单的模仿都是毫无用处的。

5. 经济实验在先,经济理论在后

古典经济学的创始人亚当·斯密之所以能够写出《国富论》这样的伟大著作,是因为英国是当时世界上最先进的国家之一。可以说,亚当·斯密的经济学理论是对英国资本主义发展一百多年的历史总结。如果没有英国经济的巨大发展,就不会出现亚当·斯密这样具有奠基性意义的经济学家。因为英国处在资本主义由手工业向机器大工业转变的时期,亚当·斯密对经济学的研究首先是从分工开始的,他说:"劳动生产力上的最大进步,以及运用劳动时所表现的更多的熟练、技巧和判断力似乎都是分工的结果。"[1] 可以说,对经济学家而言,经济实践在先,经济理论是对经济实践的总结。

资本主义的发展由自由资本主义阶段发展到后来的垄断阶段,出现了周期性的经济危机。在经济学发展史上,经济危机的理论多次得到人们的承认,又多次受到部分经济学家的反对,事隔多年后经济危机的理论又会得到人们的承认,这大概就是经济学发展的正常轨迹。

6. 为什么医学重视病历

医学的发展给人们提供很多有益的经验。医学是一门最为典型的实证科学,医生可以凭借自己的经验和基本医学原理开出很好的处方给病人治病。经济学和医学有很多类似的地方,经济学理论也是在实证中产生的。

每一个经济实体都像人一样是一个鲜活的整体。人的生存发展是一个极其复杂的有机过程,经济实体的建立和发展也是一个极其复杂的有机过程。

经济学发展了400年,产生了很多分支和派别。在20世纪60年代,英、美等国家兴起了工商管理学学习的热潮,各国纷纷建立起工商学院。工商学院最大

---

[1] 参见《国富论》第5页,商务印书馆1972年10月版。

的特点是通过工商案例的展示，让人们从中学习到工商管理学的知识，这也是对传统经济学理论的一个挑战。

7. 法学案例给人以实证的启示

法学和医学一样都讲究实证，成千上万的案例为法学提供了实实在在的依据。法学的特点是有案在先、有法在后，这对经济学也是一个重要的启迪。

法学是实证的，不可以随意假设。比如，某一个杀人犯把刀子捅向受害者的腹部，而腹部的左上方就是心脏，我们不能假设杀人犯的刀子偏一点捅到了心脏，因为这样受害者就可能死亡，整个案情就发生了重大的变化，所以说对法学而言，任何随意的假设都是毫无意义的。

经济预测必须慎之又慎。防患于未然是人们希望做到的事情，一些经济学家对一个国家和地区的经济结果展开预测，这是可取的。后来经济学和其他科学结合，形成了一种叫"未来学"的专门学科。未来学是人们根据已经发生的历史事实对未来进行科学预测的学科。在20世纪80年代，未来学有了新的发展。美国未来学家阿·托夫勒[①]是未来学的代表人物，他出版的《大趋势》一书引起了人们很大的关注。未来学的研究者主要是对世界或一国未来的经济、社会和政治以及科学等发展的基本方向展开预测，但是，人们对未来的预测往往会因为突发事件的影响而与实际结果大相径庭。

8. 从推理小说看实体经济学

推理小说是文学家运用逻辑学原理对犯罪学进行研究而形成的一个小说题材和文学派别，推理小说对经济也有一定的启发意义。

经济学是一门逻辑性很强的学科。运用逻辑学原理对复杂的经济实体进行研究，这是经济学研究的主要手段和方式之一。

特别要说明的是，在运用经济学普遍原理的过程中，对每一个经济实体的研究都要具体问题具体分析，要找出所研究问题的差异性和独特性，这样才能创造出经济学的新理论，促进经济发展。

经过推理的研究结论，除纯理念外，都要经过经济实践的检验。

[①] 阿·托夫勒（1928—），美国人，未来学的创始人。

9. 到国外去学习

各国无论大小，总是有自己的长处。世界上没有任何一个国家是完美无缺的，即使像欧美这样的发达国家，像中国这样大的发展中国家，都应该不断到国外去学习别国的成功经验。跨出自己的国门，总会学到更多的东西。

美国在探月工程的研究过程中，光是制造的火箭和卫星就用了一百多个国家和地区的优秀产品，可见，没有世界人民的共同努力，任何一个国家要获得很大的进步或成功，都有一定的难度。

2014 年底，美国和古巴的关系开始恢复。这虽然是个外交话题，但是在经济学上也很有参考意义。美国是当今世界最发达的国家，而古巴只是一个发展中的小国，土地面积很小，人口只有几百万。美古断交五十多年，为什么又要恢复和建立新的国家关系呢？这说明美古双方都能为彼此带来一定的好处。大有大的长处和优势，小有小的长处和优势，美国和古巴都有值得对方学习的地方。

10. 科学文化都是没有国界的

经济学首先是一门科学，同时又更多地体现了一国或地区的文化。经济学是无国界的。中国改革开放三十多年，在经济学上采用的始终是西方的经济学体系，这是一个经济学无国界的最好佐证。

虽然西方主流的经济学在对中国的认识上有许多偏见和误解，但是，经济学所研究的如劳动、价值、分工、市场供求关系、投入产出、就业、商品、分配、财政、税收等问题，在世界范围内都是有共性的。

文化是可以互相渗透的。经济学是文化性很强的社会科学，既然世界各国的文化是互相影响、互相作用、互相渗透的，那么我们可以创立自己的经济学体系，为世界经济和文化做出一定的贡献。

11. 不同信仰的人们的经济行为却是一致的

信仰不同，生存相同。世界各国、各地区、各民族的人们都有不同的信仰和不同的文化传统，但是，全世界人民都生活在一个共同的地球上，谁也离不开谁，谁也无法消灭谁。在两次世界大战期间，有一些战争狂人试图独霸世界，妄想消灭其他民族，最终都得到了可悲的下场。

各个国家和地区之间，各个经济实体之间，都应该求同存异，永远进行经济合作。自从哥伦布发现新大陆以来，人类就开始了极其广泛的经济合作。到今天，人类的文明更加发展和进步,合作将成为永久的课题。

中国有以"丝绸之路"①为标志的对外经济交流史。中国作为发展中国家里的大国,顺应历史发展的潮流,提出了共荣发展、结伴而不结盟的发展战略,为世界各国和发展中国家创立了一种十分理想的发展模式。

12. 学习其他"金砖国家"发展经济的成功经验

学习印度是我们应该讨论的重要议题之一。印度国土面积为 298 万平方公里左右,人口 12.15 亿(2012 年),是世界第二人口大国。印度曾经是英国的殖民地,在 20 世纪中期,印度也是经济落后的大国之一,可以说,在 20 世纪前半期,印度经济落后的状况和中国差不多。但是,印度在尼赫鲁时代打下了一定的基础,到了 20 世纪 90 年代,印度的经济有了较大的进步,特别是在科技方面有了长足的发展。最近几年,印度的 IT 行业对外贸易居世界第二位。

印度的土地面积只有中国土地面积的四分之一多一点,但是印度的人口只比中国少两亿左右,印度几乎和中国同时解决了人民的吃饭问题。我们主要应该向印度学习以下几个方面:企业的创新精神,国际化经验,企业的人才培养,文化产业发展。

巴西是南美洲国家,最近二十几年来通过发展民族工业,开展国际合作,发展渔业和石油开采业,使本国的经济迅速发展,成为世界公认的"金砖五国"之一。以巴西为首的南美洲国家近年也和中国结成战略伙伴关系,中国和其他发展中国家都应该学习巴西的成功经验。

南非是非洲国家中经济发展比较成功的国家之一,也是世界公认的"金砖五国"之一。南非的经济发展主要以采矿业为领头羊,南非的黄金和钻石储量居世界前列。在解决民族主义的矛盾以后,南非黑人的地位得到了尊重,使南非人民的生产积极性得到了巨大的解放。

学习南非,首先就要学习南非黑人领袖、前总统曼德拉②的精神。曼德拉为争取黑人的权利奋斗了一生,我们从曼德拉的人生态度和奋斗精神中,就可以看出南非人民为什么能够在二十几年的时间之内进入世界中等发达国家的行业,成为"金砖五国"之一。

俄罗斯也是"金砖五国"之一。自苏联解体以后,部分苏联的联邦成员组合

---

① 中国在唐朝(公元 618 年—907 年)开辟的通往西域(今中亚、西亚)的经济、文化、交流之路,是中国对外开放交流的历史见证之一。

② 曼德拉,南非前总统,他吃苦耐劳、为民族而奋斗的精神十分值得赞扬。

成为新的俄罗斯联邦。俄罗斯经历过解体的痛苦，在度过了困难时期后，国家获得了新的发展，成为"金砖五国"之一。俄罗斯是个国土大国，其人口为世界第9位，相对而言，俄罗斯是资源比较丰富的国家之一，俄罗斯这几年的经济发展出现了良好的势态。我们要学习俄罗斯人自强不息的精神、发展科技的精神、发展重工业的经验。

13. 经济实验场在自我完善中发展

从广义上说，每一个经济实体都是一个经济实验场。因为，每一个经济实体都在进行各种各样的实验，在市场竞争的环境中求生存、求发展。为什么本书把经济实体称为经济实验场？主要是为了提醒每一个实体经济的参与者不断创新。只有创新才有出路，才会有更好的效益，才会获得更多的利润。从狭义上说，中国的经济实验场主要有以下几种：

经济特区。中国的"经济特区"是中国政府在改革开放初期开辟出的实验基地。中国当时打着"摸着石头过河"的旗帜开办经济特区，首先在经济特区实验改革开放的政策和措施，获得成功以后才向其他地区推广。中国在20世纪80年代开办了四个经济特区，后来又把海南扩充进来成为最大的经济特区。三十多年的实验和发展证明，中国的特区是很成功的。

经济示范区。所谓经济示范区，有一点类似于中国的经济特区，它和经济特区的区别在于规模更小，改革开放的深度和广度也要比特区要小一些。最初，只有上海建立了浦东经济示范区，现在中国各地都有自己的经济示范区。

保税区。为了改革开放，中国先后成立了几十个保税区，都取得了显著的效果。近年来，上海保税区的实验又为中国的经济发展开创了更加开放的模式。

自由贸易区。中国在新区的基础上，开设自由贸易区，在报关、通关和企业设立、贸易、人才交流上都取得重大突破和发展。有了先进的经验，现已开始向国内其他地区推广。

14. 人的更新是经验的来源

经济的发展离不开人们总结出来的新经验。经验是经过实践检验的、成功的思想，经验对后发的经济实体有很大的启发和引导作用。新的经验来自新的人才，所以，不断培养新的人才，才会有源源不断的有益经验。

经济学界有成千上万的经济学家，他们总结本国和世界各地经济发展的经验和教训，提出和发展了经济学的理论，在不同时期为各国经济的发展做出了重要的贡献。这些经济学理论、模式和经验，都是人类的宝贵财富。世界在前进，变化中的世界需要我们不断创造出新的经济理论，指导经济的发展，帮助人们克服经济运行中带来的各种困难和曲折，这就是我们研究和学习经济学永不枯竭的动力。

经济是人们每时每刻都不能离开的东西，经济生活贯穿于人类发展的始终。每个人都是经济实体的一分子，只有和经济实体紧密联系在一起，人们才能生存和发展，所以，经济学的发展和人的发展是同步的。

亮点、难点、重点与基本概念

亮 点

1. 国家无论大小，资源总是相对有限的。

现在，俄罗斯、加拿大、美国、中国等国家都是国土面积在 500 万平方公里以上的大国，它们资源也是相对有限的。因为没有任何一个国家可以拥有世界上所有的资源，所以说资源总是短缺的。

在中国，淡水是最为短缺的资源之一，中国人均淡水占有量只有世界人均占有量的五分之一。以前的经济学家认为水是取之不尽的资源，现在情况有了根本性的变化。

2. 改革开放要找到最佳的切入点。

新加坡的改革开放选择了把英语作为官方语言之一，从而把新加坡融入了国际社会，这个切入点选择得很好。所以，新加坡很快从一个落后的小国发展为中等发达的国家。

中国的改革开放也找了一个最好的切入点，一下就把经济搞活了。

一个地区要改变落后面貌，一个人要取得更大的发展，更应该经过分析研究，找出更好的切入点。

难 点

1. 为什么资源短缺的"亚洲四小龙"能够快速发展？

西方主流的经济学把资源的有效配置作为经济学研究的基点之一，但资源相对丰富的苏联却遇到了经济困难并最终解体，而资源短缺的"亚洲四小龙"却能够高速发展。这是我们研究的难点之一。

2. 学习"金砖五国"发展的成功经验。

中国也是"金砖五国"之一,为什么"金砖五国"能够在 20 世纪后期实现经济腾飞?这是我们研究的难点之二。

重　点

1. 为什么开放是国家经济腾飞的前提之一?

新加坡这样的小国家靠改革开放而实现经济腾飞,中国这样的发展中大国也是靠改革开放而实现经济腾飞的,所以我们需要重点研究开放对国家经济发展的重要作用。

2. 为什么经济实验在先、经济理论在后?

亚当·斯密出版了《国富论》这样伟大的著作,这告诉我们,经济学理论是对成功经济实验、上百年经济实践的总结。经济学理论又能指导之后的经济实践。《国富论》对英国经济的最大贡献在于它指导了英国的经济发展,使英国成为世界上经济最强盛的国家之一。

基本概念

资源、资源短缺、"亚洲四小龙"、"金砖五国"、保税区、中国的经济特区。

问题与思考

1. 在第二次世界大战后,为什么德国和日本经济会腾飞?

二战后德国和日本的工业基础设施遭到了毁灭性的破坏,同时受到世界范围的经济制裁,但是,它们却在很短的时间内恢复了经济,实现了经济的腾飞。在 20 世纪 80 年代,日本和德国先后超过英国、法国和苏联成为世界第二和第三大经济体,这是我们应该进一步研究和思考的课题。

应该说,德、日的经济腾飞首先得益于二战后"冷战"的世界形势,美国对德、日两国的支持起了十分重要的作用。人才也具有决定性的作用,一方面,在二战期间,德、日有很多爱国的人才在国外躲避战争,二战后,他们迅速回到国内,为国家经济做出了重大的贡献;另一方面,德、日在十几年的时间之内,培养了大量的人才。

2. "亚洲四小龙"的经济腾飞告诉了我们什么？

韩国和中国台湾大体上就相当于中国大陆一个资源较少的省份，人口和土地面积都十分有限，但是，它们抓住了机遇使经济快速发展，成为世界经济的亮点。

韩国和中国台湾的腾飞对大陆区域经济的发展有很好的启示作用。

第二部分

社会经济要素说：人、土地、资源、资本和信息

第六章

人是经济中最基础的决定力量

经济学的本质是人学,研究的是如何开发和利用世界资源、组合经济实体、生产出满足人类需要的物质财富和精神财富。人是经济要素之首,同时又要经营各类经济要素和生产要素,促进社会良性发展。人是社会不断进步的核心力量。

1. 人首先是属于一个国家的

无论从事什么职业,无论贫穷还是富贵,人都是有祖国的。

国籍是人属于一定国家的标志。绝大多数国家实行的都是单一国籍制,中国就是单一国籍制的国家。为了和世界各国友好相处,中国政府动员和支持生长在中国之外的华人华侨尊重住在国的法律、加入住在国的国籍,这是中国人民对世界人民友好的表现。

有的国家和地区允许住在该国和该地区的人获得双重国籍,也有极少数的人是无国籍的,这种情况主要是因为在两国边界地区的居民没有正式申请某国的国籍。

经济学家首先是属于一国的。世界上有成千上万的经济学家,他们所创造的理论是从他们所在国家的经济实践和经济历史中总结而来的,也是为他们所在国的经济发展服务的,所以大部分经济学家都是爱国主义者。

经济学中有一个重要的流派和分支就是重商主义。重商主义最早起源于英国,后来法国把它推上了高潮。重商主义者托马斯·孟有一句名言,"我们时时谨守这一原则:在价值上,每年卖给外国人的货物必须比我消费他们的为多"。重商主义是以金钱为财富的经济学派。重商主义为什么是国家民族主义呢?他们主要追求的是实现国际贸易,为本国积累和储存更多的金银。英国和法国都是在采纳了重商主义者的理论后才开始走向振兴的。

很多人认为重商主义就是重视商业，其实不是。重商主义是通过对商业的重视为本国聚集财富，它本质上是通过商业从别国获取更多的财产来发展本国的经济。

很多经济理论一旦产生，就跨越了国界，为别国所用，使别国经济实现了很大的发展，最典型的就是凯恩斯的经济理论。凯恩斯是英国剑桥大学的教授，他的著作《就业、利息和货币通论》发表以后，很快就被美国哈佛大学的老师和学生们接受，凯恩斯的经济学理论也很快被美国政府广泛地应用，为美国的经济振兴起到了极其重要的作用。

同样，马克思的经济理论也传到了世界的很多国家，中国就是长期接受马克思经济理论的国家之一。

2. 人的出身是无法选择的

人类的经济之所以发展成现在这样的格局，是由人类本身的特性所决定的。

人无法选择出生地。人们出生以后，绝大部分就会生长这块土地上，就会受这块土地的自然和文化的影响，就会接受这块土地给予的地理条件和精神条件，所以，人类总是热爱自己的家乡，以为自己的家乡做贡献为荣。

人也无法选择出身的家庭。人的一生都在为满足物质和精神享受的欲望而努力，但是，由于家庭所处的环境和经济条件不同，不同人的经济地位和经济条件会有差别，这是任何人都无法改变的。正是如此，社会才会产生纷繁复杂、色彩斑斓的人间悲喜剧。

尽管人们出生的地区、家庭有这么多不同，人的经济差异主要还是由人自身的差异产生的。在同一地区同一历史阶段，人的差异首先表现为受教育的差异和修养素质的差异，这两个因素就基本决定了人们的经济差异。我们要承认这种差异，尊重历史的选择。同时，人们可以通过自己的努力缩小这种人与人之间的差异。经济学家努力向政府推广自己的理论，最重要的目的之一就是让人们努力发展自我，最终走向共同富裕的理想社会。

3. 人是经济活动的主体

前面已经讲过，实体经济学主要是以经济实体为本。经济实体的含义很广泛，单个的人是最简单、最原始的经济实体。在人类发展的历史长河中，农业、手工业的个体劳动者，包括医生、律师、艺术家，往往都以个人为单位的经济实体。科学家最开始也是以个人为单位的经济实体，如世界有名的发明家爱迪生，他的发明绝大多数都是个人的发明。

人总要追求美好的生活，总有自己的欲望。人的欲望集中到一点就是对美好的物质生活和精神生活的最大追求，正是这个追求才使世界不断发展和进步。

经济是为了满足人类消费的庞大综合体。因为要消费，所以人们才会发展经济。经济发展的不平衡性带来人们消费的不平衡性和不可实现性。消费是人类社会发展的最大推动力。

4. 经济学本质上是人学

经济学是最富有人性的学科。经济学的研究都是为了满足人的欲望，协调人们之间的关系，使人们在一定的历史条件下更加自由、平等、公平、民主地发展。

经济学往往离不开意识形态。由于国家和民族之间会因为利益关系、文化传统而发生矛盾，大部分经济学理论都在维护本国、本民族利益的同时，提倡本国的意识形态，这是历史原因所造成的。可以预见，在相当长的时期内，这种状况还会继续存在。

20世纪末，世界走向了以和平与发展为主题的道路，经济学的意识形态在逐渐弱化。21世纪，中国又向世界各国提出了共同发展、共同繁荣的战略目标，号召在发展经济的过程中尽量淡化意识形态之间的分歧，求同存异，共同发展。

5. 人们的偏好、求安、储蓄、消费

经济学家多有偏好。经济学家也是人，并且是智商较高、以生产精神产品为主的人。几百年来，成千上万的经济学家都有各自的偏好，此类例子数不胜数。有一位富有个性的经济学家，他声称自己是世界上最伟大的经济学家、瑞士最伟大的骑士、维也纳最伟大的情人。从他的例子可以看出，经济学家都极富特色，个性鲜明。

从生理学和生命科学的原理来看，人的偏好是由其遗传基因所决定的。当然，后天因素如地理环境、社会环境、家庭环境也有一定的影响。经济学上所讨论的人的偏好，主要是由人们在追求欲望的过程中的经济因素决定的。

求安是人类的共性。所谓求安，就是对和平、安全和稳定生活环境的追

求。中国人自古有"安居乐业"的传统。求安导致了储蓄的诞生。

在一般情况下,收入是影响储蓄的首要因素。经济学研究认为,富人的储蓄比一般人的储蓄数量更大、储蓄偏好度更高。西方经济学家提出过一个储蓄函数,研究的是消费水平和收入水平之间的关系。20 世纪 80 年代,西方发达国家的储蓄水平迅速下降,出现了零储蓄或负储蓄,直接原因就是西方国家受福利经济学的普遍影响,人们的社会福利得到了保证,所以人们的储蓄率极速下降。资本主义从早期发展到后期,人们由偏好储蓄变为拒绝储蓄。反之,在许多没有实行国家福利主义的地区和国家,人们的储蓄率呈上升趋势。

储蓄也是一种投资。当利息率高涨的时候,人们通过储蓄来投资,而经济实体则利用银行来扩大投资。

人们的收入可以分为两大部分,就是储蓄和消费。消费是人类生产的目的,人们不可能只储蓄不消费。对于生活在贫困线以下的人来说,消费是首要的,储蓄是次要的。

6. 人的文化趋向新说

人类的生产首先是物质生产,物质生产是人类生存和发展的最基本条件。当人类的物质生产达到一定的程度,物质财富能基本满足不同人们对物质财富的消费欲望以后,人们就要追求精神上的享受。

精神生产是以物质生产为前提的。首先,精神生产所需要的外在条件就是物质财富。其次,从事精神生产的人,无论是文学家还是艺术家、作家、诗人,都需要消费物质财富。

物质财富的生产过程是精神财富生产的源泉。精神产品首先是描述、歌颂物质生产过程中的杰出人物,颂扬人类真善美的精神面貌,同时,揭露各种各样的丑恶现象,鞭挞懒惰和不诚信的人。

人的文化趋向会影响经济的发展和产品内涵。世界各地的人们根据自己的民族和历史,产生了不同的文化趋向。受文化趋向的影响,东西方人发展的经济模式各具特色,如千百年来东方人生产的产品重实效、轻包装。从 21 世纪开始,东方人向西方人学习,开始注重产品外在包装的统一。

在中国,还有"海派文化"、"山地文化"、"岭南文化"等多种文化流派,它们对经济都产生了不同程度的影响。

精神产品的生产已形成一个文化产业。传统的观点认为文化只是人们休闲娱乐的方式,可有可无,或者说不决定人的生存和发展,因此,很多经济相对落后的国家和地区不重视文化产业的发展，因而影响了国家和地区的整体经济发展。

随着文化产业的不断发展，文化产业学逐步形成。文化产业学是研究文化产业与其他经济部门或其他产业的关系的科学，也是研究文化产业内各个分支产业的关系的科学。

中国有悠久的历史和光辉灿烂的文化，但是，中国的文化产业还十分落后。相当多的人还没有把文化产品的生产作为一个产业来看待，甚至认为文化产业是无足轻重的。从20世纪末开始，中国有了文化产业的提法和相关的研究，但实际上文化产业的投入仍然严重不足，产业链相互割裂，对文化产业学的研究也才刚刚开始。我们应该清楚地认识到，当物质生产的部门发展到一定状态时，文化产业就要随之发展，文化产业对各个物质生产部门都有积极的促进作用。

博彩业是文化产业中的一个重要行业，博彩业的产生主要根源于人追求刺激的本性。同时，博彩业也是人类消费中一个奇特的现象。中国在解放初期取消旧社会的赌博业，这在当时是有一定积极作用的。但是后来没有及时恢复博彩业，也是一个小小的失误。

体育彩票的广泛销售是中国博彩业的一个重要方面。彩票既满足了人们寻求刺激的精神消费，又满足了人们追求幸运的心理状态，同时提供了通过正当手段一夜暴富的可能，这虽然是概率非常非常低的事，但是，奇迹总有可能发生。彩票的消费因为数额很小，不影响人们的生计，却可能获得暴富，因此很有活力。

中国近些年体育彩票的年销售额在1300亿左右，每年要为中国体育事业的发展提供上百亿的资金支持，也为国家提供了几十亿的税收，还创造了成千个幸运的百万富翁。当然，从经济学的角度讲，中国体育彩票的发行和管理还要加强和完善。

中国福利彩票的销售和体育彩票有着几乎相同的命运。近些年中国福利彩票每年的销售额也在300亿左右，每年为国家带来几十亿的税收，为残疾人事业提供上百亿的资金帮助。

中国的澳门是以赌博业为主要产业的地区。由于中国大陆没有公开的赌博业，因此，有一些冒险者通过旅游或其他方式到澳门去参加赌博，每年都有成千上万的人因此倾家荡产或走向犯罪。对这种奇特的经济现象，我们只能采取疏导的方式，用正能量加以克服。当然，在工业发达国家，赌博业是作为旅游业的一部分而存在的，这充分体现了人性的薄弱，还有待于经济学家和社会学家进一步研究，提出有效的对策和管理措施。

7. 宗教——人类精神之谜

宗教是生产力低下时期产生的文化现象。超自然的神灵是自然力量和社会力量在人们意识中歪曲的、虚幻的反映。宗教产生于史前社会的后期，最初是做梦的现象引起了灵魂的观念（在梦中见到死去的亲属，并觉得自我可以脱离肉体而独立活动），由此推及其他自然事物，最终产生"万物有灵"的观念。当生产力水平极为低下时，人们还无法控制自然力量，只能幻想以祈祷、祭祀或巫术来影响自然界的神灵，从而形成最初的宗教仪式。

在阶级社会出现以后，阶级剥削给人们带来较自然灾害更加深重的痛苦。当人们不理解这一现象的社会根源时，便产生了福祸命运由神操纵的观念；同时，一切剥削阶级意图支持宗教，宣传痛苦的产生是因为人们自己犯了罪，只有忍耐、顺从才能来世得福，借以麻痹人民的反抗和斗争意志。

宗教是在人类生产力十分低下的历史条件下产生的。雷鸣闪电、暴雨风雪、雾气彩虹等自然现象的突然发生，再加之地震、海啸等巨大的灾害，使人们产生了对自然的恐惧和崇拜。当人们遇到各种突发灾难时，有的人因偶然因素而幸免，有的人却在灾难中难以逃生。人们在分析这两种结果时，认为有一种说不出来的力量帮助部分人战胜了灾难，这种力量就是所谓的神。后来人们产生了对神的崇拜。一些统治者利用人们对神的崇拜心理，制造出了一种关于神的初级的文化，这就是宗教的文化。

人的生命的不确定性使宗教得以广泛传播。在古代，由于科学十分落后，特别是医学十分落后，人的生命受到各种疾病的威胁和侵害，人们会突然因为某种疾病或瘟疫的产生而暴毙。再加上各个宗教都有因果报应的说法，人们对自身命运的美好期望就使许多人更相信宗教。宗教教义一般都提倡认命。今生积德来世有好结果的教诲，使宗教得以代代相传。

后来，随着科学的不断发展，人们对宗教有了正确的认识。首先，人的宗教信仰是人身自由的一种表现。其次，在爱国、爱和平、爱社会、爱他人、自重自爱的前提下，宗教的存在是正常的。第三，宗教是人类社会的一种大众文化形态，在一定的法律范围内，它的存在是合理的。

在宗教的发展过程中，个别不法之徒为了达到自己的某种目的，利用人们对宗教的信仰和崇拜，成立了各式各样的邪教①。邪教是反人类的非法团体，残害无辜的生命，给人们的生产和生活带来了极大的破坏，必然为社会所不容，应该得到惩处。我们应该相信科学，反对邪教。

8. 人的经济权利新说

人的出生地决定了人的区域经济权利。世界包括经济发达地区、中等发达地区和落后地区，出生在哪个区域，就能享受相应区域的权利。人们无法改变这种由人的自然特性所决定的权利，任何人都只能正视它。

当人长大成人以后，一般都会做两种选择：一是为自己出生的地区终生努力，改变和发展这个区域的经济文化，为自己和后代创造幸福生活，这是绝大多数人的选择；也有部分人得到了到其他地区生存和发展的权利，同样为自己的幸福和为该地区的发展而生活着。

从一个地区到另一个地区，可以通过移民或者偷渡的方式来实现。移民是指人们通合法途径，从一国移居他国的行为。人们倾向移居经济发达国家或地区以实现自我。中国已开始接受移民。偷渡是外国居民利用非法方式到目的国企图长期居住的行为。现在有一些不法分子利用人们改变自己生活环境的愿望，非法组织极少数人从一国偷渡到另一国，从中获取暴利。这是一种为世界各国法律所不容的违法犯罪行为，偷渡往往会给偷渡者带来生命财产的巨大损失。

最近，地中海的偷渡十分猖獗，近年来的偷渡人数在10万左右，已经给国际社会造成重大的危害。欧盟2014年就决定严厉打击偷渡犯罪活动。2015年，欧盟决定成立专门的空军部队来打击和制止偷渡犯罪。

影响人经济权利的除了出生地，还有家庭。人一旦出生，就得到了相应的家庭财产继承权，这也是人无法选择的。家庭有贫富之分，每个人都必须承认和尊重这个现实。各国都制定了相应的法律，保护人们的财产继承权。每个人要尊重和爱护家庭成员，努力工作，为自己家庭的居住环境和经济条件的改善做出相应的贡献。

先天条件不可选，后天努力更重要。人的先天条件如国籍、家庭都不是自己能决定和选择的，但是，人们可以通过后天的努力改善自己的命运。牛顿的

---

① 极少数不法分子利用人们对宗教的信仰和崇拜心理，编造一些离奇的神话，以宗教外在形式建立的反人类的教会组织。

家庭条件就很一般，但是经过后天的努力，他还是获得了巨大的成功。

世界上的富人总是少数，中产阶级是比富人稍多的少数，大部分人都处于平均的社会经济水平，处于底层的穷人或贫民也是少数，这是社会的一般经济特征。社会成员对财富的占有程度每时每刻都在变化，这也是人类社会之所以不断进步的原因所在。聪明的人总是正视昨天，尊重今天，希望明天更美好。

9. 人在经济实体中生存

经济实体是社会的主体。没有经济实体，人类就很难生存。经济实体贯穿于人类生产和生活的始终。经济实体是人类社会组织最基本的存在形式，经济实体生存好了，经济实体的参与者的生活就相应地好了。

经济实体担负着生产物质和精神财富、完成商品流通的重要任务，为社会提供各种各样的服务。经济实体为此而获得经济效益，老板得到利润，员工得到好的收入，这是较为理想的社会。

在经济危机中，很多经济实体纷纷倒闭或破产，人们的生产和生活就会遇到巨大的困难。

10. 人的生产新说

人是自然的，又是最高级的社会产品。人类的生产首先是人的生产。在一代代的繁衍过程中，人的素质得到了极大的提高。人的能力决定了人类社会发展的程度。

作为世界上最高级、最复杂的产品，人的能力有大小的区别。人力即人的劳动能力和创造力。劳动能力的大小决定了为社会创造财富的多少、为社会贡献的大小。劳动力的生产是有成本的。研究劳动的成本的学科就叫人力成本学。人力成本包括人出生以后的生活成本、教育费用、医疗费用和其他生活费用。单个的劳动力体现单个的人力成本。培养一个农民、工人、技师、工程师、科学家、艺术家、医生、律师、教授、航天员所需要的成本相差是十分巨大的。人们要想获得更大的收入，就必须对人力成本进行投入，特别是要保证对青少年教育费用的投入。

人的劳动能力是一种极其重要的资源，即人力资源。人力资源的好坏决定经济实体效益的好坏，决定一个地区、一个国家经济发展的前景。近年来，人们掀起了研究人力资源的热潮。人生自我设计、人力资源的有效配置形成了一门独立的学科，即人力资源学。

学习一点人力资源学，对于充分发挥自身的人力资源，对于培养后代的人力资源，对于充分管理和运用所在的经济实体的人力资源都有极大的好处。

劳动者经过学习和培训，就会进入生产过程，即成为生产中的人。整个社会生产是一个庞大的系统工程，人在各个子系统中某个适合自己的岗位劳动着。

在20世纪中期，随着世界经济的发展，企业把员工分为辅助工、普通操作工、蓝领、白领（高级管理者）、股东和老板。蓝领是指生产过程中的熟练工人、技术工人，他们是生产线上最直接的操作者和组织者。蓝领是保证生产线正常运转和产品质量的重要力量。

白领是区别于辅助工、操作工和蓝领的企业中高层管理者。白领是专门从事管理的人，一般不参加直接的生产劳动。白领的水平高低决定了企业的生产水平、服务质量和经济效益。

从20世纪中期开始，世界范围内的竞争日趋激烈，科学技术不断进步，新产品和新技术层出不穷，对人力资源的要求也越来越高，一般的大学教育或技术教育不再完全适应社会发展的高速度和高要求，所以，欧美等国家首先提出了人的终身教育或继续教育。所谓继续教育，就是劳动力在工作一定的时期后，一般在5年左右，就应该离开工作岗位，专门进行一段时间的学习和培训。这种学习和培训所需要的费用一般是劳动者所供职的经济实体提供的，培训的时间有长有短，短的1个月、3个月，长的半年、1年。所谓终身教育，即人在一生中要不断地接受各类教育和培训。

中国有"活到老，学到老"的传统美德，可以说，中国是世界上最早提倡继续教育和终身教育的国家之一。

11. 人不能超越社会环境

社会环境是一定历史时期内一定区域的政治、经济、文化、自然状况的总和。社会环境是一个综合的概念，社会环境的形成是长期的，它的改变也需要相当长的时间。

人总是在一定的社会环境中生存的。单个的人难以改变自己生存的社会环境，因此，人们首先应该适应社会环境。人们总的生活目标和生活模式应该是在生存中发展、在发展中生存。

经济条件是社会环境中最重要的一环。经济条件是由各种经济因素、自然因素、文化因素、历史渊源所决定的。随着生产力的发展和进步，经济条件会不断改善。人类可以通过发展科学和技术，创造新的经济增长点，发展经济，改变原有的社会环境。

经济条件的改变有历史必然性和历史的偶然性。必然性是指人类在某一区域内不断地努力，创造适应人类需要的经济条件，从而改善社会环境。偶然性是指突发性的社会变革，如战争和科学技术上的重大发现引起的经济条件的改变。历史上战争改变国家和地区经济条件的例子数不胜数，如朝鲜半岛在第二次世界大战以后被"三八线"① 分割为朝鲜和韩国两个经济体。

历史上突然的发现改变社会经济条件的例子也不少，如石油的发现和开采。20世纪中期，世界在二战后得到迅速的发展，随之出现了石油危机。在这一关键的时刻，石油这一宝贵的财富在中东很多国家被发现，迅速改变了这些国家的经济条件。沙特阿拉伯就是一个典型例子。在没有发现石油之前，沙特是一个贫困的国家。发现石油以后，沙特用十几年的时间，迅速成为中等发达国家。至今，沙特仍是世界上少数人均GDP超过2万美国的国家之一。

12. 人可以超越自我

所谓超越自我，就是对自己过去的否定，重新认识自己，发现自己的缺陷和短处，开始新的人生实践和新的目标追求。无论是失败的人还是成功的人，超越自我都是很难的。失败的人，比如社会上的违法者或罪犯，这一类人超越自我的办法就是接受法律施行的强制性的改造，即通过社会和法律的力量超越自己、重新做人。对于大部分比较成功的人来说，超越自我就是获得更大的进步，这也是非常难的事。

人是可以超越自我的。当然，这需要不断地学习和自我磨炼，经过一定的时间使自己的思想达到更高的境界。

13. 人应该自我规划

在青少年时期，人的成长主要是靠家庭、学校和社会的培养和影响。因为人在青少年时期知识和阅历非常有限，要规划自我的人生也非常困难。一般的情况是家庭或老师指导青少年树立自己的人生目标和人生追求，选择自己的人生道路。但是，这往往会把自己的意志强加给别人，带来不少的人生遗憾。

多数西方发达国家都有"成人礼"。"成人礼"是青少年生长到一定年龄、

---

① 是指当时南朝鲜和北朝鲜的军事分界线。后来，南朝鲜建国，改国号为韩国。

宣告走向社会的仪式。各个国家举行"成人礼"的年龄不一样，一般会在15岁到19岁之间，如美国就是16岁举行"成人礼"。"成人礼"的一般形式是当青少年达到一定的年龄，由父母主持，邀请青少年的亲戚、朋友、同学、老师举行仪式，宣布某某人已经成年了，需要自食其力，独立走向社会，面对社会的各种挑战了。

"成人礼"的意义在于给了青少年自我规划的决定权。人的学习方向、职业的选择、理想追求的主动权和决定权应该属于自己，这对人的发展是非常有意义的。中国已开始实施"成人礼"活动，在少数大中城市有部分家庭开始重视成人礼的意义，将来中国应该不断推广"成人礼"活动。

青年人想要自主选择就业方向，实现自己的理想，就要用一定的时间和精力了解所在地区和国家选择行业的条件。大多数物质生产的行业都没有业界壁垒。多数人也是在这些行业通过自己的努力获得成功的。但是，人的精力是有限的，个人的选择也是相对有限的，所以，在进行自我规划的时候，要了解一点关于业界壁垒的常识。

外交界。所谓外交界，就是从事职业外交官的一个行业。在很多国家，大多数外交界的新人都是外交官的后代。出生普通家庭的青少年，想要成为职业外交官，一般都是通过进入名牌大学以后再进入外交界的，也有极少数是通过应聘，成为联合国组织或其他国际机构的雇员，经过一定时间的实践和学习而成为职业外交官的。

中国吸取其他国家的经验，对职业外交官的培养也设置了一定的壁垒，如从2000年起，中国某培养职业外交官的大学就明确宣布不在某些省区招收学生。这个决定一方面是值得研究和讨论的，另一方面说明，中国与世界接轨以后，在某些界别也有相应的限制。

文艺界。文艺界是文化艺术等行业的总称。在许多国家和地区，进入文艺界也有一定的壁垒，比如在美国，有些人或有些小的艺术种类要进入好莱坞是难的。很多年以前，中国演员进入好莱坞也受到了限制，当然现在的这些限制随着中国的发展已经逐渐被取消了。

在中国，部分专门培养文艺人才的大学对学生的选择也有一定的地区限制，这些大学只在国内著名的大城市才设招生考点，这就给没设招生考点的省（市、区）的青年人设置了一定的障碍，为他们参加考试造成了许多不便。但是中国的考生可以选择报考各地的艺术院校，这是另一条可行的途径。

14. 人力资本是社会生产力的基础

人力资本是资本的首要因素。人力即人的劳动能力，是社会经济发展的首要因素，是决定其他经济因素的重要因素。人力是劳动者个人的资本，也是社会的资本。

人力的生产首先是由家庭的收入决定的。在劳动力形成的早期阶段，未来的劳动者没有能力投入生产，该劳动者人力的发展情况是由他的家庭收入所决定的。

现在很多国家都实行全社会的义务教育制度，由国家负担教育青少年的主要费用，这为全社会的人力生产创造了有利的条件，特别是对那些低收入家庭孩子的培养创造了基本的条件。

教育是最主要的培养人力资本的经济部门。一直以来，人们都把教育看作一般的社会经济现象，直到20世纪60年代，工业发达国家才提出了教育产业的理念，这是人类社会的一大进步。教育产业的发展是对人力资本学、人才学、人力资源学等新兴科学的承认。

中国也开始引入了教育产业理念，重视教育产业发展。虽然中国仍存在教育是社会福利事业还是产业的争论，但是，中国教育产业的兴起已是一个不争的事实，必将为中国的发展带来积极的促进作用。在国外资本、民间资本进入教育领域，兴办各类学校的同时，国家的教育投入也在实施改革，中国的教育逐步走上了国家办学和教育产业并举的道路。

15. 人力是体力和智力之和

人力是自然的，又是社会的。人力的表现首先是体力，同时还有智力。体力是智力的物质基础。人力素质的提高主要取决于后天。

对人力素质高低的判定有多种指标，有综合的指标，也有单独的指标。单个的人力要放在适当的专业部门，放在适合的岗位，才能发挥人力的积极作用，才能体现人生的价值。

每个人无论贵贱，都应该珍惜自我的生命。人应该充分重视已有的生活环境，通过努力学习，不断提高自己的素质，加强自己的劳动能力，并适应社会发展的需要，实现自我发展，奉献社会。

亮点、难点、重点与基本概念

亮　点

1. 人都有祖国，热爱祖国是人类的基本特点。

无论从事什么职业，无论贫穷还是富贵，每个人都要热爱自己的祖国。

中国鼓励华侨尊重住在国的法律、加入住在国的国籍，这是中国人民对世界人民友好的表现之一。

世界上也有部分国家实行双重国籍，也就是说一个人可以有两个国籍。在英联邦国家，这种情况比较普遍。具有双重国籍的公民也要热爱祖国。

还有少数无国籍的公民，他们中的多数人也长期定居在某一国家或地区。

2. 经济学家首先是属于一国家的。

经济学家的理论，首先是根据所在国的经济状况总结而来的。经济学家也总是把自己的经济理论推广到所在国，促进该国经济的发展。

难　点

1. 人无法选择自己的出生地。

人不能选择自己的家庭出身，也不能选择自己的出生地。所以，人一生下来就受到自己出生地的环境的直接影响。但是，无论出身何种家庭，人都会怀有更美好的追求，这是人类进步的根本原因之一。

2. 关于人们的偏好、求安、储蓄和消费趋向。

人们为什么总有自己的偏好？这是由人的基因所决定的，正因为如此，人类社会才变得精彩万分。

求安是多数人共有的特性。当然也有少数探险家和冒险者例外，他们的冒险，某种意义上也是人们求安趋向的转化形式。同样，储蓄和消费也是人的特性之一。

重　点

1. 关于精神生产。

世界上的一切可以分为两类：一是物质，二是精神。物质的生产是人类生存和发展的基础。同时，人还有另外一面，就是追求精神上的满足和享受。生产力的发展使人类的物质财富较为丰富以后，精神的生产就变得更加重要，这是人与动物的区别之一。精神的生产已形成文化产业。中国的文化产业正在起步和发展阶段。

2. 关于人力成本学。

人的能力是社会再生产的重要部分之一，人力的发展形成了人力成本学和人力资源学两大分支科学。

怎样开发人力资源、培养更多的人才，是发展中国家面临的重要课题之一。

青年大学生怎样把自己锻炼成为对社会有用的人才，也是经济学研究的难点之一。

基本概念

国籍、双重国籍、无国籍、人的偏好、精神生产、文化产业、宗教、偷渡、财产继承权、人力成本学、人力资源学、蓝领、白领。

问题与思考

1. 为什么人们会崇拜宗教？

宗教是生产力低下时期的社会文化现象，宗教徒相信并崇拜超自然的神灵，这实际上是科学技术落后所造成的。现代还有很多人信仰宗教，原因是复杂多样的：

首先，历史、文化传统的影响使宗教的神秘感更强；第二，很多宗教的信仰者都是为了遵从父母的意志而信仰宗教，或者在一生下来、还无法独立的时候，就按照家庭传统加入了某一宗教；第三，人们无法科学地解释人的突然死亡，如自然灾害、车祸等。

当然，原因可能还有许多。宗教是一种很原始而极为复杂的社会文化现象，需要我们认真研究，正确对待。

中国法律尊重和保护人们的宗教信仰自由。

2. 人不能超越社会环境，但是可以超越自我

自然与社会都是客观的存在，人不能脱离实际去空想。但是，人是可以超越自我的，这需要不断地学习，加强自我修养和自我磨炼。

人一旦超越自我，就会获得很好或重大的发展。

3. 关于"成人礼"的思考

多数经济发达国家都有"成人礼"，"成人礼"的意义在于促进人们认识自我，谋求更大的发展。中国也应该学习他国先进经验，逐步建立自己的"成人礼"，逐步改变青年人过于依赖家庭的社会观念。现在中国所谓的"啃老族"，实际上就是这种落后的观念造成的。

第七章

人才和就业是社会活动的本源力

人才是人的能力、才干和技术特长的总称。社会精英是人才中的佼佼者，是担负着重要社会责任的骨干，是为社会发展做出重大贡献的杰出人物。社会的大多数即大众，大众是广大的劳动者，是社会发展的基本力量。

1. 人才是相对的历史概念

人才的标准是相对的，在不同的历史发展阶段，人才的标准也不同。由于科学的进步和文化艺术的发展，人们对人才的要求也越来越高。

综合型的人才。社会需要大量综合型的人才。综合型的人才是指对社会的总体发展有一定的研究，或者掌握几门专业知识，可以胜任多个部门的工作。社会管理部门、政府部门和大中型经济实体的高级管理者，都是综合型的人才。

专门型的人才。专门型的人才也叫专才，是指某人对某个专门知识、业务或技能有独到的见解。由于人的精力是十分有限的，人的生命又是相对短暂的，所以大部分人才都是专门型的人才。人要为社会做出较大的贡献，要实现自己的理想，必须根据自己的基本条件和社会经济环境，选择一门专业技术，认真学习，使自己首先成为专门型的人才。

技师。技师是掌握某门专业技术的熟练工，是技术工人中的佼佼者。技师的专业重点在实际的操作。技师和工程师的区别主要在于技师有特别强的实际操作能力。工程师也要实干，但是，其主要责任是对某一部门的技术进行把关，对工艺流程进行设计和研究。

2. 就业是人类发展的必然结果

人与动物的根本区别就在于人能够劳动，能够创造物质财富和精神财富。动物只有本能的活动，只能本能地从自然界获取原始的、初级的食物。

人必须就业。只要是身体健全的人，甚至包括身体部分残废而有一定劳动能力的人，都必须就业。"不劳动者不得食"是人类历史的普遍真理。所谓就业，就是把人的劳动能力投入到社会中，从事某一个岗位的劳动。人必须劳动才能为社会提供价值，才能生存和发展。

历史上有极少人虽然有劳动能力却不劳动，他们也生活得很好，这就是所谓的"食利者"。食利者用前辈留下来的财产进行投资，获得利息。食利者的美好时光是不会长久的，随着时间的推移，这一群体必然会逐步衰落并消失。

经过六十几年的建设和发展，现在中国大部分退休的劳动者都有一定的退休金，少数人的退休金还比较高，也有一定的储蓄。再加上独生子女政策，这就创造了"啃老族"[①]这一不劳动而靠食用父母的退休金和积蓄的特殊群体。"啃老族"与食利者有一定的相似之处，需要我们认真对待。"啃老"的虽然是极少部分人，但是如果不认真引导，也会带来一定的社会危害。

部分有劳动能力甚至有一定技术专长的年轻人，在就业过程中因为得不到自己理想的就业岗位，或者就业以后不满意，选择走上"啃老"的道路。长此以往，对劳动者本人及其家庭和社会都会带来某种程度的危害。一旦父母因年老或因病去世，"啃老族"就会没有了养老金收入，同时，这一部分"啃老族"又因为年轻的时候没有就业而失去了劳动技能，到了三四十岁以后，劳动技能会因为时代的进步而不断提高，这些"啃老族"会更加难以找到合适的就业岗位。

3. 充分就业只是一种目标和愿望

经济学家们提出了充分就业的命题，也做出了各种假设和推论，但是，真正的充分就业是难以实现的。

充分就业是由各种社会因素决定的，政府为了发展经济和稳定社会，希望劳动者充分就业。劳动者为了追求幸福的生活，也希望自己有好的就业岗位。但是，任何一个国家都难以完成社会充分就业这一伟大目标。即使其他条件都充分具备了，劳动者个人还是会因为各种因素而不就业，如劳动者个人的好恶、情趣。

各个国家对充分就业都有不同的理解。经济学家和政府部门经过研究，提出过相应的标准，比如在美国，就业率在95%以上就是充分就业。98%的就业率是最佳的——就业率超过98%也是不正常的，会使企业存在严重的招工难的问题。

一些工业发达国家认为90%的就业率是一种边界状态，超过90%是一种好的

[①] 是指近十几年来，中国出现的极少部分因父母有工资收入、退休金和一定的储蓄，可供全家基本消费而不愿去就业的年轻人，这些人被人们形象地称为"啃老族"。

就业状态，就业率低于90%就会造成社会的不安定。当前，西欧的一些国家由于经济疲软，失业率不断提高，少数国家的失业率达到20%以上，给社会造成了重大影响。

在许多发展中国家，不同地区的人们对充分就业的要求不一样，特别是在一些多子女的家庭，因为人口比较多，有五六个或更多的劳动者，一家之中有两三个人短期失业对他们的基本生活影响不大。

在中国，充分就业的要求在城市就比较高，但是在广大农村，从某种意义上说，无所谓充分就业。这是因为，中国人口多，人均耕地面积相对较少，农民一家三口、四口种几亩地，实际上也就保证了基本生活要求，同时也就算就业了。

中国的经济呈梯度发展状况，大致可以分为：东部地区，包括北京、天津、辽宁、河北、山东、江苏、上海、浙江、福建、广东、海南等省市，另外，中国的台湾省、香港和澳门特别行政区也属于经济上的东部地区；中部地区，包括黑龙江、吉林、内蒙古、山西、河南、河北、安徽、江苏等省区；西部地区包括陕西、甘肃、宁夏、新疆、青海、重庆、四川、云南、贵州、广西等省市区。东部地区即沿海及经济发达地区；西部地区是内陆山地和高原地区，属于经济相对落后的地区；中部地区是介于东部和西部之间的、中华民族文化起源的地区，属于中等发达地带。这些地区对充分就业的要求都不同。

4. 失业和社会积极稳定性

自从资本主义兴起以来，失业成为社会的常态，这是由于自由竞争引起的。有人对资本主义的失业提出批评，也有人为资本主义条件下的失业进行辩解，双方甚至进行了激烈的争论。

现在的研究表明，在生产力还不是十分发达的状态下，在市场经济还占主导地位的情况下，失业是一种不可避免的、正常的社会状态。

劳动者因为社会经济结构调整的原因，主动短期地离开工作岗位，这叫自愿失业。自愿失业的情况有很多，如：

(1) 劳动者为了得到更适合自己的工作岗位，辞职去寻找新的就业岗位，这一段时间内的失业就叫自愿失业。

(2) 劳动者辞去工作，选择进修学习。

(3) 劳动者选择较长时期的度假旅游以修身养性或享受生活。

(4) 劳动者为了培养孩子而辞去工作。

(5) 劳动者为了照顾老人而辞去工作。

（6）其他类型的劳动者自愿辞去工作的状态。

失业有其合理的一面，社会必须有一部分人处于待业状态。如果社会没有一定的待业人群，创业者要创立新的经济实体，就很难顺利地找到就业者。这种保证社会能够顺利找到劳动力的失业就是社会的合理失业状态。

社会通过保有一定量的待业人员所带来的稳定状态就是社会的积极稳定。社会的积极稳定是针对人性中懒惰的特性而提出来的。一个社会如果实现了100%的就业，就无法对少数有懒惰思想和不积极学习业务的人起到应有的教育作用。100%的就业是对积极上进的劳动者的惩罚，是对懒惰者和消积劳动者的纵容。

为了保证对劳动者的尊重，国家设立了失业"救济金"①，对各种状态的失业者发放经济补偿，保证他们最基本的生活条件，这对社会安定起了很好的作用。

5. 从骑自行车看运动中的稳定

自行车运动的最大特点是，如果没有支撑，自行车停下来就会倒地。自行车只要前进就是稳定的，这给了人们一个分析社会问题的新思路。

社会的管理者和大多数社会成员都希望社会处于相对稳定的状态。历史证明，在稳定平安的时期，社会的经济、科学、文化等方面才能得到较快较好的发展。社会的稳定是在发展中产生的。

劳动就业培训是社会发展的需要。所谓积极的就业培训，就是潜在的社会劳动者在就业前进行的专业技能培训。大学生的实习是积极就业培训的一种重要形式，所以，各级各类学校都应该建立好实习基地，让自己的学生在就业前就得到相应的岗位培训。

劳动者就业以后会进行轮训。轮训就是劳动者轮流离开工作岗位去参加培训的制度，轮训是提高劳动者技能水平的重要途径。

带薪休假也是对劳动者进行培养或提高劳动能力的一种制度。带薪休假在白领阶层运用最为广泛，对其他劳动者来说也是恢复体力、精力的重要形式。对企业的中高级管理人员来说，带薪休假大部分都和积极的培训联系在一起，一般采取出国考察、观光旅游，短期培训兼休假等形式。

---

① 国家设立的救济金种类有许多，如残疾人基金。这里讲的是对失业者的一种经济补贴，达到法定年龄者，一旦失业，可以到国家劳动就业管理部门领取一定的补助，直到重新就业为止。

6. 劳动者的就业平等

劳动者的就业机会均等，这是社会进步、民主、自由、平等的基本要求。社会应该为劳动者创造公开、平等、公平竞争的机会，让劳动者可以在机会均等的情况下选择就业岗位。

在许多国家，由于历史传统的原因，有些经济产业部门存在着严重的自我保护趋向，这是需要我们认真对待和克服的。

中国经过几十年的努力，特别是改革开放以来的努力，社会的平等已经形成国家核心价值观之一。但是，在个别部门还存在着旧习惯的严重影响，如电力部门。我国的电力部门除工程勘探部门外，大部分仍然保持着收入与劳动不相称的不合理状态，并且电力部门的就业机会又没有实现平等。这一方面保护了落后，另一方面产生了社会不公平的现象，所以，人们戏称电力部门为"电老虎"①。

国家可以制定有利于劳动者就业的经济政策，创造更多的就业岗位以满足社会的需要。发展第三产业②是为劳动者创造更多就业岗位的最好途径之一。第三产业主要是指各式各样的服务行业，其中部分行业是劳动密集型的行业，这就可以为劳动者提供更多的就业。当然，还有其他多种途径为劳动者创造就业岗位。

部分特殊的人群，如智力或身体不健全的人，应该受到社会特别的关注和重视。国家和社会各界都应该尽可能地为这部分人创造适合的就业岗位，只有这样，社会才能和谐、稳定。中国有扶持弱者的传统，新中国在保证残疾人就业上做了大量的工作，这是为世人公认的，但是也还有需要改进的地方。本书在前面讲到中国福利彩票的时候，首先肯定了彩票的销售给社会带来的积极作用，但是，其中也存在着某些问题与不足，主要的问题是彩票基金如何增值和如何发挥效益，这是需要我们进一步探索和研究的。

7. 劳动价值观新说

劳动价值论的创立是经济学的一个重要里程碑。大卫·李嘉图创造了劳动价值论，后来马克思又发展了劳动价值论。劳动价值论始终是经济学家研究的永恒主题，本节研究的是在劳动价值论的基础上，让社会形成优秀的劳动价值观，包括：

---

① 这是近几十年来人们对电力部门的一种贬义称呼。
② 20世纪70年代，发达国家把经济划分为三大产业。第一产业是农业、采矿业等产业；第二产业是以机器制造业、原材料加工业等产业；第三产业是各类服务，包括新的信息产业。

劳动光荣论。是人就要劳动，劳动创造社会财富，劳动满足劳动者的欲望，劳动能使人们过上幸福生活，所以我们要提倡劳动光荣、不劳动可耻这样的劳动价值观。

劳动致富论。人们对财富的追求是一种正当的、美好的行为。但是，总有少数人试图通过非法的手段实现个人的富裕，这是社会和法律所不允许的。我们要向全社会提倡劳动致富观——这是正义的、绝大多数人所采取的、合法的、必然的致富观念。

劳动生存论。人的生存是人最基本的权利。人要生存就必须获得必要的社会财富，获得最基本的生存条件。这些条件从何而来？一般有四种情况：

（1）劳动所得，这是绝大多数人采取的办法。

（2）继承所得，这也是社会得以正常发展的重要特征之一。人类一代接一代地传承下去是为了什么？首先是为自己得到幸福的生活，其次是为社会做贡献，再次就是为下一代创造更好的条件，这是天经地义的。

（3）社会救济所得。国家对失业者发放失业救济金，保证其基本生活。

（4）其他所得，如亲友馈赠。

只有树立正确的劳动价值观，人们才能过上幸福的生活。

8. 社会分工与就业

社会的分工是人类进步的重要标志之一。生产技术的进步使社会分工越来越细，这促使人们在细小的分工范围内更加专注于某一领域，进行深入细致地研究，以便取得更大的进展。无数细小的生产和技术方面的进展综合和连接起来，就促成了社会生产力的重大进步。

生产力的迅速发展减少了就业机会。在生产力相对落后的历史阶段，劳动生产力相对低下，社会平均劳动所创造的物质财富相对较少，所以，各生产部门就必须增加更多的劳动力来扩大生产，因此，就业机会和工作岗位相对较多。随着生产力的发展，社会劳动生产率不断提高，就业机会自然就减少了。

第三产业的迅速发展为社会创造了更多的就业岗位。随着人们生活领域的消费更加精细化，很多服务业部门更加提倡手工劳动，以保持传统的服务特色和服务质量，这也是人类发展到 20 世纪中期的一个重要的特征。例如，很多高级的服装都是手工制作的，瑞士生产的高级手表大多也是手工制作的。

9. 劳动力的价格

劳动力的价格即工资。工资的水平首先是由一国的生产力水平和劳动效率所决定的，在不同的国家和地区，工资水平相差很大。工资水平的高低是由可提供的劳动力的状况决定的，业主从市场上寻找适合自己需要的劳动力，如果业主给的工资低了，就招不到所需要的劳动力。

从一定的历史阶段看，经过一年或者几年就可以统计出社会的平均工资。平均工资水平有很好的参照作用。业主要想获取更大的利润，总会利用自己对经济实体的支配权，压低劳动者的工资，导致社会平均工资处于较低的水平。

在资本主义发展的早期，工人为了保护自己合法的工资收入、反对资本家的剥削，纷纷成立了工会。工人利用工会对资本家进行斗争，提出各种提高工资的要求。工会在历史发展过程中起了重要的作用。

欧、美、日等国充分利用工会组织来协调劳资矛盾，起到了积极的作用。现在，工业发达国家的法律规定，有一定数量的职工的企业都必须建立工会①，由工会出面来维护工人的利益，这也是一个社会文明和进步的标志。

最低工资标准。在当代，几乎所有的国家都由政府出面，规定了最低工资标准。最低工资标准分为日工资和小时工资，一般都由地方政府提出。最低工资标准反映了某一地区的生产力发展水平和劳动者的生活水平。

奖金。奖金是业主对劳动者工作状态的一种货币奖励形式。现在工业发达国家普遍实行对劳动者的奖金制度，有部分国家对劳动者的奖金不计税。奖金本质上是劳动者工资的延伸部分。

10. 培养费用新说

社会需要大量合格的劳动者，他们的成长是需要投入费用的。不同的劳动者需要的培养费用也不同，一般说来，劳动者的劳动技能和学历越高，培养费用就越多，主要包括生活费用和教育费用两部分。

生活费用是劳动者生存、成长、劳动力形成过程中的基本费用，主要是衣、食、住、行、医疗等费用。

一定劳动能力的形成离不开教育，特别是基础教育。青少年在进入大学之前各个阶段所受的教育都叫基础教育。基础教育是劳动者在进入社会或者在成人之

---

① 工业发达国家都十分重视工会的作用，以德国为例，法律规定有6个以上员工的企业必须建立工会，以维护员工合法权益、减少劳资矛盾。

前接受的教育。现在在发达国家和中等发达国家，包括部分发展中国家，基础教育费用都是由政府提供的。劳动者学习某种专业技术所接受的教育叫职业技术教育。职业技术学校一般有以下几种：

（1）职业技工学校，即以培养技术工人为主要目标的学校。

（2）中等专业技术学校，即以培养初级的技术骨干为目标的学校。

（3）职业技术学院。这是一种相当于大学专科学历的以某种专业技术的传授为目标的学校。这类学校所培养的人才主要还是初级技术人才，部分能成为中级技术人才。不同的国家和地区对职业技术教育培训的重视程度不同。在世界范围内，职业技术教育越来越重要，社会需求量越来越大。

大学本科和研究生的教育费用。对大学本科生和研究生的培养是衡量一国人才和经济实力的重要标志。大学是培养高级技术管理和各类工程技术人才的学校，本科和研究生阶段的教育费用，一般都由劳动者的家庭承担。

发达国家为了培养更多的中、高级人才，通过金融手段对进入大学学习的人给予低息或无息贷款，起到了很好的社会效果。在21世纪初，中国普遍建立了大学和研究生教育的贷款制度。这一制度是对家庭经济相对困难的青年人的支持和帮助，让这些家庭经济贫困的学子实现自己的梦想。这个措施对社会正气的增长也有着不可估量的作用。

人类社会的进步带来了物质的极大丰富，同时带来了人们对文化的消费需求，也带来了人们提高自身综合素质的需求，这就产生了特殊教育费用。特殊教育费用是指人们学习音乐艺术和特殊才能所需要的费用。目前还没有人统计过培养一个钢琴家、舞蹈家、音乐家、艺术家、电影工作者、文学家和诗人所需要的费用分别是多少。

在欧美发达国家，学习艺术所需要的费用是相当巨大的。在中国，培养音乐人才所花费的费用也是很大的。一个幼儿从4岁开始学习钢琴，每天学习一个小时的费用一般在200元人民币以上。依此估算，从4岁到18岁，一个幼儿每天学习一小时钢琴，仅钢琴练习辅导所需要的费用就在100万人民币左右。有些人在学习钢琴的同时，还会利用周末学习其他乐器以及美术、舞蹈等，如果以每周末学习两个小时估算，从4岁到18岁也需要60万人民币。

培养美术家所花费的费用应该说比培养钢琴家要少得多，据估算约为培养钢琴家的三分之一到二分之一，即60万到90万，这也是一笔相当巨大的投入。

留学费用。近百年来发达国家和中等发达国家派出留学生已成为一种常态。近20年来，发展中国家为了学习国外的先进技术和文化，也不断向外国派出留学人员。留学人员的培养，直接关系到国家所需的高级人才的数量，因此，留学费用有相当部分是国家资助的。

为了培养急需的高级人才，国家教育部门提供经费，派出人员赴国外学习就是公派留学。公派留学人员一般都应该回国为国家效力。一些跨国企业或大的企业集团为了发展自己的公司业务，用公司的教育费用派员工出国留学，这也是近半个世纪以来比较普遍的现象。

公司派遣出国的留学人员都会与公司签订劳动合同和补偿合同，确保这类留学人员学成后回到派出公司工作。如果确实因为某种原因，公司派出的人员不能回到派出公司工作，应该承担相应的经济责任，赔偿因此带来的经济损失。

家庭条件允许的也可以选择自费留学。自费出国留学人员应慎重选择所要学习的专业，特别要考虑学成以后的就业，同时要考虑出国留学费用的节省，以减少投入。自费留学人员大部分会回到祖国为国家效力，也有部分在国外就业，实现自己的梦想。

11. 工资和社会工资

工资是某一经济实体特别是某个企业为其就业人员所支付的劳动报酬。一般情况下，工资都是单个的。这里的"单个"包括两层含义：第一层含义是工资都是单个劳动者劳动力的价格形式，也就是说，工资是某一经济实体或社会组织支付给个人的劳动报酬；第二层含义是劳动者不可能在两个或两个以上的单位领取工资。个别劳动者在自己所供职的单位外获取劳动报酬，这种报酬应该称为兼职收入。兼职也是一种正常的经济现象。

社会工资主要包括以下一些内容：

（1）社会部门之间的工资差异。因为分工不同，社会可以划分为若干劳动就业部门，部门之间会产生工资差异。

（2）一般来说，工资收入较高的行业有金融证券业、能源采掘业、电力业、保险业、医疗行业、外交业、法律行业、远洋运输业、航空业等。

（3）工资收入较低的行业首先是农业、养殖业、林业、一般加工业等。

（4）最高工资和最低工资。很多国家对同一行业的最高工资和最低工资都做了相应的规定，在行业内，同工种之间最高工资和最低工资一般相差8—15倍。

（5）公务员的最高工资和最低工资。公务员所从事的工作虽然是多种多样的，但公务员的工资是比较好确定的，公务员的最高工资和最低工资一般相差15倍左右。现在很多国家为了缩小收入差距，有缩小最高工资和最低工资差距的趋势。

劳动者除工资收入外还会有津贴。津贴是经济实体对特殊劳动岗位发放的经济补偿。津贴的种类有很多，如高温岗位的补贴、电焊岗位的补贴、高空作业的补贴、对职业病的特殊津贴以及对各种不同工种所进行的补贴。津贴本质上是工资的一种特殊形式。

12. 继续教育费用

已经就业以后的劳动者，根据企业的需要，离开工作岗位去接受培训所花费的费用叫继续教育费用。继续教育费用大部分是由企业提供的。同样，培训后的劳动者一般也应回原企业工作一定的时间，以回报企业对自己培训的花费。

继续教育已是现代社会的一种常态。因此，需要个人对继续教育进行投入。个人投入一般有以下两种情况：一是企业支付继续教育费用的大部分，个人也支付一部分费用；二是劳动者为了寻求更好的就业岗位、提高自己的劳动技能而辞去工作，进行专职学习和培训。通过这种投入，劳动者往往会获得工作环境的改变、工资收入的提高或者职务的升迁，从而实现自己的人生价值。

继续教育费用还包括社会投入部分。社会投入一般包括三个方面：一是国家投入，即国家为了提高社会劳动者的整体素质对继续教育进行的投入，包括选派部分中高级技术人才到国外留学的投入；二是地方政府部门的投入；三是社会组织的投入，一些社会团体也会培养相关的专业人才、进行继续教育的投入，如慈善家的投入。

综上所述，只有不断增加对人才和劳动者的培养教育投入，才能提高劳动者的素质和人才的数量。

13. 人才的价格

人才是一个广泛的概念，其种类很多，本章第一节已有过专门的论述，这里主要讨论人才的劳动力价格问题。对于特别重要的人才以及精英类的人物，其劳动力价格是难以估计的，从某种意义上说也不需要估计，因为他们对社会的贡献有时难以计量。

专门人才的工资。一般来说，专门人才的工资是由董事会或者老板和专门人才单独商定的。世界各国、各行业的工资水平相差很大，其中，金融证券系统的特别人才的工资是很高的，如世界级的大银行或者银行业 100 强的行长、副行长，他们每年的工资包含各种红利、奖金所得，约在 1000 万美元左右。中国金融银行业的工资也是相当高的。2005 年某银行的行长给自己定了一个 2700 万人民币的年薪，公布以后引起了巨大的反响。现在国内银行业前20强或者前50强的行长、副行长工资收入在每年300万到1000万人民币之间。

政府津贴。世界大多数国家对特殊的顶尖人才都会给予政府津贴，政府津贴是由政府对特殊人才每年给予的津贴。中国对特殊人才有国家津贴和地方政策津贴两类。中国是发展中国家，加上人口众多，政府津贴的数额相对发达国家是比较少的，但是，中国的顶级人才从不计较政府津贴的数量，往往更看重其荣誉性，以达到心理的满足和补偿。

住房补贴。住房补贴是政府或经济实体对顶尖人才的一种经济补偿形式。政府住房补贴有很多种。前几年中国政府在世界范围内招募一千个学术带头人和一万个特殊人才，分别给了80万元和50万元的政府住房补贴。有的地方政府对特殊人才比如奥运金牌的获得者，直接赠送一套房子。中国还实施过"长江学者计划"，对获得"长江学者"称号的顶尖人才给予特别的住房补助。有的大型企业对特殊人才也给予住房补贴。大型企业这类经济实体的补贴形式很多，标准也各不一样，在此不单独论述。中国的大学和科学研究机构多数都有对顶尖人才的住房补贴，补贴的标准也有很多，一般都是直接赠送一套住房，该人才服务到一定的年限就可以将住房归为已有。

科研经费补贴。这是指政府或社会组织特别是大公司对顶尖人才开展科学研究、进行发明创造、获得专利权所进行的经济补偿。科研经费补贴主要的用途是科学研究、产品开发。科研经费补贴不是工资的延伸，也不是奖金，只能直接用于科学研究和新产品、新技术的开发。在中国，从中央政府到地方各级政府都有多种科研经费补贴。其中，中央政府补贴的数额较大，省、市政府也有比较大程度的补贴，这对促进科学研究和新产品、新技术的开发起了一定的作用。

14. 人才决定论

中国有句古语："得人才者得天下。"中国改革开放的总设计师邓小平就曾经有过三起三落的经历，这个故事能很好地说明人才决定论的正确性和普遍性。1972年中国正处在十年动乱之中，国家经济受到了严重的破坏，当时毛泽东主席把邓小平从劳动改造的工厂中解放出来。后来，还是因为中国前进中的曲折，邓小平离开了党和国家领导人的位置。两年后，中国改革开放的关键时刻，邓小平这位极其难得的人才又重新走上了领导岗位，使中国的改革开放事业得以顺利进行。这是人才决定国家和民族命运的最好例证之一。

人才决定企业的成败。商场如战场，各类企业在市场的竞争中生存和发展。

决定企业成败的因素有很多，但最关键的就是人才。企业中的人才分为通才和专才。企业的创立者多数都是通才，也有部分是专才。企业的成败主要取决于企业的创立者或老板的管理决策水平以及组织、使用人才的水平。

发明的效益。很多企业都因为某种发明而获得巨大的经济效益，成为行业的龙头。发明是多方面的、各式各样的，比如诺贝尔发明的炸药，既可以用于工程技术、矿山开采，又可以用于战争。爱迪生发明的电灯泡光彩夺目，照耀了全世界。

中国是世界文明古国之一，历史上的四大发明是中国人对世界做出的重大贡献。由此可见发明对世界进步与发展的重要作用。

专利技术的应用。当今世界掀起了保护知识产权的热潮，这对专利技术的发明和应用都是极大的保护和奖励。科研机构、大学、经济实体都应该重视专利技术的开发和应用。可以说，现代竞争特别是经济实体间的竞争，主要就是专利技术的竞争。美国的手机制造商苹果公司对手机专利的开发利用起到了示范的作用，获得了巨大的财富，这是近几年世界范围内专利技术应用的最典型案例之一。

金嗓子喉片的案例。金嗓子喉片是由金嗓子喉宝演变过来的。20世纪80年代中国上海举行了一次专利技术的交易会，金嗓子喉宝的专利权人在会上以20万的价格把金嗓子喉宝的发明专利卖给了广西柳州市的一位女老板。这位女老板一开始只是抱着试试看的心理，在他人的怂恿下不自觉地买了这项专利。回家以后她开始了金嗓子喉宝的生产，获得了巨大的利润。现在，金嗓子喉片已成为一个国家知名品牌。

我国每年都有上百万的专利技术上市，专利权人和经济实体都应该积极把专利技术应用于生产，转化成商品和服务。

15. 机制留住人才说

机制虽然只有两个字，但它实际上是一个词组，包含了广泛的意义，这正是中国语言的无限魅力所在。这个词组不是简单地从外语翻译过来的，它可以表达经济学、社会学、管理学上的多层含义。机是机关的意思。机关即重要的部位，也有生物上讲的有机体的意思。所谓有机体，指的是一个复杂的、有生命的个体。机还包括机器的意思，一个庞大的机器也是一个复杂的系统。制首先是制度的意思，第二是制约的意思。把机和制所包含的意思再综合起来，能说明很多复杂的问题。机制一词包含的内容可以很大很广，也可以很小。机制是一个综合性的名词概念，在不同情况下所包含的内容不同，但是又使人容易理解。

要想留住人才，首先要尊重人才。尊重他人就是尊重自己，有一定专长的人才特别需要得到尊重。其次要合理使用人才。任何人都是有一定的长处和短处的，使用人才就是使用人的长处，让其长处得到充分发挥，这样才能获得相应的社会效益和经济效益。再次，要制约人才的短处，让人才的某些缺陷不带来不良的后果。第四，要在生活上创造相应的条件，让人才心情舒畅地生活和工作。

机制留住人才。任何一个单位和部门，只要机制好，就能留住人才。前面讲过，机制是一个非常综合的概念，一个单位的机制是这个单位各项规章制度的总效应。机制还有另外一层意思，就是一个单位的各种规章制度所产生的作用，包括积极的和消极的。机制好的情况下，人才就能留得住，并且能发挥真正的作用。

16. 怎样得到人才

中国有句古话"重赏之下必有勇夫"，这句话所讲的"勇夫"，即勇敢者、勇士、武士等，这些都是武才。人才包括的范围很广，除了武才之外，至少还有文才。对待不同的人才应该有不同的方法。我们要清楚，人才不是仅仅依靠金钱就可以得到的。

一般的人才最大的目标就是发挥自己的专长，实现自己的人生价值。因此，许多人才都会为寻求良好的工作环境、实现自己的理想目标而奔波。国家或经济实体、社会组织都要为自己所拥有的人才创造优良的工作环境和相应的生活环境。

一直以来，人们对什么叫人才、怎样才能证明你是人才等问题争论不休。"胜者为王"的格言告诉我们，获得成功者就是人才。中国历史上有诸葛亮挥泪斩马谡的故事。从表面上看，马谡是个人才，实际上，马谡也许只是个理论军事家，没有军事指挥才能，因此遭受了战争的失败。这个故事告诉我们一个真理：人才是在实践中锻炼出来的，也是在实践中得到验证的。中国还有伯乐相马的故事。伯乐先生为他人相中一匹被常人看不起的马，后来这匹马被证明是一匹"千里马"。这个故事说明，人才是到处都有的，关键是很少有人能发现人才。世上伯乐很少，所以人才难得。

为了培养和发现更多人才，中国政府实施了许多人才工程，如"高素质教育人才培养工程"、"海外高层次人才引进计划"、"国家高技能人才振兴计划"等。这些人才工程的顺利实施和完成，将为中国的发展做出重大的积极贡献。

亮点、难点、重点与基本概念

亮　点

1. 人才是一个相对的历史概念。

在中国古代，秀才，也就是现在的初中毕业生，就可以算是人才了。20世纪70年代，中国的中专毕业生也可以说是人才。今天的中国每年毕业七百多万大学生、三十多万硕士研究生，人才的标准已经大大提高了。

人才又分为专门型人才和复合型人才。专门型人才是多种多样的，只要有特殊的一技之长，就可以成为人才。在中央电视台推出的《大国工匠》专题节目中，有一位中国中车的打磨高级技师，他从工人出身，考取了国际认证的资格证书，这就是专门型的人才。

2. 充分就业只是人们的一种良好愿望。

人人都就业就是充分就业。在市场经济条件下，随着竞争和科学技术的发展，充分就业不可能实现。因为社会需要一部分人处于失业状态以满足新的工作岗位，另一方面，市场竞争会淘汰落后，从而造成失业。

难　点

1. 社会的积极稳定。

社会稳定才能发展，追求社会的稳定也是人们努力的目标之一。经济学意义上的积极稳定，就是社会的管理者必须通过给社会上的落后者和懒惰者适当的警示，使勤劳者、积极向上者得到应有的激励，促进社会正能量的不断提升，从而使社会更加稳定。

2. 发展第三产业是生产力进步的标志。

第三产业的主体就是社会服务行业。按照传统的经济学理论，服务行业不增加商品的使用价值，只是一种消费形态。这在生产力相对落后的状态下是正确的。但是，到20世纪80年代，社会生产力的发展使物质财富的生产足以满足生产和生活的需要，所以必须发展第三产业来满足人们消费的需要。

第三产业为社会提供服务，实际上促进了社会的分工，让很多专业人士从家务劳动中解放出来，从而促使了生产力的大发展。

第三产业是劳动密集型产业，能够更多地接纳就业人口，促进社会的稳定。

重　点

1. 关于劳动者就业平等。

一百多年来，就业成了经济学研究的一个重点课题。劳动者就业机会的平等是社会民主、自由、平等、进步的基本要求，只有如此，社会才会稳定。就业平等要求打破行业的保护主义，很多发展中国家都需要解决这个问题。

中国经过几十年的努力，特别是改革开放以后，在绝大部分行业实现了就业平等。但是，有一些部门，如传统的电力部门和新兴的通讯部门，还存在不同程度的部门保护主义，这是需要改善和调节的。

2. 关于教育费用。

人才的培养必须通过教育来实现。因此，教育费用是人力成本的重要部分。现在世界上很多国家都实行了义务教育制度，也就是青少年在小学或初中阶段的教育费用主要由政府提供。更高阶段学习所花的费用，一般是由家庭支出的。在中国，大学教育的费用以前全部由国家承担，现在是以国家承担为主、个人承担为辅，也就是说国家负责大学的基础设施和教学设备、实验仪器的投入，学生自己承担学费部分。这是比较合理的教育费用管理制度。

基本概念

人才、综合型人才、专门型人才、"啃老族"、充分就业、合理失业、社会的积极稳定、就业培训、带薪休假、劳动致富论、最低工资标准、特殊教育费用、继续教育费用。

问题与思考

1. 就业是人类的必然结果

人类发展到今天，除极少数食利者之外，人人都必须劳动，"不劳动者不得食"。劳动是人生存和发展的需要，是人类文明的标志之一。

劳动首先是为了获得幸福的生活，其次就是为社会做贡献。

2. 专利技术和知识产权保护

专利技术是人类管理经济的重要方式之一。保护专利技术是对创新者的一种奖励。保护知识产权是一种更广泛的对人们创造性、积极性的奖励。

中国正在适应世界潮流，加强对知识产权的保护。中国最高人民法院已经在上海成立了专门的知识产权法庭，使知识产权保护法律化、正规化。

第八章

土地是生存之母

土地是人类最重要的生产资料要素之一。在生产力落后的年代，人们凭借简单的生产活动，从土地中获得了人类生存和发展的最基本物质财富。现在，农业仍然是许多发展中国家的主要经济部门，农业的比重在其国民经济中占有极其重要的地位。土地对人类的生存具有决定性的作用。

1. 地球只有一个

地球已经被人类开发和利用很久很久了。近一百多年来，战争连绵不断，经济迅速发展，给地球的生态带来了严重的污染和破坏。拯救地球已是整个人类的共同责任。

地球是人类共同生活的家园，地球的环境理应得到重点保护。发达国家多数已经走完了开发——污染——保护这一过程，而许多中等发达国家和发展中国家仍然急于发展经济，这就难免给地球环境带来新的污染和破坏。因此，我们要吸取西方工业发达国家的教训，要边保护、边开发或先保护再开发，而不能走开发——污染——保护的老路。

大气的保护。地球的表面空间，除了海洋和陆地之外，还有大气层。一国大气的污染很快就会扩散到其他国家和地区，所以，大气层的保护成为当前世界各国共同关心的问题。工业发达国家虽然多数已比较好地保护了国内的陆地，但是，它们对大气的污染还相当严重。工业发达国家排放的废气远远多于中等发达国家和发展中国家，对大气层的保护应该负有主要的责任。当然，中等发达国家和发展中国家在开发的同时，也要尽最大努力搞好环境保护，减少废气的排放。

作为发展中国家中的大国，中国特别重视保护环境。中国政府已经将大气保护写进了政府工作报告，这说明中国已从行政管理全局的高度来重视大气保护。

2. 土地是不可再生的资源

土地是财富之母，劳动是财富之父，这是马克思所说的"最有天才和最有创见"的经济学家威廉·培第①的精辟论断。威廉·培第是古典经济学家之父，他奠定了劳动价值论的基础，比较科学地解释了土地和劳动的关系。

在威廉·培第那个时代，工业化才开始兴起，人们对土地的污染和过度开发还没有形成，但是，他见证了英国资本主义发展初期所开展的圈地运动，以及残暴的"羊吃人"等严重社会现象的产生，所以，他预见到了土地对人类的决定性作用。

哥伦布②发现新大陆以后，世界的土地面积有了很大的增长，欧洲大量移民到达美洲，在很大程度上满足了资本主义发展对土地的巨大需求。新大陆的发现具有划时代的意义，极大地解决了资本主义生产所需的土地问题。

中国是世界上的人口大国，土地资源十分匮乏。中国现在的一般耕地保有量为 18 亿亩，是世界上人均占有耕地面积最少的国家之一。保护农田是中国的一项基本国策。粮食问题是一个国家战略问题。中国的现代化第一个需要解决的问题就是 13 亿人的吃饭问题，所以，要保护基本农田，确保粮食生产能满足人们的基本需要。

基本农田保护是一项根本性的措施。但是，任何一个国家的经济发展都会存在各种矛盾，一个国家不可能永远抱着一个绝对的数字不变。中国的农田保护政策是毫不动摇的，但是，根本性的问题是提高农田的质量，增加农田的单位面积产量，在精细化上下功夫，对土地的管理也应该更科学有效、更合理。

这里不得不提到中国的杂交水稻奇迹。自从袁隆平先生培育杂交水稻成功以后，杂交水稻的亩产已经向 1000 公斤迈进。杂交水稻的奇迹不仅解决了中国的粮食问题，同时也是对世界粮食生产做出的巨大贡献，受到了联合国的表彰和奖励。

3. 怎样看待地缘经济学

地缘经济学是经济学家根据地理环境论的基本观点形成的经济学流派之一。这一派的观点认为，人类的身体状况、人口和种族的分布、经济和文化的进程，都是受地理环境支配的。地缘经济学主要产生在 19 世纪末期和 20 世纪初期。地缘政治学和地缘社会学也产生在差不多的时代。

---

① 威廉·培第（1623—1687），经济学家，主要著作有《赋税论》。
② 哥伦布（1450—1506），探险家，以发现美洲大陆而闻名于世。

关于对地缘经济学的基本评论。首先，地理位置、地理环境和地理条件对人类经济和社会确实有一定的影响。其次，地缘经济学的研究方法也是正确的。但是，地缘经济学的倡导者和研究者走向了地缘决定一切的极端，这是不可取的。地缘经济学对后来的区域经济研究有很大的启发和促进作用，这是它的进步意义所在。

关于经济中心转移论。在20世纪后期，一些西方学者提出了经济中心转移，或地球中心转移论，其基本观点是：

第一，在文艺复兴时代，法国、意大利是世界经济文化的中心，也是世界上经济进步最快和最发达的地区。

第二，到了18世纪，世界的经济中心转向了以英国为代表的地区。英国最强大的时候，所占有的殖民地面积是自己国土面积的153倍，是当时世界上最富裕和最强大的国家。

第三，到19世纪末，世界的经济中心转向了美国，美国是当时世界上最为强大、经济实力最强的国家。直到现在，美国仍然是世界第一大经济体，在很多领域保有优势的地位，某种程度上起着"世界警察"① 的作用。

第四，到21世纪，世界经济的中心将从西方转移到东方，亚洲将成为世界经济的中心，特别是中国成为世界第二大经济体以后，会发挥更加重要的作用。

经济中心转移论是受历史和地缘经济学的启发而产生的。至于对未来的预测，属于未来学家们研究的命题，为此，应该专门成立一门未来经济学②来研究世界范围内的重大经济现象。

4. 从中东战争看世界经济中的土地问题

自20世纪中期以来，中东地区连绵不断地发生战争，制造了大量的难民和社会问题，给人民带来了巨大的灾难。战争的主要根源还是土地问题，土地直接影响着该地区的经济发展。

二战以后，中东有很多历史遗留问题，其中最突出的就是巴勒斯坦的地位问题。虽然经过国际组织的大量协调和世界各国的努力，巴勒斯坦已经建国，但是，巴勒斯坦还存在着许多错综复杂的国内外矛盾，影响了该地区经济的发展和人民生活的改善。

中东地区的民族矛盾也很复杂，但是更为复杂的是宗教问题——不同宗教之

---

① 这是一个形象的比喻，赞美之意多于贬低之意。
② 这是本书的一个大胆设想，笔者已经在开始做这方面的研究。

间的矛盾错综复杂，同一宗教内部的不同派别也存在着矛盾。经济学主要研究经济发展的内在矛盾，但是，经济问题和民族、宗教、社会、文化、意识形态紧密相连，因此，经济学家们也要关注和研究与经济密切联系的社会问题。

世界上的一切社会矛盾和社会现象，从根本上来说还是由经济因素决定的。人类有两大最基本和主要的欲望：一是实现自己的梦想和发展目标，二是得到更加自由、幸福的生活。这两大人生目标都离不开经济这个基础，各方面的经济因素决定了大多数人的目标和追求是否能实现。

5. 工业化社会与土地的解放

工业化的发展使地球的土地得到了节约，这个节约主要来自生产效率的提高。工业化生产使得单位土地面积的产量比传统社会提高了几十倍甚至上百倍，使人类社会获得了巨大的进步。

自文艺复兴以来，人类开始进入工业化社会。工业的发展创造了大量的物质财富，城市的建设也使住房所占有的耕地减少了数十倍。所以，虽然工业化给土地带来了一定的污染，但是总体而言，工业化的发展为人类节约了大量的土地。

充分利用现代科学的研究成果能够使土地的效益得到最充分的发挥。节约土地的方法和途径是多方面的，主要有以下几点：

第一，科学地规划土地。无论是城市建设规划还是农村建设规划，都要防止土地的浪费、重复建设等问题。

第二，保护土地质量。土地的数量是客观的，但是土地的质量是变化的，土地质量好，单位面积的产量就会高，就会为人类提供更多的粮食和其他农副产品。

第三，防止和减少对耕地的污染。要尽量减少使用如农药、塑料之类的不可分解的农业生产资料以保护土地的质量。

第四，科学地设计建筑物。鼓励和提倡在大中城市修建高层建筑或小高层建筑以节约土地。

以色列农业科学的发展是土地节约的典范。以色列是世界上土地资源相对贫乏的国家之一，同时又是水资源严重缺乏的国家，但是，最近几十年以色列重视现代农业技术的开发，获得了巨大的成功，成为世界上农业最发达国家之一。以色列农业的发展客观上节约了土地，成为其他国家和地区学习的榜样。

6. 地下资源与人类命运

地下资源是有限的。这是人类对地下资源经过一定时期的勘探和开采后总结出来的科学结论，让人们敲响了警钟，也提醒人们要进行资源保护，开展新的科学研究和开发，找到更多可替代和可再生的资源以满足人类发展的需要。

煤的耗尽。据可靠的研究，已探明的煤的储量，在现有的消费情况下还能使用 40 年。当然，在不同的国家和地区，煤的储量和使用情况不同。煤的耗尽时间会因为新的勘探发现而延长，同时，改煤发电为气发电，使煤的消耗量大大减少，也让煤的使用期限得到较大的延长。2014 年京津地区"煤改气"发电就可以节约 900 万吨标准煤。

将煤炭资源保存下来以后，利用科学技术的进步将其转换为化学能源，第一可以提高煤的使用效率，第二可以减少燃煤造成的粉尘和有害气体。

石油的紧缺。人类对大部分陆地和部分浅海滩涂地区的石油储量已经基本勘探明确。据估算，石油也只能供人类使用 50 年左右。当然，石油还有很大的勘探空间，特别是海洋中的深海石油钻探和开采才刚刚开始，发展空间还十分巨大。这个问题在本书专门讨论海洋问题的第九章会详细论述。

地热能源亟待开发利用。现在地球上还有几百座活火山，如何科学、安全、合理地开发其地热能源是全人类亟待研究的命题，这一研究一方面能使人类合理利用地热能，另一方面又能对火山的爆发做适当的调节，尽量减少火山爆发给人类带来的危害。[①] 地热能开发利用中的科学和安全问题，是在以后的一段时期才能逐步解决的。

利用地热能还包括对于温泉的开发。将地下热水用于发电会节约部分能源，将温泉用于生活也是对能源的一种节约。

有的未来学家认为，地球上的煤很快就会采完，石油也用不了多长时间，人类的命运会受到严重的威胁。其实，人类的命运掌握在自己的手里，人类是幸运的。

7. 地理地貌资源的运用

地理地貌资源是地球表面资源的总称。地理地貌资源是自然的、直观的，几千年来，人们对地理地貌资源的研究都处于相对初级的阶段，对它的开发还有待

[①] 这是笔者提出的一个科学假说——在保障安全的前提下，人工引流部分岩浆，既可以部分利用地热能，又可以微弱减少岩浆活动，减少火山爆发带来的损失。

进一步深入。

水资源的保护。水是生命的源泉,保护水不被污染、保证水的优良品质是我们保护地球的首要步骤。水资源包括地表水和地下水。地表水是指河、湖、冰川的水资源,其主要保护方式是合理运用、节约用水、严防污染。对正在进行工业化和城镇化的国家,保护水资源特别重要。

在中国,70%的地表水都受到了重度和中度污染,还有20%的地表水也受到了轻微污染,这是非常严重的问题。水污染会造成农产品和食品的污染,直接危害人的身体健康;为了克服这种危害,人类不得不生产大量的药物;生产药物的过程又会产生对水的污染。这就造成了恶性循环。因此,保护水资源显得更加重要。

中国60%的地下水也受到了中度以上的污染。地下水的污染首先表现在过度开采。在华北地区,近30年来地下水水位已经下降了十几米。此外,地表污染源的渗透造成的地下水污染也要引起我们的高度重视。

沙漠的绿化。在世界范围内,沙漠化正日趋严重。在非洲北部和中部,沙漠的扩大给人类的生活带来了巨大的影响。在中亚、西亚和中国的西部地区,沙漠化的现象愈演愈烈。所以,对沙漠进行绿化也是一个重要的课题。中国的沙漠绿化已经有了初步的成就,近年中国西部地区沙漠扩大的趋势已经开始扭转。中国防治沙漠化的库布其模式[1]受到了联合国表扬,是其他国家学习的榜样。

地球变暖的趋向加快了沙漠化的进程,带来了严重的沙尘暴。沙尘暴给各国相关地区带来了巨大的危害。首先,沙尘暴对人们的身体健康带来了很大的危害。其次,治理沙尘暴要花费大量的精力和人力。再次,沙尘暴使一些地区已有的经济功能得不到充分的发挥,同时人们还会减少对沙尘暴爆发区域的投资,造成该地区经济增长的减缓。

8. 地球到底能供养多少人

有人在很久以前就担心地球难以承受人口增长的压力,因而对地球到底能够供养多少人展开了研究。这是一个重大的课题,也是一个动态的命题。对这个问题的研究是经济学的一大进步,也是社会科学的一大进步。

地球之所以如此美好,就是因为地球上有人类存在。人类是地球的灵魂,地球因为人类几十万年的发展和进步才演变为今天这个无限精彩的世界。现在的电

---

[1] 中国内蒙古有个库布其沙漠,亿利资源集团董事长王文彪带领员工用20年时间绿化沙漠100平方公里,创造了改造沙漠的新模式,受到了联合国的表彰。

子望远镜已经可以勘探到几十亿光年的宇宙空间，在这个范围内的其他星球上都没有人类这样的高级生物。

地球离不开人类，人类也离不开地球。地球上现在有 70 多亿人口，随着未来人类文化的进步，人类可以科学地对待生命、控制人口增长。本书大胆预言，人类总人口超过 100 亿以后，对人口的控制将会成为世界各国的共识，所以，人口数量达到 100 亿以后增速就会逐步减缓，甚至会出现负增长。地球完全可以供养 100 亿甚至更多的人。

当然，人口负增长已是工业发达国家的普遍现象，需要控制人口的主要是部分发展中国家。我们应该尽可能地减少人口增长，力争把世界人口控制在 80 亿以内。

9. 马尔萨斯人口论与人口控制论

马尔萨斯的人口论是经济史上引起争议最大的学说之一。马尔萨斯在《人口原理》中提出，人口是按倍数增长的，但是生活资料的增长是以算数级增长的，因此，"在两个世纪内，人口对生活资料的比例将会变成 256∶9，在三个世纪后会变成 4096∶13，在两千年后则会大到无法计算"。马尔萨斯的理论主要是针对当时英国人口增长特别快的现实而提出来的，其中包含了无限的夸大和想象，在当时就受到了很多人的反对。他们认为，南美洲还有许多肥沃的土地没有开发，即使是人口密度很大的欧洲，土地的开发还有很大的空间。马尔萨斯是被当时英国发展过程中的失业人口吓坏了。

马尔萨斯人口理论的最大贡献在于提醒人们关注人口的增长问题。人口的增长和人们生活质量的提高要保持相对的平衡。可以说，马尔萨斯的人口论一半对了，一半错了。马尔萨斯提出了让人们推迟结婚和生育的办法，这些措施在某种程度上都被人类所接受，但是，他把营养不良造成的生育减少以及人工避孕看作对人口的"积极性抑制"，这个结论是错误的。

在马尔萨斯之后的几百年间，人们一直都在讨论和研究控制人口的各种办法。历史证明，人类能够控制人口的规模，调节好人与自然、人与社会的关系。

10. 保护环境是现代文明的标志之一

随着历史的发展，人类会不断提高和丰富自己的认知。实际上，工业化和城市化对环境的污染也是逐步的，在工业化初期，人们不可能看到工业污染给生态环境带来的重大破坏，只有当污染达到一定的程度，人们才会充分认识到保护环境的重要性。

英国是自蒸汽机发明以来工业化进程最快的国家之一。伦敦有一条著名的泰晤士河，经过一个多世纪的发展，泰晤士河受到了极其严重的污染，到20世纪50年代，泰晤士河的鱼类基本绝迹了。随后，人们开始了对泰晤士河的保护，经过30年左右的努力，鱼类重新回到了这条伦敦的母亲河，泰晤士河得到了新生。

在20世纪中期，工业发达国家的环境污染已经十分严重，因此这些国家早就开始了对环境的保护，许多国家已经取得了相当良好的效果。

但是，在许多发展中国家，环境保护还没有引起全社会的重视。例如，非洲的许多国家因为连绵不断的战争和部落冲突，无法顾及环境保护。虽然非洲也有部分令世人瞩目的成就，如肯尼亚野生动物保护公园，但是总体来看，非洲的环境污染仍然令人担忧，近些年非洲境内频繁发生的瘟疫就足以证明这一点。

中国已开始在城市中进行空气质量的全面检测，将城市的环保提到了极其重要的位置。但是，在广大的农村地区，环境保护问题还没有受到足够的重视，主要表现在：农药的使用不规范不合理，生活垃圾和生活污水大部分没有进行治理就排入沟渠河流，养殖业的粪便污染等。中国农村的污染问题已到了不得不解决的时候。

11. 人口老龄化趋向和土地利用率新说

60岁以上的老人占总人口的10%以上，或者65岁以上的老人占总人口7%以上的国家就是老龄化国家。[①] 在20世纪末，法国80岁以上的老人已占全国人口的15%左右。可喜的是他们经过二十多年的努力，已经摸索出了一条解决人口老龄化的对策，老年人的社会化养老问题已经得到了较好的解决。

中国在2005年就已经成为老龄化国家。2012年底，中国60岁以上的老人已经达到1.94亿，超过人口比例的12%。大城市的老龄化程度更为严重，2013年末，上海60岁以上的老人已占总人口的28.6%。可见，中国的人口老龄化程度已经非常严重，需要从经济、社会等各方面加以重视。中国政府在加强老年人基本生活保障方面做了很多工作，如推进城镇职工基础养老金全国统筹，降低失业保险、工伤保险缴费率等。

现在许多发展中国家的人口增长出现了与发达国家相反的情况，即人口的青年化。据世界银行报告，在非洲部分发展中国家，35岁以下的人口占全国人口的

[①] 参见：杨宝祥、陈洪涛编著《老年社会工作培训教程》，中国社会出版社，2014年3月第1版。

50%左右，人口青年化给这些国家的就业带来了巨大的压力，同时，严重的就业不足会给社会带来很多不稳定的因素，需要我们积极研究并提出相应的对策。

关于土地利用率问题。在发达国家，极少数的农业人口能够养活大部分城市人口，农业的土地利用率是很高的，例如美国 2.5%左右的农业人口养活了 97%以上的城市人口，还出口了大量的粮食。许多中等发达国家的城市化程度也很高，像新加坡这样的国家，农业人口所占的比例也是很小的。

中国的土地利用率急需改善，特别是在农村，绝大部分家庭房屋及其附属物所占用的土地都在 0.5 亩以上，这是对土地的一种严重的浪费。据笔者调查，以户为单位计算，有 20%左右的农户房屋及其附属物所占的土地在 1 亩以上。即使是在像杭州、上海这样人口最密集的城市的郊区，土地的浪费也是相当严重的，有的农民在新修住房以后，不拆掉原有的住房，甚至有相当部分的农户改革开放以后已经修建了 3 次住房，旧房一直没有拆掉，不能变为耕地，这样严重浪费土地的行为需要尽快制止。

中国的"空巢老人"问题。经过了六十多年的发展，现在农村大部分是独生子女和两个子女的家庭。21 世纪以来，农村的主要劳动力很多都在城市就业，农村出现了"空巢老人化"的趋向，这是社会和经济问题的重要表现形式之一，需要从多方面进行解决，主要措施有：

（1）积极发展农村经济。吸引和鼓励在外就业的人回乡创业，既能解决家乡的发展问题，又可以缓解"空巢老人"给社会带来的压力。

（2）发展农村养老事业。适当和逐步扩大专门化养老的比重，让 70 岁以上的老人或者 75 岁以上的老人进入专门的养老机构，让他们在安度晚年的同时减少在外就业的中青年子女的精神负担。

（3）适当扩大农村老年人的养老集中度。这样可以促进农村经济结构的快速改变和耕地的合理流转，特别是促进农村住宅用地的整理，有效提高土地的利用率。

总之，我们只有用新思维去研究这些命题，才会找到好的解决方法。

12. 科学和文化的进步能解决土地问题

农村土地的浪费和污染，有经济方面的原因，也有文化理念方面的原因。在很多发展中国家，农业机械化程度还不高，农村的生产效率较低。大量有文化和有一定科学知识的农村青年进入城市，使农村缺乏掌握了先进技术和有较高文化的劳动力。农村的文化水平和文明程度相对于城市有较大的差距，这就带来了农村思想观念的相对落后和保守，农民满足于小农的生活水平，这对现代大农业的发展是一个观念上的阻碍。比如，许多农民用辛辛苦苦积攒了一辈子的劳动所得来修建面积很大、利用率又很低的住房，既浪费财富又浪费土地。

农民思想文化观念的进步，需要社会、政府和相关社会组织的帮助和指导。只要农民逐步养成现代文明观念，土地问题就会得到较好的解决。

13. 企业在保护地球中生存

一方面，经济实体特别是大、中型企业为社会创造了大量的物质财富，为社会的进步做出了应有的贡献，另一方面，不少企业只顾自己的利润增长，不惜以污染环境为代价而获得财富增值。对此，要让企业的参与者特别是负责人清楚地认识到，环境的严重污染也会使自己难以生存。

世界上很多国家和地区高度重视环境保护，对造成严重环境污染的企业实行"一票否决制"，使企业受到法律的、行政的、经济的惩罚，让企业主付出沉重的代价。

中国对污染严重的企业及其业主的处罚还偏轻，这一点需要进一步研究。近年来，中国连续出现了多起大型国有石油企业严重污染土地和环境的事件，如中石化大连公司的石油污染事件、青岛石化公司的石油污染事件、漳州地区石化企业的污染事件。为什么在这么短的时间内会发生一连串类似的污染事件？原因有很多，其中最根本的就是政府部门对国有企业的处罚太轻。随着改革的深入，中国应该给各种经济实体和社会组织平等的待遇，使国有企业特别是大中型国企的违法犯罪行为得到应有的惩处。

综上所述，人类总会合理地利用自然、保护环境、保护土地、保护自己。

亮点、难点、重点与基本概念

亮　点

1. 关于大气层的保护。

传统的经济学认为大气是取之不尽的、没有价值的物品。到 20 世纪末，联合国气象组织多次举行世界级的会议，大气的污染成为世界共同关心的问题。

大气污染是工业化带来的负面影响，因此，现在的经济发达国家对保护大气应负有更多的责任。发展中国家正处于摆脱贫困的过程中，在搞工业化的同时也要保护大气层，尽到应尽的责任。

2. 关于经济中心转移论。

经济学家和未来学家提出了经济中心转移论，即 18—19 世纪世界经济的中心在以英、法为首的欧洲，20 世纪世界经济的中心在美国，21 世纪世界经济的中心将转向以中国为代表的亚洲地区。

怎样正确看待经济中心的转移给中国人民带来的发展机遇是本书研究的亮点之一。

难　点

1. 中东地区连绵不断的战争到底是因为土地问题还是宗教问题？

二战后，以色列和巴勒斯坦建国的问题拖了半个多世纪，现在仍然没有得到根本解决，严重影响了中东的和平与安全。中东问题的核心还是土地问题，争夺土地、争夺水资源以及石油是各种矛盾的焦点。

当然，中东地区也有很复杂的宗教问题，不同宗教之间有矛盾，同一宗教内的不同教派之间也有矛盾。各种矛盾交织在一起，一时很难找到多方都能接受的解决方案。

2. 地球到底能供养多少人？

这是一个经济学和未来学共同研究的课题，任何简单的猜测都是无用的。人类完全可以管理好自己、管理好地球。地球上现在有 70 多亿人，未来供养 100 亿人也没有问题。

大多数国家已经开始控制人口，但是，一些发展中国家和贫穷国家的人口还在不断增长，需要国际组织进行科学合理地引导和指导。

重　点

1. 关于水资源的保护。

地球变暖和淡水的短缺已经成为人类共同关心的重要问题。传统经济学理论认为水是取之不尽的、没有价值的物品，现在，保护水资源已成为人们共同关心和迫切需要解决的问题。

中国也是水资源贫乏的国家之一，开发淡水或者说海水淡化工程是 21 世纪人们可以重点攻克的课题。

2. 关于中国老龄化的问题。

中国在 2005 年就进入了老龄化国家的行列。近 10 年来中国的老龄化程度越来越严重。

开发养老工程是一个新的经济领域。国务院会议认为，到 2020 年该领域可以为中国提供 1000 万个就业岗位，这是我们青年人要注意的事情之一，很多人可以从中寻求发展的机会。

基本概念

基本农田保护、地缘经济学、经济中心转移论、马尔萨斯人口论、环境保护法。

问题与思考

1. 发展中国家怎样正确处理经济发展与环境保护这对矛盾？

环境污染是工业化带来的，发展中国家必须经过工业化的进程才能发展经济，所以必然会给环境带来一定的污染。怎样处理好这个矛盾是我们要研究的重要问题之一。

我们不能再走开发——污染——保护的老路，而应该走重视环境保护、发展民族工业并重的道路。

2. 当前，发达国家的老龄化和发展中国家的青年化并存，我们怎样来抓住机遇、发展自我？

中国的老龄化问题同时带来了"空巢老人"的问题。我们应该抓住机遇，在为国家解决好老龄化问题的过程中实现自我的发展。

解决农村老人养老的问题需要投入大量的人力、物力，这也是我们经济学要研究的一个新命题。

第九章

合理开发和利用资源
是经济实体的天然使命

资源是一个综合概念，它包括的范围很广，有自然资源、社会资源和文化资源等。可以说，整个宇宙中可以为人类所利用的物质和精神的元素都可以叫资源。在不同的时期、不同的场合、不同的条件下，人们会对资源的种类做出不同的表述。

西方经济学家认为资源仅限于物质，这是有一定缺陷的。广义上的资源包括整个世界和人类自己。

前面我们已经提到过，从某种意义上讲，资源在一个国家、一个地区或一个经济实体内都是相对短缺的。本章主要讨论自然资源的利用和开发，文化资源对人类的影响将在后面的章节中，特别是在第十三、十四、十五、十六、十七章论述。

1. 地表资源的开发和利用

地表资源是对地球表面人们可以直接感观到的资源的总称。地球表面可以分为两大部分即海洋和陆地，陆地面积约占30%，海洋面积约占70%。关于海洋资源的运用，第十章会专门论述。本章主要讨论除海洋之外的陆地资源的开发利用。

农业的开发和利用。农业所生产的粮食和其他农作物是人类生存的最基本保证，世界各国都高度重视农业，经济学家们也反复展开了对农业的研究。

法国经济学家布阿吉尔贝尔[①]曾提出"农业和商业是财富的两个乳头"的理论。他在《谷物论》中写道："法兰西的唯一利益，正如世界上其他一切国家的利益那样，在于一切土地精耕细作，充分施肥；各种商业都能做成最大价值的交

[①] 布阿吉尔贝尔（1646—1714），49岁时出版《法国详情》，60岁出版《谷物论》，自称为"农民的辩护人"。

易；以及一切全靠劳动维持生计的人没有荒废片刻时间，也从不偷闲置散。"布阿吉尔贝尔是重农主义的创始人之一。

18世纪法国人魁奈①发表了《经济表》，正式创立了重农学派。重农主义是针对当时重商主义的经济学思想而提出来的，重农主义不是简单地重视农业，它的核心是要求人们在遵守"自然秩序"的基础上建立"经济秩序"。实际上，重农主义者比较清楚地认识到，自然的发展是有一定的内在规律的，要发展经济，就要建立经济的法律和法规，这是重农学派对经济学的重大贡献。

森林的开发和利用。在陆地上，除了农田之外，森林的面积也很大。事实上，除非洲和中东地区部分国家外，世界上有三分之一以上的国家森林面积比农田面积还要大，所以，森林的开发利用也是极其重要的。

人类对森林的开发主要是采伐木材。木材是建筑业和造纸业的主要原材料。人们对纸张的需求消耗了大量的木材。在工业发达国家，年人均消费纸张和纸制品在40公斤左右。中国现在的年人均消费纸张和纸制品已达20公斤左右，而在改革开放的初期，中国年人均消费纸张和纸制品还不到3公斤，可见，人类的发展对造纸行业的需求是巨大的，而森林又是造纸业的主要原料来源，所以，开发森林是合理利用地表资源的重要方面。

森林的开发需要综合进行，保护森林和保护地球是一致的。保护的目的是为了合理地利用。中国已经有三百多个国家森林公园，把保护森林和旅游开发结合起来是一个好办法。

河流湖泊的开发利用。大陆上还有一部分面积为河流湖泊所占据。河流湖泊是人类利用淡水的最好场所和必然的途径，可以用于灌溉、水运、发电等方面。历史上，人类就是沿着河流两岸迅速发展的。欧洲的母亲河是多瑙河，多瑙河流域是欧洲经济文化的中心。亚洲的长江黄河两大流域孕育了中华民族，恒河、印度河流域养育了印度等国十几亿人。美洲有世界最大的河流亚马逊河。中国提出了长江经济带的建设战略，有序开发黄金水道，治理沿江码头口岸等重大项目，构筑综合立体大通道，建设产业转移示范区，引导产业由东向西梯度转移，加速资源枯竭型城市转型升级。这是中国运用河流资源的一个新举措。

---

① 魁奈（1694—1774），重农主义集团的领袖，他的百科全书式的著作《经济表》于1758年出版。他研究过各种科学，在生物学和医学领域出版了许多著作，后来成为宫廷御医，60岁时开始研究经济学。

2. 水资源的利用新说

淡水资源是以内河、内陆淡水湖泊为主体的资源。在生产力水平还很低下的时期，淡水是人类生产生活必不可少的资源，只有在淡水资源比较充足的地区，人们才能集聚起来，逐步形成今天的城市。城市是现代经济发展和文明的象征。

水电的开发利用。人类开发水电的历史不过一百多年，但是水电的开发利用给人类带来了无限的福音。水电对人类的贡献在于它既不影响水本身的质量，也不会减少水的数量。水电的开发利用是人们利用水资源最成功的案例。但是，现在的水电开发工程大多数是把整个河流拦腰切断，这就带来了两个巨大的问题。一是拦河坝导致泥沙淤积，从而减少了库容，降低了发电能力，也破坏了生态平衡。二是把河流截断以后，阻挡了鱼类的"洄游"路线，严重影响到某些稀有鱼类的生存和发展。长江的水利工程建设就隔断了中华鲟到长江中上游产卵繁殖的路线，还影响了其他鱼类和生物的生态环境。

水电站对鱼类及水生生物链的破坏已经引起了政府和专家的重视，在修建长江三峡电站的时候，生态专家们就提出了许多建议和意见。位于四川省乐山市大渡河上的安谷电站是环保设计的典型。安谷电站的建设保留了一段原始河岔，让河水保持自然流淌的状态，使鱼类和其他水生生物能够自然地畅游。这个工程没有把大渡河拦腰切断，是开发水电和保护生态的最好平衡。

中国的南水北调工程。中国的北方地区严重缺水，使北方的发展受到了严重的制约。为此，中国人启动了规模巨大的南水北调工程，把长江水经过一千多公里的调配输送到北方，这是一个非常好的战略。

南水北调工程分为西线工程、中线工程和东线工程，通过三条人工河连续不断地向北方供水。中线工程由湖北的丹江口水库把水引到津京地区，现在已经基本通水，每年会向北方地区输送约 20 亿立方米的优质淡水，极大地缓解了京津地区的用水难题。

3. 淡水养殖

河流湖泊的淡水养殖是人类得以生存的重要条件之一，淡水鱼类能给内陆地区的人们提供生物蛋白，是改善人们食品结构的重要因素。因此，淡水养殖是利用天然资源的一个重要方面。

20 世纪世界各地都出现了不同程度的工业污染，给淡水养殖业带来了直接的影响。同时，现在的研究表明，利用河流和湖泊的水体进行鱼类养殖，也会给水资源带来一定的污染。

中国现在的淡水养殖业主要是运用田、塘进行的。用田、塘养殖鱼类，减少了种植业所需要的耕地，导致了农业用地的矛盾，因此，有些地方政府严格禁止新开辟鱼塘以保护耕地面积。但是，人们生活质量的提高又离不开大量的淡水鱼类。解决这个矛盾的办法有这样一些：第一，加强对已有的田塘鱼类养殖的管理和科技开发，提高淡水鱼类养殖的质量和数量；第二，可以适当允许将低产农田、下湿田改为养鱼田；第三，通过技术改造，在保证环境基本上不被污染的条件下，合理、少量、适当地开发河流和湖泊的淡水养殖业。

4. 地下资源的开发利用

本书第八章已对地下资源中的煤、石油、天然气和地热能的开发利用作过论述。本节将讨论中国的铁矿石、煤矿等地下资源的利用。

在20世纪前半期，由于外国的掠夺，中国的铁矿资源被大量地开采。新中国建立以后，中央政府制订了"以钢为纲"的工业发展战略，首先加大了对鞍钢[①]的投资，后来又开发了武钢[②]和包钢[③]，形成了中国的三大钢铁基地。到20世纪60年代，中国又开发了攀钢[④]，形成了四大钢铁基地。和世界优质的铁矿石相比，中国的铁矿石品位低、杂质多，除攀钢的铁矿石因含有钒、钛等稀有金属元素外，中国的铁矿石可以说在世界范围内优势较少，而中国的发展又需要大量的钢铁材料，这就要找到新的铁矿石来源。

因此，中央政府做出了兴建宝钢[⑤]的决定。宝钢是利用国外的（日本）先进设备和国外的（澳大利亚）优质铁矿石兴建的钢铁项目。在改革开放初期，由于旧观念的影响，有少数人不理解现代化、国际化生产，因而对宝钢产生了非议和意见。后来证明，宝钢的创立是成功的，不但给中国带来了巨大的好处，也为世界其他发展中国家树立了一个榜样，同时也给那些固执的资源短缺论者上了很好的一课。

对中国煤矿开采的研究和建议。近年来，中国以煤矿开采的安全为由，对小煤矿甚至是中等煤矿采取一刀切的办法，通过行政手段一律禁止，这是不妥的。

---

① 鞍山钢铁公司，是新中国建立的最大的钢铁基地。
② 武汉钢铁公司，是新中国建立的第二大钢铁基地。
③ 包头钢铁公司，是新中国建立的第三大钢铁基地。
④ 攀枝花钢铁公司，是中国20世纪60年代新建的第四大钢铁基地。
⑤ 宝山钢铁公司，是中国改革开放初期引进的外资项目。

国家应该制定相应的政策，指导、监督、引导小煤矿的开采。对于年产6万吨、10万吨、20万吨的小煤矿，在不同的地区可以区别对待，引导和指导地方民营企业合理开采。这些煤矿如果不开采也是一种极大的浪费，安全问题的根本在于监督，不能"因噎废食"。

关于森林覆盖之下的地下资源。在森林的覆盖之下，还有许多地下资源没有被勘探和开采。尽管现在卫星在资源勘探上的运用已经十分广泛，但是，卫星的勘探如果不配合直升飞机的勘探和人工的勘探还不是十全十美的。中国前几年在新疆发现的煤、油资源就足以证明这一点。新疆的煤、油资源还不完全处在茂密的森林覆盖之下。可以预见，随着科技的进步和人们思想观念的更新，统治了世界一百多年的勘矿理论和勘矿途径都会有较大的突破，人类会发现和开采到更多的地下矿产资源。同时，保护森林和矿业开发又构成了一对新的矛盾，这也会随着科学技术的进步而得到逐步解决。

5. 空中资源的利用

空中资源是指大气层之内的资源。

关于航空资源的利用。航空资源首先是航线资源和航空管理资源。随着世界航空业的迅速发展，航空资源的利用也成为人们十分关注的问题。中国的航空资源开发还处于相对落后的状况。虽然在20世纪末，中国调整了航线空间的距离，使同等情况下航线的利用能力扩大了三倍，但是，中国的航线设置、航空资源的运用还受到战争年代和冷战时代的影响，军事运用对航空资源的开发起到了某种制约作用。

关于中国私人飞机管理的政策建议。在21世纪初，中国形成了一个私人飞机购置小热潮。据不完全统计，中国现有私人飞机18000架，而美国现有私人飞机12万架左右，是中国的6倍多。当然，我们不能简单地模仿和照搬西方发达国家的经验，但是，中国的发展必然会逐步和世界接轨，在有利于生产力发展的具体技术和机械的运用上，中国不应该落后于世界。飞机只是交通工具的一种，飞机的广泛运用也包括私人飞机的运用。中国必须面对这样一个现实，相信自己有能力管理好各类航空器。

风能的运用。21世纪初，世界各国都把清洁能源的开发作为战略重点。风能是无污染的清洁能源之一，因此具有广阔的开发前景。许多国家如澳大利亚、美国、冰岛等对风能的开发利用取得了较好的成绩和效果，这是可喜的。中国也开始了风能的建设，但是，中国的风能建设和开发还没有真正起到作用，还需要进行各方面研究和探索。

太阳能的运用。太阳能资源是空中资源中最有发展前途和发展空间的资源，太阳能的开发和利用才刚刚开始。目前农业、林业对太阳的利用只是一种初级的形式，太阳能的开发利用还有极其广阔的空间。20 世纪末，西方国家开始重视太阳能，造成了对太阳能开发的原材料的极大需求，从而形成了单晶硅和多晶硅市场的激烈竞争。中国是开发硅材料最早的国家之一，积极参与了太阳能原材料的开发和利用，已取得了很大的进步。几年前，西方国家联合抵制中国太阳能原材料的出口，使中国的太阳能原材料事业受到了重大的损失，这是一个很好的教训。

关于无人飞机。21 世纪无人飞机被广泛地开发和利用，这也是对空中资源的一种间接利用形式。无人勘测机和无人轰炸机被广泛运用于经济和战争领域，同时，无人飞机还会为大量的经济实体甚至个人所用。从现在起，国家有关部门就应该重视无人机行业的发展，在利用空间资源方面早做准备。

总之，空间资源的开发利用空间广阔、前途无限。

6. 国家控制资源命脉

某些关系到国计民生的资源是国民经济的命脉，要引起政府有关部门的高度重视，如粮食资源、森林资源、矿产资源、水资源、航空资源、海洋资源等。

中国是发展中国家，在历史上没有经历过资本主义的工业革命，反倒长期受资本主义列强侵略和奴役，国家的一些重点资源也受到侵略者的掠夺性开采。新中国建立以后，国家选择了苏联的经济模式，将重点资源的开发掌握在国家、国有企业手里，取得了相应的效果。

后来，苏联经济模式带来的种种弊端，使中国的开发建设走了一段弯路。改革开放以后，中国的经济发展战略虽然有了重大的变化，但是，改革还需要一定的时间，许多部门领域还没有对民间资本开放。实践证明，引入民间资本进行资源开发可以带来经济活力，减少浪费，提高效率。我国早已在矿山、煤矿资源的开发利用中引入民间资本，这是一个很好的开始。

7. 资源的战略地位

资源对国民经济的影响可以提高到国家经济发展战略的高度来讨论。

能源决定论。一个国家的能源储备少了，这个国家的国际地位和民生就会受到严重的威胁和影响，所以有人提出了能源决定论。能源决定论是指能源可以决定国家的命运和发展前景。它的进步意义在于告诉人们，能源对国民经济的发展和国民的生活是极其重要的。它的缺陷在于过度强调能源的作用，把能源对国家经济发展的作用夸大化。能源决定论的提出已经有半个世纪了，这些理论的创立者认为，对于像日本这样的国家，如果在北方切断日本海，在南方控制马六甲海峡，日本就会因为能源极度匮乏而走向经济崩溃。其实，这种假设在战争状态下已经实现过，日本并没有因此而灭亡。实际上，没有任何一个国家能够说自己的资源是丰富无比的，资源短缺是世界的一个普遍现象。

粮食决定论。粮食看起来很普通，实际上却是一种国家战略资源，每个国家都重视粮食的生产和粮食的储备。现在很多中等发达国家和发达国家也重视粮食的战略地位，但这并不意味着粮食能决定一切，像中国这样人多地少的国家，也能很好地解决13亿人的吃饭问题。

8. 资源开发的规划和利用

地球上的资源总是相对有限的，所以，人类要保护地球，科学合理地开发各种资源。

资源普查。资源的普查是一个长期、复杂的过程。资源普查的规模、质量和效果是随着科学的进步而发展的。从20世纪50年代到现在，世界各国多次对资源进行普查，可以说，大部分资源已经基本普查清楚。

资源开发的规划。资源开发的规划建立在普查的基础上。有效、科学和合理的规划是一个综合的科技工程和社会工程。为了防止浪费资源、防止对资源的胡乱开发，资源开发必须依照科学的规划进行。根据资源开发规划，有序地开发资源，搞好资源的初级加工和深加工，使资源得到合理的利用，这是我们人类奋斗的目标之一。

攀钢资源开发的例子。矾、钛是稀缺的战略资源，属于铁矿资源的伴生品，含量很少。世界70%以上的矾、钛资源都在中国，而中国大部分的矾、钛资源都在攀钢。攀钢初期的生产只使用了普通的铁矿资源，把更为贵重的矾、钛作为废渣处理掉了，产生了大量的浪费。这是一个应该吸取教训的例子。

9. 资源为国民所用

资源是国家的财产，应该为全国人民所拥有和利用。为国民所用不是一句空话，而是可以实现的。

资源税的征收。开采自然资源，无论是空间的、地表的还是地下的，都应该向国家和民众提供一部分因开采而得到的收入。资源税就是对开发自然资源的经济实体收取的费用。这个费用一部分为国家所有,用于改善国家的财政状况,另一部分通过国家的二次分配供全体民众所享用。

在旧的体制下,资源税的收取是很不规范的,主要表现在:

(1) 打着国家开放的旗号免征资源税,实际上这部分应交的税费被开发者非法占有,损害了国家和民众的利益。

(2) 对小型资源开发项目征税很少,即使收了一点也只是为地方政府所有,没有体现资源的国家占有性。笔者认为,税制怎么改都有它的合理性,但是资源税必须上交一部分到中央政府,这样才能体现资源开发的国家占有性;一部分交给地方政府是为了调动地方政府开发和保护资源的积极性。

10. 资源开发与环境保护

在开发资源的同时保护好环境,这是人类社会良性发展的先决条件。在 20 世纪 60 年代以前的 200 年间,工业化的发展引起了大量的资源开发。在这个过程中,较为广泛的环境污染还没有形成,世界人口也还在 40 亿以内,环境保护还不是很迫切。从 20 世纪后半期到现在,世界人口增长了将近一倍,同时,环境的污染进一步加剧,保护环境就成为人类的当务之急。

资源开发之前首先要进行规划设计,规划设计的重要内容之一就是环境保护。现在世界上绝大多数国家和地区都把保护资源作为开发项目的首要条件,资源开发项目如果对环境产生污染就一票否决。也就是说,即使在资源开发的其他条件都可行的情况下,只要环境保护这一个条件不能满足,或者说开发项目的废物排放不能达标,这个项目就不能开发。

资源开发中还要防止次生污染。资源开发必然会对环境产生一定的影响,如占用一定的农田、砍伐一些森林和植被,这是资源开发的一次污染。不管是何种资源产品都需要精细和提炼,二次污染就是指在精细和提炼过程中产生的废物废气。

资源的开发利用还有三次污染、四次污染甚至五次污染。三次污染是指矿产品或其他产品在冶炼和加工过程中产生的污染。比如,以前多数人认为林业资源的污染比较小,但是木材运到加工厂进行加工时所带来的噪音、废物、废气污染就属于三次污染。四次污染是指产品深加工时产生的污染,矿产品在深加工时肯定会有污染物,前面所讲的林产品在制成工具或者纸板的过程中就会产生四次污染。深加工产品所用的防水涂料、油漆等对人体的污染是非常严重的,所以我们不能小看第四次污染。任何一种资源经过多次加工以后就可以投入使用,使用到一定期限则会产生五次污染，即废物的污染，如纸质包装箱变成生活垃圾对环境的污染。

由此可知，充分利用资源，防止污染、保护环境是一个全方位、多层次和全过程的系统工程。

11. 资源开发的国家监管

国家及政府对资源的开发利用负有监管责任。国家的监管是全方位的，包括资源开发的主权、合理利用、经济收益、生产安全等诸方面的问题。

法律是国家及有关部门监管资源的最有效手段和途径。在发达国家和中等发达国家，法律体系相对健全，法律对各方面的经济行为、社会行为起到了比较良好的管理作用。但是，在部分发展中国家，法律法规还相对不健全，法律的监管职能还没有得到充分的发挥。如在非洲的部分国家和地区，由于部落之间的矛盾或差异，国家法规难以有效实施；在中亚、西亚地区，由于宗教信仰的差异和民族习惯的差异，法律的执行也受到了一定的阻碍。

作为最大的发展中国家，中国虽然已经制定了几百部法律，但是，在执行法律方面还是有一定的难度，这需要引起有关方面的高度重视。这个问题产生的原因主要是地方保护主义和长期以来以政代法的习惯。

中国有句格言"有事找政府"，这一方面反映了人民群众对政府的信任和依赖，另一方面也某种程度地反映了人们不喜欢用法律手段来处理各种社会矛盾。所以，在相当长一段时间内，国家的行政监管也是重要的监管途径。

行政监管必须坚持"三公"的原则，即公开、公平、公正。公开是公平公正的首要前提，中国早已颁布了《中华人民共和国政府信息公开条例》，对我国政府机关职务信息公开具有强制性的规范作用。截止到2009年11月，我国已经有六十多个中央国家机关先后制定了四百多项推行政务公开的制度，16个省（自治区、直辖市）公布了地方性法规规章，明确了政务公开的内容、形式、程序、标准和成效评价、责任追究等具体要求，形成了较为完整的制度体系，为政务公开的全面推行奠定了坚实的制度基础。2008年2月中共中央发布了《关于深化行政管理体制改革的意见》，提出加快政府职能转变，建立公开、公平、公正的现代公共服务体系。"三公"原则经过近几年的实施和改进，已取得了相当好的成效。

12. 民众有保护资源的权利和义务

资源的保护和合理开发不光是政府的事，也是每个社会成员的事。保护资源是整个社会的责任，民众依法享有保护资源的权利和义务。

民众对资源保护的监督权。在现代文明和现代法制社会中，民众参与重大政治经济活动是社会进步的重要标志，民众的监督权首先是公民的话语权。这是一项基本人权。话语权本身就是人类一项与生俱来的权利，而公民的话语权，即公民关心国家事务与社会公共事务、对各种社会现象提出建议和发表意见的权利。与生存和追求幸福的权利一样，公民的话语权是现代政治文明的一项不可剥夺、不可出让和不可压制的重要权利。党的十七大报告提出"保障人民的知情权、参与权、表达权、监督权"，这"四权"又可以归结为话语权，即保证人民群众有话可说、有话能说、有说话的地方、说话能起作用。

民众监督的另外一条重要途径就是民间组织。民间组织在西方被称为非政府组织（Non-Governmental Organization，缩写为 NGO）。联合国对非政府组织的定义是：非政府组织是在地方、国家或国际级别上组织起来的非营利性的、自愿的公民组织。改革开放后，我国经济社会飞速发展，人民生活水平迅速提高，与此同时，也不可避免地形成了一些新的社会问题。在解决这些社会问题的过程中，人们发现政府与市场都各有自身的局限，而民间组织正好可以填补这个的空白。

新修改的《环境保护法》实施以后，江苏省高级人民法院在全国第一次审理了公众起诉某企业污染水资源的案件。这个案件的原告就是江苏常州地区的一个环境保护组织，该组织的志愿者们积极参与国家资源的保护活动，成为人们学习的榜样和楷模。

亮点、难点、重点与基本概念

亮 点

1. 空中资源的利用。

航空资源的利用值得发展中国家注意。中国前几年对航线设置进行了调整，使航线利用能力扩大了 3 倍，但是，中国的航空管理还处于比较落后的状态，特别是私人飞机、企业飞机的使用率还很低，这是需要改进的。

2. 关于稀缺资源的充分利用。

一方面，中国是资源短缺的国家之一；另一方面，中国也有自己的资源优势，如中国的钒、钛资源就占世界的 70% 以上，而很多国家又缺少这种资源。所以，我们应该充分评估中国所拥有的稀缺资源，用我们的优势去换取我们需要的其他稀缺资源。

难　点

1. 关于煤炭资源的开采和利用。

人们过去认为，地球上的煤炭资源已经基本被调查清楚。其实不然，中国在前几年就在新疆发现了储量几十亿吨的大煤田。因此，人类还要进一步探测煤矿资源的储量，合理地开发煤矿资源。

中国还要注意合理开发小煤矿，在保证安全的条件下开采这些宝贵的地下能源。

2. 怎样理解中国的粮食资源问题。

粮食是世界性战略资源之一，因此十分重要。但是，我们不应该用传统的观念来理解中国的粮食问题。中国要保护土地，但应该做到综合平衡、实事求是，不能以牺牲经济发展来保护土地。

重　点

1. 关于长江经济带的开发。

长江经济带是中国自然资源和文化资源最为丰富的地区之一。总体而言，长江除了龙头上海开发较好之外，中上游地区的开发可以说才处于起步阶段，特别是长江中游的资源优势还没有得到充分利用。最近，国务院批准建立武汉、合肥、南昌为龙头的城市经济区，这是一个十分具有战略意义的决策，必将带动长江经济带的良好发展。

2. 关于太阳能资源的开发。

中国对太阳能的综合利用已经有了一定的进步，但是，国家对太阳能产业的指导和引导还需要加强。比如，第一代太阳能热水器已使用 10 年以上，国家应该出台更多政策，更新老百姓所使用的第一代太阳能热水器。

基本概念

资源、重农学派、长江经济带、南水北调工程、空中资源、资源税、资源决定论、粮食决定论、资源开发中的五次污染、话语权、非政府组织。

问题与思考

1. 关于水电开发的利弊

传统经济学把水电开发描述为最清洁的、最环保的能源。其实不然，人们开发水电站，把河流拦腰切断，这是很不科学的：一是让泥沙淤积，减少了库容，从而减少了发电量；二是阻碍了鱼类自然的生活和繁殖环境，破坏了生态平衡。因此，我们不能简单地认为水电开发只有优点，而应该在开发水电的同时保护好环境。

2. 关于对无人飞机的开发利用

无人飞机已经被广泛地利用于军事、勘探、经济调查等领域。可以预见，在不久的将来，无人飞机会以更快的速度发展，给人类带来革命性的变化。中国是世界上互联网运用较为普及的国家之一，无人飞机的开发应该有更好的前景。

第十章

海洋是未来世界经济的中心议题

人类的探索和研究总是在不断进步的。人们在议论"人口爆炸"、"能源危机"的时候,却忘记了海洋的开发利用。所以,本章将提出海洋新说。

1. 地球演化史

陆地是人类生存的基础,但陆地可开发的资源始终有限。接下来该怎么办?从现在开始,我们要研究海洋和海洋经济,走向广阔的大洋。

海洋占地球面积的70%以上。资源短缺理论有一定的客观性和正确性,但是,资源短缺只是根据对地球少部分陆地的勘探而得出的结论,海洋是一个更加广阔的深奥世界。

目前,人类对海洋还只是了解了很少一部分,相关科研成果还比较肤浅,浩瀚的海洋还有许多未被人类了解的秘密,人们需要正确理解海洋对人类发展的重要意义。

20世纪末,以美国为代表的发达国家开始了对海洋深处的勘探。现在在已知的世界最深的海沟在12000米左右,只有美、英、法、德、俄等极少数国家的海洋探测器能够下潜到10000米以下的海域。中国是少数几个拥有能潜入海底7000米的海洋探测器的国家之一。

人类对海洋基本上还处于未知的状态,一是因为对3000米以下的深海区的探测极其有限,二是因为对1000米到3000米的区域的研究和了解也很少(实际上人类近百年利用的海底资源绝大部分都处在深度1000米以内的浅海区和大陆架),三是人类对南极和北极的探测仍处在初步的试探阶段。所以,人们对海洋资源的认识还十分有限,海洋资源的开发比新大陆的发现更重要。

虽然早在20世纪中期,以英国为代表的发达国家就开始了海洋石油的开采,也取得了积极的效果,获得了很大的经济利益,但是直到现在,各国对海洋石油的开采绝大部分仍局限于大陆架范围内，只有少部分在浅海区或中度深海区。

中国是发展中的大国，经过多年的努力才第一次在太平洋水深1500米左右的中度海区进行了海底钻探，这是一个重大的进步，会给中国开发海洋提供有益的经验和帮助。

2. 沧海桑田

中国古代很早就开始了对海洋的观察和研究，所以才产生了沧海桑田的传说。海洋突然间变成了种桑养蚕的田野，这是中国人最早对海洋抱有幻想的例证之一。这个故事告诉人们，海洋的开发利用前途广阔，具有美好的前景和无限的想象空间。

20世纪80年代以来，世界气候由于多重原因开始变暖，给人类的经济和发展带来了不利的影响。全球变暖导致冰川融化，海平面上升。在气候变暖的情况下，海岸会被冲蚀，地表水和地下水的盐分也会增大，从而直接影响城市的供水。许多地区将面临着被海水吞没的危险，如上海、威尼斯、香港、里约热内卢、东京、曼谷、纽约等海滨大城市，孟加拉国、荷兰、埃及等国也将难逃厄运，这势必引发更为严重的社会问题。同时，发病率和死亡率也会增加，尤其是疟疾、淋巴腺丝虫病、霍乱、脑膜炎、黑热病、登革热等传染病将危及热带国家和地区。

世界气候变暖也引起了世界各国的高度重视。2014年马尔代夫[1]举办了一个关于气候变暖将导致马尔代夫岛被淹没的国际研讨会，引起了世界人民的关注。2009年12月，超过130个国家和国际组织的领导人出席了在丹麦首都哥本哈根举行的联合国气候变化大会，这在联合国历史上是没有先例的。此次持续12天的会议全称是"《联合国气候变化框架公约》缔约国第十五次会议、《京都议定书》缔约方第五次会议"。在《京都议定书》第一承诺期即将到期的背景下，国际社会需要重新安排温室气体减排，就2012到2020年全球气候变化问题达成新的协议，为今后人类社会应对气候变化指明方向。

如果人类不能共同应对气候变化给人类带来的危害，也许有一天会出现桑田变沧海的灾难性后果。

---

[1] 马尔代夫，印度洋中的岛国，人口35万，陆地面积298平方公里，首都马累。

3. 海洋利用与海洋科学

海洋的利用是人类社会发展过程中的一个重要课题。在哥伦布发现新大陆之前，利用海洋的主要是沿海国家。从哥伦布的时代开始，欧洲人开展了海洋勘探事业，结果发现了新大陆，开启了海洋利用的新时代。

中国是最早参加海洋开发和利用并且进行远洋航行的国家之一。在明代，郑和曾七次下南洋。据考证，郑和的船只已到过南美洲的海域。[①]

英国在17世纪开始了大规模的海外经商、海洋运输和海外掠夺活动，很快成为世界上最富裕的国家。英国在开发海外的同时，侵占了许多殖民地。英国殖民地最多的时候，所侵占的殖民地面积是本国领土的153倍，可见开发和利用海洋会给一个国家带来多么巨大的好处。当然，现在时代不同了，各国对海洋的利用不能再采取掠夺的方式，而应该是结伴发展、合作共赢。

我们应该科学地研究、规划、开发和利用海洋，建立系统的海洋科学理论。科学地开发海洋会使人类获得更多的资源、更为广阔的生存和发展空间。

海洋工程。海洋工程是指在科学研究的基础上形成的对海洋开发利用的庞大系统。海洋工程是对海洋科学、有效、合理、综合开发利用的总称。当前应该积极发展海洋油气、海洋运输、海洋渔业、滨海旅游等产业，培育壮大海洋生物医药、海水综合利用、海洋工程装备制造等新兴产业，加强海洋基础性、前瞻性、关键性技术研发，提高海洋科技水平，增强海洋开发利用能力。庞大的海洋系统工程还包含很多子系统工程，都需要分别研究和论证。

4. 人类走向海洋

纵观历史，人类为了争夺资源发生了无数次大大小小的战争。非正义的战争给人类带来了巨大的灾难和破坏，这与当时落后的生产力状况是分不开的。

进入21世纪以后，人类有了相当的科学条件、经济基础和思想共识，有精力和能力来研究和开发海洋这个世界性的重大命题。可以预言，从21世纪开始的几百年内，人类会逐步把关注的焦点转向对海洋的开发，开发海洋将成为人类最重要的活动之一。开发海洋就像一幅美丽的图画，给人们美好的感觉，让人们充满着美好的希望与梦想。

在马尔萨斯之前，很多社会精英都关注和研究人口的巨大增长给人类生产和

---

① 参见：〔美〕亨利·基辛格著《论中国》，第5、6页，中信出版社，2012年10月版。

生活带来的问题。马尔萨斯提出了人口发展与消费品增长的相互关系理论，预言人口的快速增长会给世界带来灾难性的后果，他还提出用战争和瘟疫来减少人口或者用"道德抑制"（让穷人不要结婚和生孩子）的办法来限制人口的发展。这显然是行不通的。在20世纪，也有人提出了"人口爆炸论"，认为地球难以养活不断增长的世界人口。这些论断都有相当的片面性，至少这些研究者还没有把海洋的开发和利用纳入视野。

对海洋的合理利用和开发将会展现给世人一个极其美好的世界，人类会走向更加光辉灿烂的未来。

5. 向海洋要土地

从一般生态理论和环保理论来看，人类要尽可能地保留自然的原始面貌。近两百年来，许多国家都在不同程度上以不同形式改变甚至破坏了海洋的自然形态，如海洋码头的建设、海洋航运工程的建设以及军事设施的建设，这些都对海洋的环境有一定的改变。中国在20世纪六七十年代开始了较大范围的围海造田运动，给海洋环境带来一定程度的破坏。到20世纪90年代，中国政府认识到围海造田对自然环境带来的危害，所以开始了"退耕还海"工程。经过20多年的努力，工程取得了良好的效果，已经退回了大部分改为农田的滩涂。

对历史上的围海造田应该重新评价。第一，过去的围海造田部分是对的、正确的，是对海洋的合理利用。第二，与自然和谐相处，并不意味着人类必须消极地保持自然的原貌，往后人类还要在开发和利用海洋上下功夫。第三，重新开展海洋开发要避免过去那种盲目的、粗糙的、大规模的围海造田运动。

科学的、合理的、适当的围海造田必须符合以下几个条件：第一，应该经过科学的研究和论证；第二，要充分研究和评估围海造田工程对海洋环境带来的损害；第三，平衡利弊、趋利避害；第四，尽可能地减少污染；第五，对围海造田的评估要通过第三方机构，防止地方保护主义和既得利益集团的诱导。

科学合理的围海造田是人类进步的标志之一，世界各地都有一些成功的案例可供人们借鉴，中国香港的新机场[1]就是围海造地而建成的。

海上造房之梦。海上造房其实早已变成现实。从某种意义上讲，渔民长期或终年住在船上，船就是他们居住的房屋。不过船舶的流动性很大，与陆地上造的房有两个差距：第一，船上能够居住的人相对较少，著名的泰坦尼克号游轮也只

---

[1] 指现在正在使用的香港国际机场。

能住一千多人;第二,船只的造价较高,增加了住房的经济成本。

笔者认为,将来理想的海上住房有两种可能:一种情况是这种海上住房也可以移动,但是,它移动的速度很慢,移动的距离很短,这种住房最大的好处是可以保证它所占海面的生态平衡;第二种情况是海上住房不能移动,但是房子的底层与海底保持一定的距离,让海水可以相对自由地流动,尽量减少对生态环境的改变或破坏。

6. 海洋是人类的宝库

近 50 年来,人们对海洋宝库的利用首先是对海洋石油和天然气的开采。争夺海上石油开采权已经成为 21 世纪国家与国家之间、地区与地区之间矛盾和摩擦的重要根源之一。人类应该进一步探讨共同开发海上油气的规则和合作方式,使世界经济有序发展。

除了油气资源之外,海底还有许多矿产。虽然人类对陆地矿产的开发已经进行了一千多年,陆地的一些矿产已接近枯竭,但是在几十年内还不至于开采完,所以,从经济成本和经济效益的角度来看,人们仍然会优先开发陆地矿产。因此,人们还没有把眼光更多地转向对海洋矿产的研究。过去人们对海洋矿产的勘测和研究只是局部的,甚至只是刚刚开始。

可以预见,随着海洋科学和海洋工程的不断发展和进步,海洋中会有更多的新矿产、新产品被开发出来,为人类服务。

7. 海洋捕捞业

海洋捕捞业是人类开发和利用海洋的传统产业之一。千百年来在海岸线附近居住的人们依靠海洋捕捞业发展经济,使自己的民族得到了巨大的发展。

海洋捕捞业的发展和科学的发展紧密相连。首先,渔船机械化程度的提高、排水量的增大使海洋捕捞业有了巨大的发展。其次,气象科学的发展也为海洋捕捞业的进步做出了重要的贡献。海洋捕捞业是一个安全系数较小的行业,海洋天气变化复杂多样,给海洋捕捞业的安全带来很大的不利。近几年,气象卫星的广泛使用给海洋捕捞业的安全提供了新的保障。进入 21 世纪以后,卫星导航事业的发展又为海洋捕捞业的安全增加了新的活力。此外,聚光捕鱼[1]和拖网捕鱼[2]等新技术也使捕捞业的产量大大增加,提高了捕捞业的经济效益。

---

[1] 是指利用强烈的光线将鱼群吸引在一起的捕捞技术。
[2] 是和聚光捕鱼配合使用的大型拖网捕鱼的方法。

人类需要大量的肉类和粮食以保证营养，但世界上还有将近六分之一的人口生活在贫困线以下。在非洲、亚洲、南美洲的许多落后国家和发展中国家，还存在着吃不饱肚子的现象。这种现象产生的一个重要原因是农产品和传统畜牧业生产难以满足人类的需要。海洋鱼类是其他肉类和粮食蛋白的最好替代品。海洋中生存着大量的鱼类，发展海洋捕捞业，用鱼类来替代肉类和粮食，是满足人们生活需要的重要途径和有效方法。

在20世纪70年代，有一些国家开始扩大渔船的排水量，发展远洋捕捞业。但是，远洋捕捞要将鱼类运回大陆加工，又会增加运输成本，浪费劳动时间，增加运输途中因安全因素带来的危害。同时，渔船排水量的增加也不是无限的，所以人们一直在摸索着改变远洋捕捞的生产方式。后来，人们在渔船上安装了鱼类加工的设备，直接把鱼加工成罐头。这样一是可以保质，二是可以通过其他运输方式运到消费者手里，大大提高了海洋捕捞业的产量，也增加了捕捞业的经济效益。

中国有着很长的海岸线和三百多万平方公里的海域面积。由于历史的原因，中国的海洋捕捞业还处于相对落后的状态，还有巨大的发展空间。其他发展中国家也应该加强这方面的研究和动作，向海洋索取资源。

8. 海洋养殖业

海洋养殖业也是最传统的行业之一，有海的地方就会有养殖业。传统养殖业对劳动者的素质和技术要求都不太高，所以参与者人数众多。

在20世纪中期，日本、冰岛、丹麦等发达国家都重视发展海洋养殖业，取得了重大的进步和令人羡慕的成就。英国在发达国家中是比较早引导人们用鱼类替代牛羊肉的国家之一，在开发海洋和利用海洋鱼类方面处于世界领先地位，是值得很多国家学习的榜样。

发展海洋养殖业要和环境保护结合起来，不能因为海洋鱼类的养殖而破坏生态环境。

鲍鱼①是海洋养殖业的主要产品之一。在很多国家和地区，鲍鱼在人们的食品结构中占有重要的地位。中国香港地区的人们就比较喜欢吃鲍鱼，同样，澳大利亚人也喜欢吃鲍鱼。澳大利亚很快地发展了鲍鱼养殖业，使鲍鱼的产量迅速扩大，满足了人们的消费需求。

---

① "鲍鱼"是人们习惯的称呼，实际上它是一种贝壳类的海洋动物，而不是鱼类。

中国獐子岛的案例。在中国的大连海域，有一个著名的獐子岛，它具有特殊的地理、气候和海洋环境条件，发展养殖业得天独厚。当地渔民在20世纪90年代针对人们喜爱吃鲍鱼的习惯，开始了鲍鱼养殖业，取得了很大的成功。十多年以前，獐子岛便成为中国一千多上市公司中的一员。现在，獐子岛的鲍鱼销往国内外很多地方。他们二十多年的养殖历史告诉人们，发展海洋养殖业是很有前途的。

9. 海洋能源的运用

海上石油的开采，前面已经多次提到了，此处不再讨论。

潮汐能的开发。潮起潮落是海洋的自然规律，海洋潮汐使海洋表面上永远存在着波浪，波浪的起伏会带来取之不尽、用之不竭的能量。潮汐能的开发已在许多国家进行，也取得了显著的效果。但是，潮汐能的开发还没有引起人们足够的重视，相关技术和设备也还有一定的缺陷，因此潮汐能给人们带来的经济效益和社会效益还不明显。各国应当加大潮汐能开发的力度和规模，加强潮汐能技术的开发和研究，提高潮汐能的生产能力，培养开发潮汐能的人才。可以预见，潮汐能的大量开发和利用，会给人们带来数量更可观的清洁能源。

风能的开发。风能到处都有，在陆地上也可以充分利用风能，但是，在海洋上开发利用风能具有特殊的意义：首先，海洋的面积比陆地更广，可利用的空间更大；其次，海洋上的风力比陆地上的风力更大；再次，海洋风力的连续性和持久性比陆地更上的强。因此，开辟海上风能更为重要。

地热能的开发。地热能的开发本书第九章已经讨论过了，这里主要讨论海底地热能的开发利用。海底温泉分布很广，还需要进一步勘测。由于技术条件和经济效益的影响，海洋地热能的开发还需要一个过程，可能要比其他海洋能源的开发更晚一些。

10. 海洋航运的发展

海洋航运业也是一个传统行业，使人类产生了巨大的进步。自从哥伦布发现新大陆以来，这500年间人类所创造的财富是之前5000年的4倍多。

海洋运输业促进了世界五大洲人们的交往，缩短了人们交流和运输的时间。在100年前，中国人从上海坐船到英国伦敦大概需要3个月的时间，如果走陆路则需要半年。另外，海上运输还增加了运输的量。20世纪70年代，10万吨级的货轮已开始商业运营，到20世纪末，排水量50万吨的油轮和30万吨的货轮也开始了商业运营。运输的巨大进步从另一方面解决了经济学家所担心的资源短缺问题，为经济的发展提供了极大的帮助。

海底电缆是海上运输的重大进步。海洋面积巨大，海上风暴频繁，在海洋上空架设电缆几乎不可能，海底电缆克服了这一难题。海底电缆主要有两种，一是海底通讯电缆，为世界各国人民的交流和交往带来了极大的方便，也增加了人们通讯的安全感；二是海底输电电缆，这也给人类带来了巨大的方便。

此外，人们还修筑了海底隧道，变相地扩大了海洋运输业的范围。现在世界著名的海底隧道有英吉利海峡的海底隧道、日本岛屿间的海底隧道等，给人们的生产和生活带来了极大的便利。

11. 海洋技术

人们对整个海洋学的研究还处于起步阶段，对海洋技术的研究也只是刚刚开始。海洋技术的发展会给人类带来革命性的变化。海洋技术的内容相当广阔，包括许多未被人们认识的领域，海洋技术的开发研究是今后几个世纪人类研究的重点之一。

海洋探测技术。人类早已开始了对海洋的探测，但是，由于技术和探测机械的限制，对海洋的探测还很不全面。要研究海洋就应该首先了解海洋，对海洋进行深入的探测和基本数据的调查，所以，探测技术、探测设备和手段都需要进一步提高，这会形成一个巨大的产业。

百慕大三角。大西洋中的百慕大三角是一个可怕的梦魇之地，这片海洋吞没了众多经过的船只和从上空飞过的飞机，许多靠近它的探险者都葬身大海。这说明，人类现在对这片海洋还无法进行安全有效的探测。

海洋潜水器。现在美国的潜水器可以下潜到10000米以下，这是海洋探测器和海洋探测技术的一个伟大进步，但是，探测器进入万米以下的深海之后怎么开展工作，还是一个未知数。潜到深海只是第一步，要开展探测工作，直至采集作业，还需要相当长时间的研究和设备开发。

马航飞机事件。2014年3月，马来西亚航空公司的MH370航班葬身在太平洋中，经过一年多的搜索，飞机的残骸还没有找到，这说明人类深海探测的手段和技术还相当落后，需要极大地改进和提高。

海洋生物工程。现在人们对海洋生物的研究已有了一些初步的收获。例如，生活在海平面下400米左右的深海鱼类能经受深海的压力，因此，它必须具有特异的生理功能，其基因和细胞必有奇特之处，经反复研究，人们发现深海鱼类对人类某些疾病有治疗和预防的作用。同时，人们初步发现了海藻对人体功能的积极调节作用和药物治疗作用，研发出了许多保健品，这也是十分可喜的。海洋生物的种类很多，对它们的研究是一个十分庞大的系统工程，因此，我们要加强这方面的研究，更好地服务于人类。

海洋医药工程。向海洋索取医药原料，利用海洋的资源丰富人类的医药宝库，还有大量的工作要做。

12. 人类要保护海洋

世界各国和许多国际组织已经开始重视海洋保护，一些严重的海上污染事件已经引起了人们的普遍关注。

海洋环境保护工作最主要的是对海岸线、大陆架浅海区以及海岛周边环境的保护，这些工作都可以由具体的国家和地区负责。一方面，各个相关地区的政府和经济实体要重视和保护环境，另一方面，国际组织也应该对这些地区的环境保护进行监督。

现在，人们对海洋石油的污染已经十分重视，一般说来，大多数石油污染都会在各方面的监督下得到及时有效的处理。近几年世界各地发生过的大大小小原油或成品油泄漏事件，都受到了相关的追究。这些事件警告人们，一旦造成海洋污染，就会付出沉重的代价。

保护海洋生物的多样性也是海洋环境保护的重要内容。近百年来一些海洋生物每时每刻都面临着灭绝的危险，保护海洋稀有生物迫在眉睫。为了保护鲸这种海洋中体形最巨大的动物，世界多国都成立了保护鲸类的组织，为保护鲸类做出了很多努力。日本是世界上捕杀鲸类的主要国家之一，每年世界鲸类保护组织都会派出监察船到日本捕鲸船队作业的海域进行监督，他们的行动受到了全世界正义人士的支持和关注。还有许多面临灭绝的物种如雪豹、北极熊，都是世人关注和保护的生物。

13. 海洋管理

海洋管理涉及很多方面，主要有：强化海域和海岛管理，健全海域使用权市场机制，推进海岛保护利用，扶持边远海岛发展；防止近海资源过度开发，加强围、填海管理，严格规范无居民海岛的利用活动；完善海洋防灾减灾体系，增强海上突发事件应急处置能力；加强海洋综合调查与测绘工作，积极开展极地、大洋科学考察；完善涉海法律法规和政策，加大海洋执法力度，维护海洋资源开发秩序；加强双边多边海洋事务磋商，积极参与国际海洋事务，保障海上运输通道安全，维护本国海洋权益。

现在世界上大部分国家都实施12海里的海洋管辖权，还有一部分国家实行20海里的管辖权。12海里的海洋管辖权得到了世界大多数国家的承认和共同遵守。在20世纪后半期，南美洲国家提出了200海里专属经济区的概念，这也是一种海洋管理的新模式。

在各国海岸线12海里之外的属于公海，国际组织对公海的管理经过多年的磋商已经达成了许多共识，但是，对公海的管理还需要各国进一步协调和研究，以形成大家共同遵守的基本条约和法规。

14. 海洋经济学的建立

海洋经济学是研究海洋经济的发展趋势、海洋的开发利用以及海洋管理的专门科学。海洋经济学属于部门经济学之一。建立海洋经济学需要经济学家们的共同努力。海洋经济学的建立和普及，会逐步提高人们开发海洋以及控制和管理海洋的综合能力。

人类要走向海洋，就要培养关于海洋科学和海洋经济学的各类人才，通过各类人才的先导作用，有效地组织人们科学合理地开发海洋。现在世界各国都有许多培养海洋科学人才的高等学校，但是，这些学校所设定的专业实际上还是传统的专业，如造船、航运、海洋工程和勘测技术。这些专业培养的人才对发展海洋经济起到了一定的作用，但是，今后还应该开发更多新的专业，如深海勘探工程、海洋生物、海洋医药、海洋经济学，造就更多的人才。

亮点、难点、重点与基本概念

亮 点

1. 本章的标题就是本书的亮点之一。

一方面人类面临资源的严重短缺，一方面又还有大量的领域未被开发，海洋就是其中之一。人们在担心地球没法养活人类的时候却忘记了海洋，这确实是一个重大的缺陷和思维上的盲点。

过去，人类对海洋的开发很少，这是科技水平决定的。目前人类对浅海地区的开发也只是初步的。21世纪是海洋的世纪，人类将对水深在200米至3000米的地区进行综合勘测和初步开发，为下一个世纪人类全面进军海洋做准备。

2. 海洋科学。

笔者认为，提出海洋经济学以后，还会有一系列的海洋应用科学不断产生，从而形成一门综合性的海洋科学。只有建立了海洋科学，才能合理地开发海洋。比如，现在世界各国特别是发达国家对南极洲和北冰洋的考察都还只是试探性的，需要到下个世纪或更长的时间以后才会有进一步的开发。

难　点

1. 关于海洋经济学的建立。

海洋首先分为领海和公海，12海里以内为一国的领海，这一点已经为世界所公认。但是，海水的流动性和领海边界的难以固定性仍然会给海洋的开发带来很多麻烦和问题。因此，经济学家们应该团结合作，首先创立一个为多数人所接受的海洋经济学，从不涉及国家和地区之间实际利益的领域开始研究，逐步让人们达成共识。

2. 关于海上资源的共同利用。

海上有丰富的矿产资源和生物资源，科学合理地利用这些资源是人类共同面对的课题。但是，世界上大部分发展中国家还没有科技实力和经济能力来开发海上资源，这就需要保护发展中国家的基本利益，让人类共享海上资源。

中国作为发展中的大国，已经开始研究海洋的开发，并提出了共同开发的战略构想，取得了实际的进步。最近，中国和越南签订了共同开发海上资源的协议，为各国合理开发海洋做出了表率。

重　点

1. 关于向海洋要土地。

我国在20世纪60年代，搞了较大范围的围海造田，给海洋环境带来了一定的损害。到90年代，又实行了退耕还海工程，把大部分改为农田的滩涂变成海洋。这一围一还给人以深刻的思考。

今后，我们要怎样合理地利用海洋，在科学论证的基础上向海洋"要土地"，这是我们经济学要研究的课题之一。

2. 关于海洋探测技术。

人类要开发海洋，必须了解海洋的构造和实际状况，把海洋的基本结构特别是海底的地下结构探测清楚。所以，我们需要研究和攻克海洋探测技术，为探测海洋提供科学的依据和手段。

海洋探测技术是一个新的领域，有志气、有理想的年青大学生要为之奋斗和努力。

基本概念

海洋科学、海洋经济学、海洋工程学、联合国气候变化构架公约、海洋捕捞业、潮汐能、海洋生物工程、海洋医药工程、公海、领海。

问题与思考

1. 关于海洋生物工程的思考

海洋的生物是多样性的，海洋生物工程的分支是海洋医药工程。人类在海洋生物工程及医药工程领域已取得了一定的进展。在美国，深海鱼油已经是一种被普遍使用的生物保健品。海藻对人体功能也有积极的调节作用，也被人类广泛利用。因此，年青大学生应该扩大视野，积极参与海洋生物工程的研究和开发。

2. 海洋渔业的开发和利用

中国的海洋捕捞业、养殖业还处于相当落后的状态，与日本有很大的差距。因此，我们要大力发展海洋捕捞业，以弥补动物蛋白的不足。

英国是研究生物替代品很早且普及率很高的国家之一。早在几十年前，英国就组织各种社会组织、行业协会、媒体等宣传普及鱼类蛋白，用海洋鱼类来替代人们对牛肉、羊肉的消费需求，取得了很好的效果。美国和巴西等国对深海鱼类的开发也已获得重要的经济成果和社会效果。

中国的领海面积有三百多万平方公里，这是一个急需开发的领域。我们必须加强研究，探索一条有中国特色的海洋开发道路，为发展中国家提供借鉴。

第十一章
资本是人类经济的五大要素之一

自工业革命以来，人类推翻了封建的经济制度，进入了以市场经济为主体的自由竞争状态，人们把这种制度称为资本主义，从此，资本成了人类运用最多的词汇之一。同时，资本也成为人类财富的象征，变成了最具吸引力的字眼。经济学家对资本进行了全方位的研究，经济实体的参与者为生产资本、扩大资本忙碌着，政治学家为经济的进步奋斗着。进入21世纪之后，现代经济学仍然要研究资本这个命题。

1. 广义的资本

广义的资本即世界上一切能显示人们财富、地位、优势的东西。人类推翻封建社会以后，把整个社会形态都称为资本，并且把一个国家都冠以资本主义的称号，如某某资本主义国家。毛泽东就曾经讲过"年龄也是资本"，他进一步分析说：年轻是资本，因为年轻意味着健康体壮，还有很多发展的机会和空间；反之，年长也是资本，因为年纪比较大的人有较为丰富的社会经验，有较为广泛的社会关系，所以，无论是年轻还是年长都可以作为"资本"。上述两个例子是对广义资本的一般化运用。

资本有多种表现形态：第一种表现形态是直接服务于生产的建筑物、机器、货币和生产原料、辅助材料等物品，第二种表现形态就是基础设施、自然财富，第三种表现形态是土地及地下埋藏物。资本是人类用于生产和服务的产品，不是用于个人或家庭的消费品。

广义的资本概念把一切物质财富、人的劳动力都称为资本。资本在不同的时间和地点有不同的含义。

2. 资本是能增值的货币

资本的一切存在形式都可以用货币来表现,因此,货币是资本的外在表现。所以,一般情况下,人们简单地把货币称为资本。

资本的本质是能增值。资本要想增值,必须进入生产和流通领域。多数资本都是以生产设备或生产资料的形态进入生产领域,产生新的产品再进入流通领域,从而实现资本的增值。

资本还可以以货币的形态进入货币市场,特别是通过银行获得利息收入,得到资本的增值。

资本的基本构成是多方面的,主要包括五种形式,即土地、劳动力①、货币、资源、信息(机遇)。各种生产资料虽然名目繁多,都可以用货币来代替。

经济学有各种流派,产生了众多伟大的经济学家,马克思是其中一个杰出的代表。马克思的《资本论》分为三卷。第一卷论述的是资本的生产,它从商品这个资本世界最简单的形态开始,得出了商品的两重性,从而进一步展开了对资本生产的研究,并提出了劳动具有两重性的理论,证明了资本主义生产就是为资本家生产。第二卷论述的是资本的再生产或资本的流通,它一定程度地接受了魁奈的《经济表》的启发,讨论了如何处理社会总资产的再生产问题,进一步指出了价值生产的目标。第三卷论述了资本的分配,指出了资本主义是按资分配的,社会劳动者是剩余价值的创造者。《资本论》还研究了资本主义经济危机的周期性,并指出"虚拟资本"是以股票、债券形式出现的资本,"虚拟资本"是加剧经济危机的重要因素之一。马克思的《资本论》对世界经济学做出了巨大的贡献。

3. 资本主义是人类生产力急剧发展的阶段

资本主义比封建主义有着巨大的优越性和先进性,促进了人类生产力的大发展。

资本主义的经济组织和经济形式极大地解放了劳动者的生产积极性,把劳动者从封建制度的束缚下解放了出来,加上新大陆的发现和文艺复兴带来的思想解放、蒸汽机的发明和运用、科学技术的革命,资本主义的生产力得到了前所未有的发展。

马克思说过,资本主义300年来所创造的社会财富比人类之前所创造的所有

---

① 有些经济学家否认劳动力是资本,但是,本书认为,劳动力应该是人与生俱来的重要资本。

社会财富还要多。这一论断是科学的，也说明了资本主义初期生产关系的进步性。

笔者进一步分析推论，自马克思以来的150年，人类创造的社会财富比之前所创造的财富又翻了一番多。

4. 自由竞争与资本

资本主义的发展是由自由竞争的生产方式带来的。自由竞争首先是充分调动了人的创造性和积极性，使人的劳动能力得到了最大的发挥。

自由竞争还发展了市场经济。在资本主义之前的封建时代，自给自足的自然经济和封建割据使社会生产力受到了极大的束缚。自由竞争创造了市场经济这样一个可供各类经济实体充分展示才能的舞台，市场经济体制促进了社会的工业化和城市化。

市场竞争最直接的优势在于，在完全的竞争状态下，实体经济的参与者可以很容易地看出哪一个商品、哪一个行业能获得超额利润，资本、人才和技术就会很快聚集到这些行业中去，这就产生了巨大的资本聚集效应，使生产技术有了很快的发展和进步。

直到现在，市场经济仍然是实体经济参与者表现自我、获得社会承认和体现人生价值的最大平台。

在市场经济建立的初期，自由竞争是市场的基本形式。这时市场的参与者以平等的地位进入市场，产品的价格由市场来决定，产品的优劣由市场来评判，所以，人们为了获得最大的利润而拼命提高产品的品质和生产效率。

针对市场追求利润的行为，经济学家们进行了产品最低成本的分析，提出了边际主义的经济学理论[1]、一般均衡市场理论，"看不见的手"和"守夜人"的理论[2]、货币理论[3]，这些都对市场经济起到过重要的促进作用。

后来，市场的发展出现了不完全竞争的状态，最后形成了垄断[4]。垄断的产生阻碍了生产力的发展，垄断价格打破了市场的平等状态，阻碍了竞争者正常的市场交易行为，一度给市场经济带来了重大的危害，以至于造成了世界发展的曲

---

[1] 边际主义是由洛桑学派代表人物帕累托（1848—1923）完成的经济学理论之一，他创立了无差异曲线，提出了边际效用价值论。

[2] 亚当·斯密在《国富论》中把市场的作用比喻为"看不见的手"，把政府的作用比喻为"守夜人"。

[3] 凯恩斯先完成了《货币论》，后来才出版了举世之作《就业、利息和货币通论》。

[4] 工业资本和金融资本高度整合、形成"独占"的经济形式。

折,产生了垄断资本主义现象。垄断价格是垄断资本超出市场的规则而制定的价格,垄断价格带来不公平的竞争,使大量中小资本处于经营困难的境地而纷纷倒闭,使垄断者的生产规模和资本规模日益扩大,形成垄断寡头①。

垄断是工业资本发展的产物,是工业资本和金融资本高度融合的结果。垄断使资本主义的发展产生了周期性的经济危机,造成了对生产力的极大破坏。

资本主义的生产从自由竞争开始,逐步走向垄断。虽然人们都看到了垄断给社会带来的巨大危害,但是它是由资本主义市场经济的内在因素决定的,具有不可抗拒性,因此会导致世界性、灾难性的经济危机。

1929—1933年世界发生了有史以来最大的经济危机,不久,世界资本的矛盾到了不可调和的地步,导致了第二次世界大战的发生。在世界正义力量和广大人民的强烈要求下,二战后社会经济总体上进入了一个高速发展时期。

但是,五十多年后的1998年又发生了一场亚洲金融危机。危机的爆发是由东南亚国家开始的,国际资本看到了日本经济由二战后的迅速发展走向衰退,选择了东南亚国家作为突破口。这次危机虽然被称为亚洲金融危机,但是亚洲人口占世界总人口的二分之一,日本又是当时世界第二大经济体,这次经济危机所涉及的国家有十几个,影响范围相当巨大,应该说,这是20世纪世界最大的两次经济危机之一。

危机总会发生在矛盾最尖锐、最激烈的地方。10年后的2008年又爆发了以美国"次级贷"为标志的世界金融危机。这场危机的影响范围是世界性的,危机的持续时间长达5年之久,到2014年才开始有了转机,直到2015年5月,美国、欧洲、日本等主要工业发达国家的经济才开始恢复。这场危机可以和20世纪30年代的世界经济大灾难相比拟。不同的是,80年以前世界通讯还比较落后,国际经济秩序也相当混乱,资本主义世界存在着法西斯和军国主义的极端危害,人们对世界型经济危机的认识不足,应对策略也比较少或者说应对策略失效。而2008年的世界性金融危机是在人类社会、经济、文化、政治都有了巨大进步的情况下发生的,联合国、世界银行、国际货币基金组织以及各国政府都不同程度地联合起来,应对这场巨大的经济危机,所以,这场危机给社会和人民带来的灾难没有像20世纪30年代那次大危机那么直接、那么惨烈。而且,世界大多数国家都建立了较为优越的社会保障制度,使人们能够比较好地应对这场大的危机。

马克思对经济危机理论的研究做出了杰出的贡献。在马克思以后的130年里,

---

① 指垄断资本或垄断资本家。

研究经济危机理论的经济学家也有一些，但是，也有人不承认和反对经济危机理论。历史证明，只要有资本竞争带来的垄断，就会有经济危机。

大周期理论。一些经济学家提出了经济危机的大周期理论，他们认为，由垄断所造成的经济危机会在每50—60年发生一次。有的人又认为每30—40年就会发生一次，甚至有的经济学家认为每25年左右就会发生一次。经济危机大周期理论的研究者们在总体上促进了经济学的发展，他们之所以在时间上产生较大的分歧，主要是因为对经济危机的影响范围、时间、破坏程度有不同的意见。

小周期理论。多数研究经济危机的经济学家都支持小周期理论，他们认为，资本主义的经济危机会经常性地发生，经济危机的周期可以分为过剩、危机、萧条、复苏四个基本阶段，经济危机一般会在七八年或十年到十几年发生一次。

危机的经常性。世界主要的工业发达国家有几十个，各国爆发经济危机的时间有早有迟，一国或几国的危机还没有结束，另外一国或几国可能又发生了新的经济危机，所以从世界范围来看，经济危机的发生是经常性的。

5. 资本的原始积累

人们经常看到一些大的资本集团和大的富豪，其实，这些富豪和大的经济集团都是由最初的小资本甚至是个体劳动者发展起来的。

最初的资本原始积累，主要是剥夺封建地主的财产。由于各国的情况不同，封建社会的历史也有长有短。到了15世纪，新大陆的发现和文艺复兴、科学技术的进步使封建社会的生产关系不能适应生产力发展的要求，这就产生了资本主义推翻封建社会的资产阶级革命运动。很多大资本的原始积累，靠的都是剥夺封建地主的财产。

在资本主义发展的初期，资本原始积累的另一个重要来源是剥削农民。资产阶级革命比以往任何时候的农民起义和革命都更猛烈、更彻底。农民自给自足的自然经济不适应发展的需要，所以资本开始了剥削农民，世界各国都是如此。

英国资本主义的发展是最有典型意义的。英国发生了"羊吃人"[①]的圈地运动。资本家在统治阶级的支持下，把大量农民赶出自己的土地，使他们流离失所，把大量侵占的土地用来养羊，这是资本原始积累剥削农民的最典型事例。资本对农民的剥削还带来了另外一个巨大的好处：失地的农民成为庞大的产业后备军，为资本的积累提供了大量的廉价劳动力。

---

① 人们对英国圈地运动的一种形象比喻。

现在人们对资本原始积累的态度有了根本性的改变。自改革开放以来，中国人将企业主的资本原始积累形象地比喻为"第一桶金"。人们不可能再像历史上的那样进行原始积累，但是，世界上每天都在产生着新的企业集团，不同地区和国家也都有不同规模的富豪，他们成功的基础都是"第一桶金"。经济史告诉我们，尽管"第一桶金"的来源是多种多样、千奇百怪的，但是，"第一桶金"大部分都来源于社会的变革时期。例如，现在中国的民营企业500强或各省、各地区的民营企业500强或某某富豪，他们之所以有今天的财富，"第一桶金"往往大部分都来自改革开放初期。本书的副标题是"给你带来财富的研究"，本意就在于提示所有准备创业的人们，要想实现梦想，就应该认真地研究和考察社会趋势，做出有效的、科学的比较，并根据自己的实际能力和所处的社会环境做好选择和决策，以获得"第一桶金"。笔者要特别告诫人们，现代社会是法制社会，和500年前资本原始积累的时代有了本质的区别，任何人的"第一桶金"都应该在遵纪守法的原则下取得。

取得"第一桶金"的途径还有很多，较为普遍的是继承所得，即主要来自前辈的资金积累。

第三种情况是偶然所得或者叫机会所得。在当前，这种情况主要产生于政府相关部门发行的彩票，本书第六章已经论述过博彩业使人们暴富的可能。我国每年会产生1000个以上的获得一等奖和特等奖的幸运者，这些幸运者通过机会得到了"第一桶金"，可以用来创业，实现自己的梦想和人生价值。

第四，馈赠所得的"第一桶金"。有的人因为自己良好的人品而获得了极好的机会，得到富人或亲友的馈赠，从而获得"第一桶金"。这种状况虽然属于个别现象，但是，世界各国都有。美国著名的股票证券富豪彼得·林奇最初就是一个高尔夫球场的球童，他的服务得到了顾客认可，因而得到了馈赠，之后他开始炒股，最后成为世界富豪。

中国一直有"贵人相助"的传统说法。在20年前的一天傍晚，浙江新昌县有一位农村妇女给三位身无分文的四川籍农民工做了一顿晚餐，并留他们住了一宿，第二天送别时还给了他们几十块钱的车费。20年后，三位农民中的一位在东北的沈阳成为一名企业家。为了感恩，他千方百计找到这位农村大姐，馈赠她100万元人民币，这是通过馈赠得到"第一桶金"的美好例子之一。

第五，其他途径。世界十分广大，获得"第一桶金"的形式无奇不有，只要合法合理，都是值得称赞的。

我国各地都有许多普通人成为富豪的故事和传说，这些都已经成为历史。这些成功者都产生于他们那个时代。历史不会简单重复，时光也不会倒流。追求美好、追求富裕是人的天性，我们学习经济理论和科学知识，就是为了实现自己的人生理想。

6. 人们不能改变历史

历史是客观公正的，任何个人都必须顺应历史的发展潮流。莎士比亚有一句名言："世界就是一个舞台，人们都是这个舞台上匆匆的过客，人人都可以在这个舞台来表演一番。"

市场经济是当今世界最广阔、最令人眼花缭乱的舞台。我们提倡创业、创新，就是提倡人人都可以在市场经济这个舞台上发挥自己最好的表现、实现自己的人生价值。

世界上总有那么一些自以为聪明的人试图改变历史，这是可笑的。2008 年美国次贷危机的制造者就是这样的人物，他们试图用欺骗等非法手段来改变房地产发展的历史，已受到了应有的惩罚。任何通过非法手段来改变环境、侵占他人利益的行为，都是这样的下场。

在中国市场经济发展的潮流中，有那么一些不法分子，通过非法的行贿手段收买一些腐败分子，试图改变自己所在的经济实体的行业地位和竞争环境，获得非法的利润。

早在改革开放初期，一些人利用计划经济和市场经济双轨并存的体制条件进行权力寻租活动，某些有权力背景的人获得了巨大的寻租机会。这些被称为"官倒"[①] 的人们靠倒卖调拨指标，在短时间内成为巨富。到了世纪之交，中国迎来了城市化的高潮。将农民的土地低价征购，转为城市国有土地，不但成为各级政府的重要收入来源，也成为贪官污吏鲸吞公共财富的生财之道。有人因此担心中国会成为寻租社会。[②] 这是一个沉重的话题，又是我们每一个人必须直面的问题。

其实，世界很多国家都有寻租行为，在发达国家，所谓的"政治献金"现象也屡见不鲜。在市场经济发展的过程中，总有人要寻租，这是我们要高度重视的，发展中国家在发展经济中更要引以为戒。

[①] 指中国改革开放初期，利用价格改革"双轨制"进行倒买倒卖的不法官员。

[②] 参见：吴敬琏、马国川著《中国经济改革二十讲》，生活·读书·新知三联书店 2012 年 12 月版，第 237 页。

7. 机遇是资本的重要源泉

机遇是什么？机遇应该是某一社会形势给人们带来的机会，简单来说就是某一阶段所产生的各种有利因素。机遇好像是看不见摸不着的东西，但它又是实实在在的，可以给人们带来意想不到的效果。

机遇可以改变人的命运，中国人有句俗语叫"机遇难得"。所以，人们要想实现自己的理想，就应该去寻找机遇，分析自己所处的形势，找出有利于自己发展的机会。如果把握准确了，就会获得美好的人生前途。

机遇总是留给有准备的人，一个人能否适时地抓住机遇是有条件的。机遇对每个人都有可能发生，但机遇不会眷顾消极等待者或懒惰者。人都要通过自己的努力，不断培养和提高自己的能力，学习一门或几门专业技术，同时不断提高自己的品德修养，养成积极向上、不断进取的心态，才能够发现机遇、利用机遇。

抓住机遇需要远见卓识。人要站得高才能看得远，掌握了先进的科学技术才能分析和利用机遇。世界著名商品零售商沃尔玛公司创立不到20年就超过了美国很多公司，成为世界500强之首，其创始人沃尔玛就是个有远见卓识的人。他看到了零售业在大城市的潜力，把传统的零售业改成超市的经营模式，取得了巨大的成功。

8. 资本的继承性特征

人们总喜欢讨论资本的最初来源。总体来讲，人类的资本最初总是继承来的。第一代创业者在创业成功以后总会把资本留给后代。从区域的角度而言，城里人的后代可继承的资本要比农村或落后地区的人多一些。资本往往选择在物产丰富、交通便利、文化发达、自然灾害比较少的富裕地区聚集，所以生活在这里的人们可以继承到更多前辈留下来的资本。

中国改革开放以后造就了一批企业家和富人，经过了30年的时间，这些人现在大部分都到了退休的年龄，他们的子女也都进入了成年，形成了一个特殊的阶层，人们通俗地称之为"富二代"。中国有"子承父业"的传统，大多数"富二代"都会继承父业，接受前辈遗留下来的资本，继承和发展前辈所创造的事业。

当然，"富二代"也可以做出适合自己的各种选择，除了继承前辈的事业外，还可以选择符合自己学业专长、兴趣爱好的专业，发展自己的人生。

尽管社会经济制度是相对稳定的，但人生的道路是多种多样的。人的一生到底能积累多少财富和资本，每个人的情况都是不一样的。

中国和其他许多发展中国家一样，都实行基本的退休金制度和养老保险制度。从人的自然生命而言，从60岁到65岁开始进入老年，而自己的子女又都已成人，能够自食其力，所以退休后人人都可以选择休息。但是，随着人们生活质量的提高和医疗保健科学的不断发展，"人到七十古来稀"已经成为历史，现在人类已经到了"一百二十不足奇"的时代，再往后，中国人活到90岁应该会成为常态。所以，有的人到了60岁以后，在身体健康又不影响他人就业的状况下，还可以干一些力所能及的事情，积累点资本或财富留给后人。

中华民族有"活到老、学到老"的光荣传统。但是，笔者不是提倡老人退休后一定还要去为后代"挣钱"，而是说这是一种可供选择的养老方式。

香港富豪邵逸夫是世界著名的实业界的成功人士，他直到97岁才正式退休，进入完全休息状态。日本有一个老人，78岁了还在开旅行车接送旅游团队，到目的地后还主动尽职尽责地帮游客搬行李，游客见他年事已高，劝他休息，他却笑哈哈地说："这是我的工作，我还干得动。"

9. 资本是流动的

资本具有流动性的特征，可以从一个生产领域流向另外一个生产领域。这里讨论的资本流动性是指资本会经常从一个家庭流向另一个家庭，或者说从一个经济实体流向另一个经济实体，这就是为什么世界上每天都会有经济实体倒闭的原因。资本的流动性说明，没有人可以永远拥有资本。历史上有多少富豪能永远处于不败的地位？

西方人说："三代人才能成为贵族。"这里包含的意思是：首先，第一代创业者在获得了原始的积累后，还不能改变自己原有的贫贱状态，要通过几代人的努力，才能提高自己的素质，使自己像贵族那样文明、礼貌、风雅；其次，说明人们富裕起来后，更需要提高自己的文化修养；再次，从另一方面说明资本是流动的，但也是相对稳定的，一旦成为贵族，就会进入新的社会阶层，几代人都能享受富贵；最后，这种状况也是在资本主义发展的早期和中期才有的社会现象，今天已经有了很大的改变。

中国也有格言说："富不过三代。"这充分说明了资本的流动性和不稳定性。这种现象也主要产生在中国封建社会的后期，因为中国近代长期受到外国列强的侵略，处于殖民地半殖民地状态，同时又长期处于封建军阀割据中，大小战争连绵不断，中国的民族资本没有得到健康的发展。

10. 国际资本

国际资本也叫跨国资本，一般是指一国向另一国投资的货币或者货币的转化形式。所谓货币的转化形式，就是一国向另一国投资的机器、设备、原材料、技术或劳动力。进入 21 世纪，国际资本的投资日趋经常化、多样化。

中国作为发展中的大国，在改革开放的初期，通过建立特区来吸收国际资本。中国的特区是一个改革开放最为成功的实验，从 20 世纪 80 年代后期开始，中国每年接受大量的外资，一是促进和改善了中国的经济结构和产业结构，二是给世界资本增加了活力，这是可供世界上其他发展中国家借鉴的有益经验。中国向外国投资、外国向中国投资已进入良性循环的新时代。2014 年，中国向外国投资了 1160 亿美元，外资向中国的投资达到了 1020 亿美元左右，中外投资基本持平，向着良性循环的趋势发展。

国际资本的另一种主要表现形式是多国共有资本。这是由多个国家共同出资的国际资本集团，如世界银行、国际货币基金组织、亚洲开发银行等。

世界股票市场也是国际资本的一种形式。一国的企业到国外证券市场去上市，获得国外投资者对该经济实体的投资，形成另外一种形式的国际资本。美国的纳斯达克市场是专门为世界各国的中小企业提供融资的平台，中国有几百家公司在纳斯达克市场上市。中国的携程旅行在 20 世纪末还是一个由几个合伙人创建的小公司，经过十多年的努力，成为美国纳斯达克市场的上市公司，这是成功利用国际资本发展自身的典型案例之一。

阿里巴巴公司 2014 年在美国股票市场上市以后，其创始人马云一夜之间成为中国首富，并且，公司中还有几百名员工成为亿万富翁和千万富翁。这个事例再一次告诉人们，只要能够抓住机遇，一个普通人在没有财产继承的情况下，也可以实现自己的财富梦想。

11. 国内资本

虽然国际资本已经在多方面以多种形式和国内资本结合，但是，总体上看，单纯地由国内资本组成的经济实体还是占多数。国内资本包括国家资本、企业资本和私人资本。

国家资本是指国家财政收入所得形成的资本和国家对自然资源、社会财富的占有所形成的资本。国家资本属于全体人民所有。近几百年来，多数国家涉及国计民生的产业都以国家资本的形式存在，比如在英、美等国家，历史上的铁路、航空、邮政、银行大多属于国家资本。

作为发展中国家,中国现阶段涉及国计民生的很多行业也都是国家资本主导。现在,中国以国家资本为主体的经济实体正在向混合资本的方向改革和转化,比如中国的四大国有银行①都已成为上市公司,接收了外国资本和民间资本,中石油和中石化也都成为上市公司,接收了民间资本。

国家资本主要的存在形式还是国家财政,同样,中国的大型矿山、国有林业资源、河流水利资源等都属于国家所有的资本。

企业资本。一国之内有许多企业,其中大多数都是由国内资本组成的。企业资本属于企业股东,企业的经营决策权则属于股东大会以及董事会,企业是经济实体中最活跃的一部分,独立承担民事责任。

私人资本也叫中小资本,是指由社会民众、企业主和私人资本家所占有的资本。私人资本在各国发展很快,是资本的主要存在形式之一。私人资本规模相对较小,经营灵活,便于为广大农村和偏远山区提供服务。私人资本还是为社会提供就业的主力军,无论是发达国家还是中等发达国家、发展中国家,私人资本所容纳的就业人口一般都占该国就业总人口的一半以上。

12. 人才资本和劳动力

劳动力是人所共有的最基本的资本,是资本存在的自然形式,也是任何组织和社会机构无法剥夺的劳动者的个人财产。劳动力通过市场进入生产领域和服务领域,就能获得工资,这是劳动资本最特殊的意义所在。

人才资本②是资本的新形式,是劳动力资本的转化形态。人才是掌握了专门技术或专门科学的劳动者。人才资本的产生主要是来源于市场竞争,经济实体在市场竞争中占有人才,就能取得竞争优势。多个企业经济实体之间进行竞争,占有人才优势的企业就可以获得更多的利润,也就是说该经济实体的资本更为雄厚,这就是人才资本新概念产生的重要原因之一。

劳动力和人才之所以被称为资本,还因为它可以很快地转化为货币资本,特别是在市场现代化的情况下,劳动者和人才的劳动收入除去消费以后,立即可以进入资本市场。现在很多企业都使用工资卡,劳动者的工资收入通过互联网,几秒钟就会进入劳动者的私人账户,劳动者也可以用几十秒的时间把自己工资卡上

---

① 中国工商银行、中国农业银行、中国银行、中国建设银行。

② 〔美〕舒尔茨(1902—1998)创立了人力资本学说,认为教育投资最为重要。本书进一步提出人才资本说,强调培养优秀人生的重要作用。

的收入转到自己在证券公司的账户,并完成股票证券的买卖交易,直接进入投资领域。这是互联网时代给资本带来的神奇变化。

13. 科技资本

科学技术是社会生产力的重要组成部分。科学技术的社会承认度可以用货币来表示。科学发明和技术专利都可以通过科学技术市场,直接转化为货币资本,或者得到一定数额的货币资本的承认,因此,科学技术是资本的特殊形式之一。

科技资本和人才资本十分相似。在市场竞争中,单个经济实体所掌握的科学技术和所占有的技术专利越多,就越能够在竞争中获得优势,占有更多的市场份额,获得更多的利润。专利技术不但可以为经济实体带来利润,同时还可以转让,进一步增大经济实体的资本量。

专利技术一般分为两类。第一类是法人专利,即经济实体或社会团体组织科技人员研发出的专利技术。研发过程中所需要的资金和设备材料均由经济实体或社会组织提供,这类专利的所有权属于经济实体或社会团体。科技人才在这些专利中可以通过协议获得部分专利技术创造的利润或转让收益,也可以以额外的工资和奖金的形式来得到自己的劳动报酬。

第二类是个人专利技术,即由劳动者个人独立研发的专利技术,所需要的经费由专利权人自己承担。如果专利权力人经济实力不够,也可以向银行贷款或者寻找合伙人,使自己的发明创造变为专利,实现自己的人生价值。

14. 杂交水稻之父

20 世纪 60 年代,中国面临着解决 8 亿人吃饭的问题。为了解决这个世界性难题,农业科学家袁隆平发现并培育了杂交水稻,为中国做出了巨大的贡献。他的科学研究得到了世界的承认,这是科技推动人类进步的光辉典范之一。

为了使杂交水稻的科技成果得到更广泛的推广和运用,中国的经济界人士利用证券股票市场的平台,创立了"隆平高科"这家上市公司。公司成立和运作以后,获得了更多的社会资本,使杂交水稻的技术得到了更为广泛的推广和运用,也使杂交水稻这个专门的技术实现了资本的转化。

"隆平高科"是中国证券市场上极少数的以个人名义打造的高科技上市公司之一。

15. 比尔·盖茨的财富

互联网的发明者之一比尔·盖茨较早地把计算机技术运用于生产和生活领域，获得了巨大的成功，连续多年成为世界首富。他的成功是世界范围内科学技术转化为科技资本的成功典范。

将科技转化为资本，需要货币资本的支持。由于竞争的强烈刺激，人们需要尽快地把科学技术运用到生产实践，形成新的生产力。但是，科学技术的创造发明人大部分都是科技工作者，由于分工和人生经历的局限，绝大多数科技工作者没有足够的货币资本。科学技术成果发明创造出来以后，首先需要大量的货币资本的支持，才能形成社会生产力，这是经济发展的一般规律。

中国是世界上产生科技专利最多的国家之一。在新中国建立以后，国家高度重视科学技术，为科技工作者创造了很好的工作条件，但是，由于历史的原因，科学技术的管理体制以计划经济为主，同时，中国在某种程度上存在着重视基础科学研究、轻视应用技术研究的现象，因此中国的科学技术研究以及发明专利不能很快地进入社会生产和服务领域。改革开放以后，这种情况有了根本性的转变，中国人的发明创造和专利技术正在很快地得到实际运用。

"中国中车"是 21 世纪中国科学技术实现商品化的成功范例之一。由中国南车和中国北车合并而来的中国中车是中国高铁技术的代表，具备较强的研发和生产能力。现在国内的高速铁路运营里程已达两万多公里，并且相关技术已成功地出口到其他国家。

16. 改革开放以来的资本积累的特征

改革开放的 30 年使中国的国内生产总值连续翻了两番，使中国成为真正的发展中大国。

改革开放前 30 年的资本积累大部分是国有资本和国有企业资本的积累，少数是集体所有制经济实体的资本积累。

改革开放以后，中国采用了以市场经济为主体的发展模式，开始了有中国特色的资本积累的进程，主要特点是：

（1）从农村开始的劳动致富的资本积累。

中国的改革从农村的家庭联产承包责任制开始，农民家庭这个最简单的经济实体，通过劳动致富开始了资本积累。当时，中国迫切需要改变农副产品短缺、轻工业产品难以满足社会需要的状态，因此，乡镇企业如雨后春笋般地诞生，这是农民家庭资本积累的第二个阶段。乡镇企业进一步发展，就成了现在的民营企业。有的民营企业发展壮大，就成为大的企业集团。现在中国的民营企业500强，有一半左右都来自改革开放初期的乡镇企业，另一半则来自20世纪90年代的国有企业民营化。

（2）风险收益转化为资本。

中国民营资本积累的特征之一，就是风险收益最大化地转化为资本。改革开放初期，一批敢为天下先的人们成为"第一个吃的螃蟹人"①，很快获得了令人难以想象的巨大的风险收益。

风险收益是指因为承担可能发生的巨大风险而带来的收益。一般情况下，风险收益是和风险投资紧密联系在一起的，所以有个经济学的词组叫"风险投资收益"。

风险投资是为了获得风险收益而进行的投资，这是20世纪后期产生的一种经营形式。现在的风险投资主要以风险投资基金的形式存在。风险投资基金是风险投资者出资组建的基金公司。这种公司的主要业务是寻找具有最大开发前景的专利技术并进行资本投资。风险投资基金获得的收益是传统投资的几倍甚至几十倍。

但是，风险投资基金的投资确实存在巨大的风险。一般来说，如果风险投资基金在一段时间内同时投资5个项目，有2个失败，2个部分失败，1个获得巨大的成功，总体上也能获得超额利润，这就是风险投资基金的魅力所在。

（3）实验的收益资本。

新产品的开发、新技术的转化运用往往必须经过实验，实验失败了会带来巨大的经济损失，实验成功了则会获得良好的或巨大的收益，这些收益转化而来资本就叫做实验收益资本。在中国改革开放的初期，很多领域、很多行业都带有实验性，由于改革潮流的大势所趋，人们的实验获得成功的几率很大，所以，很多经济实体都得到了实验的收益资本。

17. 资本是变动的

前面已经讲了资本在所有者之间的转换，下面讨论经济实体在运行过程中资本数量的增减。

在经济危机中，资本会缩水。资本主义市场经济会经常发生大大小小的经济危机，一部分甚至大部分实体经济都会在经济危机中产生资本的缩水。中国股票

---

① 中国对敢于冒险者的比喻称呼。

证券市场开放已经有四分之一个世纪的历史了，现在中国证券市场的投资者有将近1亿，扣除两市重复开户的也有8000万左右。2008年世界性经济危机发生以后，中国的股票市场受到了严重的影响，大约60%的股票投资者的资本到2014年5月份缩水了60%左右，另有10%左右的投资者的资本缩水了70%以上。这是中国人看得见的经济危机中资本缩水的最典型案例。

经济实体的经营者如果管理不当，就会导致破产。在市场经济条件下，经济实体的破产是经常性的事件，这是资本变动的内在规律所决定的。

亮点、难点、重点与基本概念

亮 点

1. 关于"第一桶金"的说法。

"第一桶金"实际上就是经济学讲的"资本的原始积累"。在历史上，资本的原始积累充满着血腥味。但是，在中国改革开放的初期，大多数民营企业家的资本不是和资本主义初期一样来源于剥削和争夺，而是主要来源于投资收益和风险收益。

中国绝大多数民营企业家的初始资本主要是来源于冒险，即成为"第一个吃螃蟹的人"所得到的风险收益和机会收益。

2. 关于机遇是资本的重要源泉。

把机遇和信息联系在一起，看作五大社会经济要素之一，这也是本书最大的亮点之一。

人的发展和进步往往取决于能否抓住人生难得的一次或几次机遇。很多人的成功都是靠抓住机遇获得的。

机遇看起来是抽象的，但又是实实在在的。机遇的通俗讲法就是机会。西方主流的经济学也研究机会成本，认为抓住了机遇就会节约生产成本、获得更多的利润，这和本书的观点是一致的。

机遇总是留给有准备的人，每个人都会有获得财富的机遇，关键在于能否抓住。

难　点

1. 经济危机的周期理论。

马克思最先科学地提出了资本主义经济危机的周期理论，后来一些经济学家不同意马克思的观点。

20世纪30年代，资本主义世界发生了一次特别重大的世界性经济危机，证明了马克思经济学理论的科学性、合理性。第二次世界大战实际上是资本主义经济危机总爆发的结果。

二战结束十几年后，世界经济有了较快的发展，这时又有人跳出来否定经济危机的理论，不久就发生了1998年的亚洲金融危机，这实际上也是世界性的经济危机。

2008年，美国又发生了以房产"次级贷"为标志的世界金融危机。

由此可见，有市场就会有竞争，有竞争就会有周期性的经济危机。

2. 关于中国的"富二代"。

中国改革开放30年造就了成千上万的民营企业家，同时也出现了"富二代"，这使很多人觉得很难理解。其实，法制是现代文明的标志，而民法是法制社会运用最广泛的法律之一。民法的条款很多，其中最重要的一条就是保护财产的合法继承权和财产的私有权。

"富二代"的父辈获得的巨额财富，市场自然会做出公正、公平、合理的分配。政府也可以实施遗产税制度，发达国家的遗产税多数都在遗产总额的50%—60%之间。通过的征税把民营企业家们所创造的财富半数以上回馈给社会，这是十分公平、公正的。

现在人们对"富二代"有些不理解，一方面是"富二代"的父辈多数都还在世，还没法征收他们的遗产税；另一方面中国的遗产税制度还没有建立，需要尽快研究和出台相关法律，使社会的公平、公正得以实现。

最近，香港有一位慈善家把他创造的80亿港元资产都捐赠给了慈善事业，这也是中国大陆民营企业家应该学习的榜样之一。当然，我们要清楚地意识到，捐赠和慈善事业必须是自愿的。

重　点

1. 关于科技资本。

科学技术可以转化为资本，这是现代社会发展的重要规则之一。

中国的传统科学技术是没有价格的。科学家和发明家对社会的贡献只能获得荣誉。但是，科学技术是有价值也有价格的，这是发达国家的成功经验。

科学技术要成为资本，必须通过专利的形式。经济实体把一部分收益转让给科学技术的创造者和持有者，这也是社会公平、公正的表现之一。

在中国香港，科技专利、商标等无形资产都可以经过评估作为资本投入到经济实体中。香港法律规定，科技专利和无形资产可以占企业资本的20%。这些合理的规定促进了科学技术的发展。

2. 关于风险投资基金的研究。

随着社会的发展，人们为了鼓励创新和发明创造，专门成立了风险投资基金。

风险投资基金是对青年科技工作者的最大支持和奖励：一是对青年科技人员和创业者进行资本上的补充，为他们的创业提供基础的资本；二是使创业失败者免受重大的经济损失。

基本概念

资本、广义的资本、垄断、经济危机、资本的原始积累、机遇、国家资本、私人资本、科技资本、专利技术、风险投资。

问题与思考

1. 比尔·盖茨给我们的启示

比尔·盖茨把计算机技术运用于生活和生产领域，获得了巨大的成功。这说明科学技术转化成生产力后，很快就能聚集财富。

2. 关于"中国中车"的思考

在60多年前，中国的生产力很落后，连自行车都大部分靠进口。在改革开放前后，中国的先进机车、火车也都靠进口。但是，改革开放使中国的技术发生了根本性的变化，高速列车技术达到世界领先水平，中国的高速列车已开始走向世界。这说明，生产力一旦获得解放，就能爆发出巨大的威力。

第十二章

经营和组合是经济的灵魂所在

经济实体是需要经营和组合的。只有这样，经济实体才有活力，才充满无限生机。

1. 生产要素说

生产要素是指经济实体生产新的商品所需要的一切物质元素的总称，人才和劳动力也是生产要素的重要组成部分。

从宏观来讲，生产要素包括生产所需要的各个方面，其内容十分广泛。在传统的经济学中，空气一般不作为生产要素，因为在生产力相对落后的时代，空气还没有受到污染。

各个经济实体生产的商品所包含的要素一般有以下几方面：

原材料。原材料包括原料和材料两种。所谓原料，一般是指从自然界直接获得的生产资料，如太阳能、空气、水、粮食、矿产品、森林资源等。材料主要的含义有两个方面，一是经过粗加工的原料，二是指在生产过程中需要大量消费的配料。总之，原材料是生产某种商品的基础材料。

机器设备，也叫机械设备。机器一般是指单个的、相对独立的生产设备，如内燃机、发动机、电动机等。机器设备则是指由传动装置和辅助装置组合在一起的几个机器，如造纸设备、发电设备等。机械设备通常指大型的户外机器设备，如吊装机械设备、采矿机械设备等。

零配件。零配件是机器设备使用和维修过程中所需要的工具以及容易损坏的部件和零件的总称。在工业化的早期和中期，零配件非常重要，一个很小的零件故障往往会影响整个生产过程，处理不当会造成严重的损失。到了20世纪后期，特别是到了21世纪，经济的全球化和自动化使零配件的供给比以前更容易解决。例如，在四川乐山市这样一个中等城市，如果一台奔驰车某种配件损坏，可以通过网络在整个四川寻找零配件,也可以在上海、广州寻找零配件,如果广州、上海都没有,还可以直接到香港甚至美国寻找零配件。

辅料。辅料是生产过程中所需要的辅助材料的总称,如生产食品所需要的芳香剂、颜料、调味剂和使用机器设备所需要的机油、黄油等。辅料是辅助材料的简称。有些辅助材料需求量较大,也不太容易包装,所以,商品生产者要注意适当储存部分辅助材料,或者要和辅助材料供应商保持密切的联系,保证供应商能够随时提供辅助材料。

包装材料。包装材料是对商品进行保质和外观美化所需要材料的总称。包装材料的主要功能是保证被包装品的质量,其次是让被包装品得到外在的美化,使消费者得到某种精神和文化上的享受。被包装商品的商标、品牌、产地、保质期都是包装时必须注意的事情。现代人对包装的需求越来越高,对包装的美化也有了更高的要求。

运输设备及其材料。运输是外联性很强、涉及面很广的生产要素。在公路运输中,道路是通向世界每一个角落的生产要素。铁路系统也十分庞大,海运和航空系统的涉及面也十分广阔。运输是世界最大的、内容十分复杂的综合性经济部门,是生产要素中综合性最强的要素。如果简单来说,运输就是使商品产生位移的生产要素。

销售服务。销售所需要的场所及其附属物形成了一个特殊的生产要素。这个要素在生产力相对落后、商品十分贫乏的时代还不是非常重要。自 20 世纪二三十年代开始,随着生产过剩的不断出现,销售,即把商品送到消费者手里或者让消费者顺利地买到消费品,日渐成为社会生产能否正常进行的决定性环节。所以,我们把销售及其附属物列为生产要素之一。到 20 世纪七八十年代,售后服务已经成为生活领域中不可或缺的部分。所以,服务也是一种生产要素。

2. 经济要素学说

传统的经济学一般把经济要素分为土地、资本和劳动 3 类。随着社会的进步,经济、文化的不断发展,经济学所研究的经济要素的范围也不断扩大,可以分为人、土地、资源、资本、信息和机遇 5 种。这些经济要素决定了人类社会生产与发展的基本方向。

人包括人才和劳动者。人都是要劳动的,劳动是劳动者的脑力和体力与生产资料结合的过程。劳动者是重要的经济要素之一。

关于人才市场。各类专门技术人才和管理类的人才要实现自我价值,必须进入人才市场。现在一般设立专门的人才招聘会，也可以通过互联网招聘人才。

关于劳动力市场。劳动者要将自己的劳动力与劳动对象结合，才能实现劳动力的价值，所以，劳动者必须进入劳动力市场。发达国家的劳动力市场存在了几百年，为社会提供了适合需要的劳动力，同时，劳动者的工资也是在市场经济长期反复的运作过程中实现的。所以，业主和劳动者都要遵守市场的基本规则，遵守各个地区或城市所规定的最低工资标准，使劳动力的价格得到比较合理的实现。

在半殖民地半封建社会，中国的劳动者受到资本家的残酷剥削。新中国建立以后，迅速推翻了旧社会的经济制度，经过三年时间的过渡，采用了苏联以计划经济为主的经济模式，彻底取消了劳动力市场。经过一段时间的实践，中国人发现苏联的经济模式有许多不足，于是开始了中国特色的经济模式的探索。改革开放后，中国逐步恢复和发展了劳务市场，使劳动力的生产和供给走入以市场经济为主的形态。

土地。土地是人们生存和发展的基础，是人类最为稀缺的不可再生的资源。[①] 人类围绕土地展开了激烈的争夺。奴隶社会的奴隶主首要的任务是占有土地，然后才是占有奴隶；封建社会的地主阶级通过占有土地而统治社会；资本主义是以英国的圈地运动为代表的。在社会变革和竞争中，谁能获得土地，谁就占据了优势，就会在社会上具有支配地位。这是因为土地决定着人们的生产和生活，会为人们带来更多的财富。

有一些自然资源经济学的研究者专注于研究土地、水和大气三种自然资源在社会经济中的地位、功能以及相互关系。他们把资源分为可再生资源和不可再生资源，其中土地就是不可再生资源，而太阳能、耕地、河水、森林以及鱼群等都是可再生资源。把土地中的耕地和河水作为可再生资源，这种观点是有一定进步意义的。

在中国，土地的所有权属于国家和集体。[②] 实际上，从严格意义上来讲，中国的一切土地都属于全体人民所有。在20世纪末，中国开始了房地产市场化，公民都可以购买属于自己的房产。因为任何房产都必须和相应的土地联系在一起，所以私人也有了土地证，这是土地为私人占有的一种特殊形式。[③] 最近，随着改

[①] 这是就土地的固有面积而言。新的耕作技术可以使用室内棚架，利用少量土壤分设多层而扩大土地使用面积。

[②] 《土地法》已正式实施，农村土地的使用权、保管权、转让权都长久给了农民，只是总体上的支配权还属集体。

[③] 中国商品房所分摊的土地是土地私有的特殊形式。

革的深入，政府明确农民的宅基地可以进入市场流转，因此，农民的宅基地也是一种土地私人所有的特殊形式。但是，中国的法律明文规定，因国家建设特别是社会公共设施和基础工程建设需要征用土地时，任何形式的土地都应该首先满足社会公共工程和基础工程的需要。同时，任何经济实体、社会组织要占用他人所有或使用的土地，都要得到政府部门的批准并给予合理的、公平的、公正的经济补偿，安置好因此而失地的人。

资源。有效的资源配置是经济学研究的命题之一，整个社会都要充分注意资源的配置和储备。

实物储备。任何一个经济实体要搞生产和经营，都要有适当的实物储备。[①] 实物储备是生产和经营顺利进行的重要条件之一。

人才和劳动储备。生产和服务是靠人才和劳动力来实现和完成的，经济实体、社会组织都应该有相应的人才和劳动力储备。在现代社会，单个的人才发挥的作用相对有限，由人才团队发挥的作用才能达到最好的效果。

中国一度成为世界最大的制造业国家，中国的商品在世界市场上占有重要的地位。但是，世界经济的变化很快，国际市场尤其如此，这就出现了根据订单来进行生产的"订单经济"[②]。人们拿到国外或国内的订单以后才准备生产，一旦接到新的订单，只能再到社会上去招聘人才和劳动力，因此往往会延误时机，甚至会因不能按期交货而造成重大的损失。同时，从劳动力市场招聘的人才和劳动者都需要经过一定的培训，否则就会生产出不合格的商品，从而带来损失。因此，任何企业或经济实体都要储备必要的人才和劳动力。

资金储备。任何一个经济实体都要有一定的资金储备，资金是必不可少的经济要素之一。没有适当的资金储备，一是难以承接新的订单，二是难以开发新的项目，三是导致企业经营困难甚至破产。

项目储备。有远见、有实力的经济实体都应该有适量的项目储备，或者说应该提前进行新项目的市场调研、技术开发和人才准备。很多企业因为没有必要的项目储备或者没有对项目储备进行必要的投入而走入困境。

资本。资本是指社会生产过程所需要的一切元素。资本的主要存在形式是货币，另一种存在形式是货币的实物形态。资本是能带来利息的货币，这是资本最直接的形态，资本也可以组合起来作为经济实体生产商品所需的货币要素。

通过银行获得相应的利息收入是资本最为便捷、最为有效的获利方式。资本

---

① 在互联网经济条件下，实物储备越来越少了。
② 即根据加工或订货合同来组织生产的管理形式。

还可以进入股票市场获得股息，进入债券市场获得利润收入。最近，中国的证券市场日交易总额已超过日本东京的交易所，这是一个巨大的变化，也是一个具有历史意义的重大进步。当然，中国的资本市场还在发展中，还需要进一步完善。

信息和机遇。进入 21 世纪以后，人类进入了信息的新时代。互联网作为信息的载体，给生产和技术带来了革命性的变化。谁掌握了信息或者信息技术，谁就在信息市场中占有优势地位，就会获得超额利润，因此，信息和信息技术成为 21 世纪第五大经济要素。可以预见，在今后相当长的时间内，信息和机遇在经济要素中的地位会越来越重要。信息和机遇紧密联系在一起。机遇是由有效信息带来的、偶然性的有利机会。机遇是信息的副产物，是信息的偶然获得带来的超额潜在收益。

21 世纪被称为信息爆炸的时代，所以有人以为不需要进行信息储备，这是一个误解。实际上，我们必须在成千上万的信息中筛选和储存有益的信息，跟踪相关的信息源，找出有经济价值的信息，使自己立于不败之地。

3. 法律配套说

现代社会是法制社会，因此，所有经济实体、社会组织、政府、军队和警察都要在法律的范围内活动。中国政府从 2014 年开始把深化改革的目标定为建立法制化国家，这是一个伟大的战略决策。法律是保证经济实体正常运营的决定因素之一。

依法经营是企业的生存之本。任何经济实体都应该依法经营，任何钻法律空子的行为都是不能长久的，必然受到法律的制裁。

法律要配套才能形成巨大的约束力。经济实体的内部法规要配套，这是对现代企业的一个根本要求。历史的经验证明，凡是内部规章制度不全的企业，必然管理混乱，不能为社会提供合格的产品和优良的服务，最终遭遇困境甚至破产。

企业外部的法律也要规范化。企业外部包括的范围很广，某一地区、国家乃至整个社会都是企业的外部。因此，经济实体的决策层、管理层要学习法律、懂得法律，这样才能使自己的合法利益得到保护。

一般情况下，企业应该聘请法律顾问，大型的企业还应该有自己的专门法律顾问机构。

法律要配套，关键在执行，司法程序是实施法律的前提条件。

4. 经营环境

企业的发展关键在于其"经营之道"。经营是一个词组，"经"是指"经世、经过、经理"，营是指"谋略和策划管理运作"，我们一般把人们搞经济实体的行为称为经营，更广义的经营是指人们从事的一切事业，如某个画家经营自己的画室或创作室。

经营环境实际上是指经济实体周围的条件，如市场状况、安全保障等。

市场状况。经营环境的好坏，主要取决于经济实体所处地区的市场状况。市场状况包含很多因素。首先是通往市场的交通。中国改革开放后有一句使用率极高、社会知名度极高的广告语"要致富，先修路"，这说明道路交通对市场的重要影响。其次是市场的法规。再次是市场交易平台的公开、公正、公平。第四是为市场参与者提供的资金支持状况以及银行流动资金贷款和周转状况。第五是市场的开放状况。对于市场状况，不同的经济实体还有不同的要求，涉及诸方面的因素。

安全保障。经营环境首先要考虑安全保障体系。如果一个地方社会秩序混乱，人身安全受到不同程度的威胁，市场经营就会难以进行。现在，世界经济秩序已经达到了共荣共享的程度，但是，局部地区的社会动乱也给生产经营者带来了不小的安全威胁，给经营环境造成了严重的破坏。例如，最近有几个国家联合轰炸也门的"极端组织"，给也门的生产经营带来安全威胁，中国政府就派出军舰从也门撤出了上千名在那里经商的中国公民和外国公民。

5. 经济体制

任何经济实体要进行某种生产经营活动，必须搞清楚该国的经济体制，使自己的经营活动取得积极的效果。

宏观经济体制是经济实体正常发展的决定性条件。在改革开放前，传统的经济体制制约了中国经济的正常发展，再加上其他人为的因素，中国的经济实体难以获得较好的经济效益。

改革开放以后，中国经济体制的变化为中国经济的腾飞创造了良好的条件，所以中国才有了今天经济和文化等方面的巨大成就。

经济实体要正常运作，还必须健全内部的管理机制，使企业像一个运动员一样，在市场经济的比赛中获得优秀的成绩。

6. 收入新说

收入是社会全体成员以及各种经济组织、政治组织、社会组织应该得到的劳动所得或社会分配所得。收入是人及其家庭赖以生存的经济来源。

劳动工资、奖金、补贴是各阶层的劳动者得到收入的三种主要形式。无论是杰出的精英人才还是普通劳动者,都能得到应有的收入。收入一般是以货币形式存在的,在少数情况下,如遇到经济危机或经济实体经营不善、产生困难时,也可能以实物的形式存在。在相当多的情况下,奖金都是以实物的形式发放的。

企业的收入即利润。在生产和服务完成以后,企业将得到的经济收益扣掉成本,包括资金运营的利息等,部分分配给劳动者,部分缴纳给政府部门作为税收,剩下的就是企业的利润。

企业利润一般分为税前利润和税后利润两类。所谓税前利润,是指企业在扣除一般营业税后、交纳企业所得税前的利润。各个国家和地区对企业税费的收缴有一定的区别,但是,除了极少数需要扶持的行业和企业而外,大部分企业都必须向政府部门交纳税收。依法纳税是每一个社会成员应尽的义务和基本的权利。

政府的收入。政府要维护国家的安全、维持正常的社会秩序、进行公共设施建设、兴办学校和科研机构、发放社会福利,所以政府也必须有自己的收入。政府收入的主要部分是从经济实体和劳动者那里依法收缴的各种税收,第二部分是依法向社会组织或经济实体收取的部分费用。这部分费用是一种政府收入的特殊形式,占政府收入的数量很少。随着改革开放的深入进行,中国政府的职能正在优化,各种费用大大减少,为经济实体带来了更大的活力。政府收入的第三部分是政府投资经济实体所获得的收入。很多国家的政府都不同程度地投资和管理着国有企业。在正常情况下,这部分国有企业也和其他经济实体一样,享有同等的国民待遇,所以也应该向政府交纳法定的税费。

政府收入还有其他特殊情况,如国际组织因为某国家或地区受到自然灾害而给予的捐赠。同样,他国政府和慈善机构、个人对政府的捐赠也是政府收入的一种来源。

7. 分配学说

社会财富应该得到合理有效的分配,供社会成员依法享有。分配可以分为初次分配、二次分配(再分配)。

初次分配是指经济实体为直接参与经济活动的劳动者分配工资、奖金和补贴,这是有市场经济以来的普遍社会现象。初次分配的原则和理论告诉人们，直接参加经济实体会得到社会的优先承认。

二次分配为政府的再分配。二次分配主要是政府将所得的收入分配给为政府服务的公务人员、社会组织、军队、警察和其他社会成员。现代社会的发展要求政府的二次分配必须考虑到劳动者退休以后的养老保证金和医疗保证金的补贴，这是一笔巨大的开支，也是社会稳定发展的基本条件之一。政府的二次分配还必须留有足够的职业救济金和最低生活补贴，以保证失业人群和弱势群体的基本生活。

个人所得税。个人所得税是指政府对收入较高的社会成员征收的一种税种，这个收益属于政府收入，同时又是对个个人收入的再分配。现在世界上大多数国家都对高收入人群收取个人所得税。

8. 财富新说

财富是人类财产和富裕程度的总称。

人类的财富主要有实物和货币两种形式。实物形式包括地球本身，即地球能为人类生产或消费提供的所有自然资源都是财富。从某种意义上说，财富是能满足人们生活消费和心理需求的社会财产的总称。珠宝玉器、字画、邮票等各种收藏品的财富含有量有时高得惊人，一张稀有的世界名画可以值上亿美元，一张很小的邮票在中国也能值几十万人民币①，这种财富一方面来自它的稀缺性，另一方面来自市场的承认，它能满足部分人的心理需求。

财富具有倾斜性，即财富的增长会向富有者倾斜。简单来说，在一定的社会历史阶段，一般的情况下占有财富越多的人会获得更多的财富。这是因为财富具有资本的性质，一定数量的资本和数量相对较小的资本获得的收益是不同的，这种不同就造成了财富的倾斜性特征。这一特征是由社会发展的历史性、继承性法则所确定的，不是个人或某一经济实体、社会组织所能改变。

财富还具有集中性。财富的相对集中是与一个国家和地区的经济发展、社会进步紧密联系的。当今世界二十多个经济发达国家集中了世界一半左右的财富，另外一百九十几个国家和地区占有的财富还不到世界的一半。美国是世界财富最为集中的国家之一，也是富豪最多、富豪标准最高的国家之一。据不完全统计，美国每400个人之中就有1个富豪——一般是63岁左右的男性白人，受过优良的

---

① 如中国的"猴票"的市场价已经在30万元人民币以上。

教育，财富净资产为 7.5 亿美元左右。这意味着美国拥有五十多万位净资产在 7 亿美元以上的富豪，这是财富集中性的最典型案例之一。①

世界上还有一个特殊的人群——体育明星和文艺明星。这部分人绝大多数都出身于普通的家庭，相当一部分还出生于贫困家庭，能够继承的财产相对是较少的。一个人一旦成为明星，就能很快得到巨额的财富。特别是 20 世纪后半期到现在的几十年里，市场经济的发展为明星们提供了巨额的广告收入，使明星的财富极速膨胀，成为财富产生的一个特殊现象。

明星的收入和明星的财富是一个极其特殊的社会经济现象，充分地体现了我们前面探讨过的财富的倾斜性和集中性。

9. 公平要素说

公平是现代文明分配财富的重要原则，是社会文明和进步的集中表现之一。

公平性原则的首要要求是满足多数人的意愿。如果只体现少数人的意愿，就根本谈不上什么公平，所以公平的第一个要求就是为社会多数人认可。当然，简单地考虑和满足多数人的意志，如果处理不好，就会产生平均主义的趋向，难以充分调动广大社会成员的生产积极性。

所以，改革开放以后，中国吸取了曾经的经验和教训，提出了"让少部分人先富裕起来"的战略部署，充分调动了市场经济中一部分人的创造性和劳动积极性，使中国的经济走入了快速发展的通道。

一个社会的经济体制能否体现社会成员之间的公平，在现代社会应该得到市场的认可。在市场经济条件下，所有经济活动和社会活动的参与者都必须经受市场这个舞台的检验。经济生活是人类生活最基础的部分，市场是最具有公平性的检验场所。当然，在市场上也有些不法分子破坏市场规则，进行欺诈等违法活动，这不是市场经济的主流，这也是国家法律所不能容忍的。

10. 公正要素说

公正是公平、正义的意思。一般的公平性原则必须进一步由公正性来确定，所以，公平和公正都是人们共同遵守的基本经济社会原则。

法律是保证社会公正性的最基本条件之一。由于所处的地位不同、观察和了解事物的角度不同、文化教养不同，社会成员对社会的公正性也有不同的理解，

---

① 参见：〔美〕萨缪尔森《经济学》，华夏出版社，第 16 版，第 170 页。

所以必须由国家的法律体系来保证社会经济生活的公正性。

在经济生活和社会活动中，人们的行为会因为地方保护主义、利益趋向、个人的偏好而有失公正，所以，很多中介机构应运而生，如法律事务所、会计师事务所、行业协会等，它们尽可能地不代表市场参与者任何一方的利益，站在公正的立场协调社会关系，化解社会矛盾和经济纠纷。

公正性的实现还离不开舆论监督。新闻媒体除了为社会提供新闻服务外，更重要的就是对社会的经济活动和其他社会行为进行舆论监督。在很早以前人们就称记者为"无冕之王，"这就说明新闻媒体的成员对协调社会关系和矛盾具有权威性，所以新闻媒体能起到监督作用。

11. 公开要素说

公开是公平、公正的前提条件之一。要公平、公正地协调群众、经济实体和社会组织的利益关系，首先要把相关事件的真相公开，这样才能得到人民群众、中介机构和媒体的监督。

只有在阳光下，人们才能看清事件的真相和是非曲直。

经济实体的领导者和政府相关部门对将要进行的、涉及相关社会成员利益的事件的处理，或者是新的法律、法规的建立，旧的法律、法规的修订，要事前告知社会，公开征求社会成员的意见。

听证制度是信息公开的重要形式之一。在发达国家，这一制度的实施已相当普遍。中国和世界文明接轨，也设立了听证制度，包括人大对政府机构的听证制度和社会公众对政府部门的听证制度，收到了良好的效果。

12. 区域发展差异学说

经济的发展呈区域性分布的态势，因此，区域经济也是经济学家们研究的重要课题。

区域差异性有很多表现形式，人们必须认真研究。第一，世界历史上的五大文明古国埃及、中国、希腊、印度、巴比伦等，在资本主义文艺复兴前的四千多年历史中都很先进，而在资本主义发展的 500 年以来却变成了落后。第二，资源相对短缺的国家和地区在 20 世纪实现了经济的迅速发展，如日本、德国和"亚洲四小龙"。第三，20 世纪世界经济的中心由英国和欧洲转向美国，使美国成为世界上最为强大的国家之一。第四，20 世纪后期"金砖五国"经济发展进入快速通道，形成世界南北共同发展的趋势。第五，非洲和亚洲、南美洲多数国家，在 20

世纪世界殖民主义灭亡以后，获得了政治上的独立和民族的解放，但是经济发展的速度相对缓慢。到了21世纪，发达国家、中等发达国家、发展中国家和少数贫困地区的区域差异越来越大。

中国的东、中、西部区域经济也是经济学家们研究的课题之一，梯度发展理论对资源的有效配置起了积极的指导作用。在中国，由于东部地区生产环境和条件较为优越，经济发展比中、西部更先进，人才和劳动力的素质也比中、西部更高，所以东部的投入产出比约为300%左右，而西部像成都、重庆、西安所在的区域投资产出比只有150%左右，其他西部落后地区的投入产出比只有50%甚至更低。因此，为了获得更大的经济收益，经济实体和政府往往愿意把投资放在产出更高的地区，这就加大了东西部的贫富差距，带来了一定的社会不公。所以，中国政府在寻求更好的投资政策。

近几年，由于东部地区土地成本、人才和劳动力成本、环境保护成本越来越高，部分经济实体在国家的鼓励下，开始投身于西部大开发的经济潮流中。

中国的"老、边、少"地区。"老、边、少"地区是对革命老区、边疆地区、少数民族地区的简称。由于历史的原因，中国的"老、边、少"地区大多数是经济落后的区域，政府和人民十分重视"老、边、少"地区的经济发展，对这些地区加大了投入和开发的力度，给了各种政策上的协调和帮助，使这些地区的经济有了较大的改善和发展。但是，由于这些地区的基础太差，发展速度在短期内很难快速提高。随着中国"一带一路"经济发展战略的实施，"老、边、少"地区将迎来更大的发展机会。

中国红军长征经过区域。在80年前，中国革命史上发生过举世闻名的长征——红军从江西革命根据地出发，在遵义会议[①]上取得了重大的转折，胜利到达了陕北延安[②]根据地，总共经过71个县（市、区）。这些红军经过的区域大多是比较典型的"老、边、少地区"，急需得到开发。现在已有人在对此进行探索性的研究，预计不久就会在这些地区形成一个经济示范区，从而促进这些地区的经济发展和社会进步。

---

① 1934年12月中国红军在长征途中，在贵州遵义召开的中央政治局会议。会议确定了毛泽东在中国红军中的领导地位，中国革命从此走向了胜利。

② 指陕西延安县。红军到达后，延安成为中国红军和中国共产党的领导机关所在地。

13. 流动要素说

中国有句格言叫"流水不腐",经济要素和生产要素都要在流动中组合,在流动中产生效率。中国还有句格言叫"树挪死,人挪活",说的就是人才和劳动力的流动。改革开放以来,中国组织了大量国际国内的人才市场和劳务市场,使中国制造走向了世界各地。

商品流通。商品流通是社会物质财富流动的基本方式之一,商品流通能满足不同地区、不同人们的消费需要,促进社会进步。历史上,各种形式的地方保护主义和交通设施的落后阻碍了商品流通的速度和规模,影响了经济的发展。商品要进入国际市场,必须通过贸易进入国际流通,但是,贸易保护主义阻碍了商品的流通,起到了保护落后的作用,抑制了人们的消费需求。

资本的流动。作为经济要素,资本也必须流动。战争和殖民主义等因素曾经阻碍了国际资本的流动。现在世界上有四十多个证券交易所,这是国际资本流动的最好平台。

从 20 世纪末开始,中国不少企业不但到纽约的证券交易所去获得国际资本,而且还成功登陆香港证券交易所和英国伦敦的证券交易所。现在有很多国家的证券交易所都准备接收中国的企业,新加坡、韩国、日本等国家和地区的证券交易所都在和中国讨论中国企业上市的问题。这是资本流通在 21 世纪带来的新格局。

14. 志愿者要素说

志愿者是自愿为社会提供服务而不领取工资和奖金的人。志愿者队伍的产生是人类文明进步的重要标志。志愿者中有人才也有普通劳动者,他们成为新的社会经济要素之一。

志愿者是社会服务良好的标志,他们出现在各种公共服务场所,为社会提供无偿的自愿服务,为人们树立了服务社会的好榜样。

志愿者服务是对公共服务的补充。志愿者组织首先产生于经济发达的国家和地区,在中国的香港、澳门地区,志愿者队伍就比较庞大。笔者在 20 年前考察澳门时研究过当地志愿者的构成,其中一位女性志愿者是一位企业主的太太。尽管她没有职业,但是通过到社区充当志愿者,她感到自己也参加了社会劳动,为社会提供了一定的服务,说明自己也是对社会有用的人。

改革开放后,中国的志愿者队伍越来越庞大。在 2008 年北京奥运会上,成千上万的志愿者为社会提供了良好的服务,受到了人们的称赞。

15. 国家调节学说

经济实体的经营活动和社会资源的组合活动绝大多数是由市场决定的,但是,国家调节也是必不可少的。生产要素和经济要素总是会朝着利润高的方向流动,所以,涉及国计民生的一些项目就必须由国家来调节。国家调节资源配置、经营环境、经济体制、区域差异,保证整个国家的经营和组合始终处于基本平衡和良性的状态。

关于粮食保护价。国家保护收购价是指国家每年定期公布的、关于某种商品的最低收购价格,如粮食保护收购价、棉花保护收购价、生猪保护收购价等。中国和许多发展中国家一样,都面临着解决人民吃饭的问题。为了鼓励农民多生产粮食,为了应对市场价格波动给农民带来的损失,为了保护农民的利益和生产粮食的积极性,国家实行了粮食保护收购价。

社会保障制度的建立。发达国家在20世纪后半期之所以能够实现经济高速增长,最主要的原因之一就是在福利经济学的影响下建立了社会保障制度。中国改革开放以后,为了适应国内经济发展的需要,也逐步建立了社会保障制度。这是最广泛的、最具体的国家调节行为,已经取得了良好的效果。

16. 有效组合学说

整个社会的生产要素、经济要素以及精神产品要素都需要有效组合,有效组合是国家经济的灵魂。

西方经济学认为,资源短缺时才需要有效组合。[1] 其实,有效组合是经济运行的普遍手段和途径,所有的经济实体、社会组织和政府部门都应该进行各自领域的有效组合,只有这样,社会经济才能够健康地发展。

行业组合。行业是社会分工引起的、经过长期市场竞争形成的生产部门。行业有大有小,如农业、工业、轻工业。行业内部又有子行业和孙子行业,如农业的子行业主要包括种植业、养殖业、林业、农产品加工业等;种植业又分为粮食行业、棉花行业、油类作物行业、糖类作物行业等;继续往下细分,粮食行业中又分为粮食种植业、粮食加工业、仓储业等。行业的划分使人们能够找到相应的规律,也容易在相同的行业内比较优劣,还可以推进和提高行业的技术含量[2]。

---

[1] 参见:〔美〕保罗·萨缪尔森、威廉·诺德豪森著《经济学》,华夏出版社,第16版,第2页。

[2] 指行业及行业内的企业对科学技术的应用程度。

企业组合。企业的组织形式发展演变到现在，主要是以公司制为主。在所有的经济实体中，企业是占主导地位的。企业的收购兼并是当前企业组合的主要形式之一，企业通过收购兼并，可以实现市场份额的扩大、技术人才的占有、专利技术的使用和服务平台的扩大。企业组合会使很多中等企业变成大企业甚至龙头企业，达到优势互补、共赢发展的状态。

国际组合。国际组合是不同国家的政府通过协议形成的国际合作关系。这是一种重要的组合形式，一些重大的项目都是通过政府间协议进行的。跨国公司也通过股权收购和转让进行国际组合。例如，沃尔沃是十大国际汽车品牌之一，吉利汽车公司收购世界著名的沃尔沃汽车公司，使中国民营企业发展壮大，走向世界。

17. 政府服务要素说

为经济实体服务、使经济实体保持良好的效率是政府的根本职责所在。政府为经济实体提供的服务是全方位、多层次的。

国家级的服务。政府的经济部门、行政管理部门都要为经济实体的健康发展提供及时有效的服务，特别是当某些经济实体要开辟海外市场、进行国际合作时，更需要国家有关经济部门和行政部门的服务、引导、指导和监督。

地方政府的服务。地方政府的服务首先是为自己所在区域的经济实体提供的服务，是在国家部门的管理和引导下进行的服务。地方政府的服务具有直接性的特征。县、市政府和企业的联系更为紧密，更能了解企业的需要，因此能够提供更加有效的服务。

政府的服务除了法律手段、行政手段外，还有经济手段。发达国家发展经济的主要手段之一，就是建立发达的保险业。保险行业为经济实体的发展提供了经济上的保证，减少了风险，增强了企业敢于创新、敢于竞争、敢于发展的能力和积极性。因此，发展中国家都应该学习和借鉴发达国家的经验，积极发展功能齐全、服务规范的保险业。保险业是经济实体经营和组合的安全带。

中国的保险业与发达国家相比，在保险的范围、赔偿责任、理赔服务等方面还需要极大改进。第十二届全国人民代表大会第三次会议《政府工作报告》强调，中国要强化保险机构的创新服务能力和风险内控能力，加强保险业偿付能力监管，深化保险资金运用管理体制改革，稳步提高资金运作水平，促进金融资产管理公司商业化转型，积极稳妥推进金融业综合经营试点，推动中国进出口银行和中国出口信用保险公司改革，建立存款保险制度，促进证券期货经营机构规范发展。

亮点、难点、重点与基本概念

亮 点

1. 经济要素从三要素变为五要素是亮点之一。

经济要素是经济构成的最基本元素。传统的经济理论把劳动、土地和资本归结为经济的三大要素，这与当时的社会经济文化发展水平是一致的。

本书把人归为经济的第一要素，这种观点更为科学和准确，因为劳动是人的劳动，劳动只是人的一个主要特征之一，所以，用人来代替劳动更为贴切。

凯恩斯把就业作为社会经济的主要要素，针对当时经济危机带来的失业和社会不稳定而言，这种观点也是对的。但是，无论就业还是失业，都只是人的一个行为过程和特征，因此本书把人作为经济要素来考察和研究。

2. 资源是经济要素的重要组成部分。

经济要素是最基本的构成人类社会经济发展的最基本元素。传统的经济学理论只强调土地是经济要素，而土地包含的内容太广。地下的资源、地上的资源、空间的资源甚至太空资源，还有海洋资源，这是一个无限广阔的空间。所以，本书把资源作为经济要素之一。

难 点

1. 生产要素和经济要素的区别。

生产要素比经济要素的内涵要小。经济要素是一个更加宽泛和广义的、与经济整体发展相联系的因素。

生产要素是指经济实体经过组合生产出新的商品所需要的一切物质元素。

经济要素是指进入生产领域和流通服务领域的物质元素。

2. 为什么信息和机遇是经济要素？

机遇是通过信息表现出来的，所以，人们只有掌握丰富的信息，才能获得优良的机遇。人一旦抓住了机遇，就会使自己的命运得到改变；经济实体抓住了机遇，就会获得很大的利润。

正是因为机遇很难抓住，所以，一旦抓住机遇，就会给人、经济实体带来巨大的财富。

重 点

1. 关于资源的有效配置。

经济实体的主要功能之一就是合理有效地配置资源,从而获得更多的财富。资源总是短缺的,因此,经济实体必须适当地配置资源,进行资源储备。

资源的储备包括:实物储备、人才和劳动储备、资金储备、项目储备、信息储备等方面。其中,人才储备和资金储备起着关键作用。没有人,经济实体会一事无成。同样,没有正常的资金储备,一旦资金链条断裂,经济实体就会破产。

2. 关于财富。

追求财富的占有和最大化是人的本性。

财富具有倾斜性。拥有一定财富的人可能获得更多的财富,反之,拥有财富较少的人的财富会越来越少,这就是社会发展的两极分化形态。

同样,财富还具有集中性的特征。美国是世界上财富最集中的国家之一,因此,在相当长的历史阶段里,很多财富都会集中在美国。

财富的倾斜性和集中性造成的社会两极分化也是经济学重点研究和讨论的课题之一。

基本概念

生产要素、原材料、辅料、自然资源经济学、收入、分配、信息、企业利润、财富、财富的倾斜性、财富的集中性、明星的财富、公平、公正、公开、区域差异性、中国的"老、边、少"地区、国家调节、社会保障制度。

问题与思考

1. 如何正确理解社会公平、公正和公开的原则

社会分配,无论是初次分配还是二次分配,都应该体现"三公"的原则。

初次分配是指经济实体内的分配,"三公"的原则相对难以体现。但是,发达国家都有健全的工会制度,工会可以代表劳动者和老板商谈工资收入,政府对工会的支持力度是很大的。

如果企业内的分配不公,劳动者就会用消极怠工、跳槽甚至罢工来迫使老板

实现"三公"。

二次分配的"三公"原则主要是通过行业工会、政府监督来实现的。

政府还设置了失业保障制度、最低保障制度、社会保障制度、医疗保障制度、养老金保障制度来保证"三公"原则的实行。

2. 关于中国"老、边、少"地区的经济发展问题

这是发展中国家都面临的一个重大命题，所以，经济学要加以研究。

中国的革命老区问题其实很多国家都有，如法国总统戴高乐就曾经带领游击队反抗法西斯，埃塞俄比亚领导人海尔·塞拉西在二战期间也带领游击队抗击外国侵略，他们都曾经有过革命根据地，这些地区的发展也一度成为人们关注的焦点。

随着经济的发展，中国的"老、边、少"地区都会很快地发展起来。

3. 关于明星的财富

体育明星和文艺明星都能够迅速地聚集财富，这是一个普遍而又特殊的现象，引发了人们的思考。这种现象是人们的精神消费趋向引起的。精神消费的价格和价值不像普通的商品消费那样容易评估。精神消费的需求造成了人们对明星的追捧，从而给明星带来了巨大的财富。

明星的财富也体现了财富的倾斜性和集中性。一个明星是由成百上千的文艺工作者或体育工作者烘托出来的，成百上千的人的财富相对集中到一个明星那里，就构成了现在的明星效应。

第三部分

企业经济论——财富之源

第十三章

市场是企业的赛场

经济实体是社会的经济主体,是人类社会活动的主要方面,也是接收劳动力最多的场所。企业是经济实体中人数最多、财富占有量最多的组织,企业是能满足人们消费需求的商品生产场所,企业经营的好坏是国家经济优劣的主要表现形式。

企业是社会财富的重要来源。

1. 人是社会的基因

如果说家庭是社会的细胞,那么人就是社会的基因。人是社会中最简单又最有活力的因子,经济的发展是为了人的发展,同时,经济的发展也离不开人。

人的欲望是难以满足的,这是人的基本特性之一。人会不断地追求、不断地对未来抱有希望,所以人类才能进步,人们才有劳动和创新的动力。

中国有句俗语"这山望着那山高",它在汉语中是中性的:一方面说明人总是有新的追求,这是好事;另一方面又似乎在批评人们难以满足的欲望。

社会上绝大多数人都要靠就业来获取收入,维持自己的生存和发展,所以,选择自己的职业对每个人都很重要。

人选择职业,首先是从青少年阶段的学习开始的。选择学习什么样的专业是决定人生发展前途的大事,影响专业选择的因素很多,例如兴趣爱好、社会环境、老师的影响、文学作品的影响等。

人们的择业心态之一,就是要选择一个能实现自己人生价值的岗位,这与其从小的理想、志向有很大的关系,但是,并不是所有人都能实现小时候的理想。

人们择业的直接心态就是获得一份好的收入,这是决定性的因素。

人们择业心态的第三方面是要求自己所从事的职业有一个体面的社会形象。另外就是要选择好的就业环境，有利于自己专业特长的发挥。再就是选择一个好老板、好上司，这是可遇而不可求的。

以上五种基本择业心态可以给企业管理者提供有益的参考。劳动者选择职业时，也要调整自己的心态，不要过于追求完美，而应该抓住重点。就业总比失业好。

2. 企业是基因的组合

企业是人才和劳动者的有效组合。从字的构成来分析"企业"是一件很有意义的事。"企业"这个名词是一个"舶来品"，中国人在翻译外文的公司制度时，使用了"企业"这个词。现在的"企"字是由"人"、"上"和一竖构成的，这说明在中国人的理解中，企业是积极向上的，企业的最上层是人，这大概体现了中国文化的一个特征。

企业的组织制度主要有个体工商户、合伙制企业（公司）、有限责任公司、股份公司、企业集团五类。

在发展中国家，个体工商户是数量最多的经济实体，也就是现在我们所讲的小微企业。个体工商户一般情况下都是以家庭为单位的，如果该个体工商户家里的人另谋职业或者无劳动能力，就会形成以个人为单位的个体工商户。个体工商户有经营灵活、需要资本少和相对技术含量低的特点，是发展中国家和贫困地区企业制度的最基本形式之一。

合伙制企业是指由两人以上合伙经营的公司模式。在很多国家，合伙制企业主要是指两个或者多个自由职业者或有特殊技术专长的人合作开办的企业，如合伙制的诊所、建筑事务所、律师事务所等。中国现在的律师事务所基本上也都是合伙制的。

在资本主义发展的早期有一种无限责任公司。无限责任公司是指经济实体的出资人以承担无限经济责任而开展经营活动。现在世界上的无限责任公司已经很少，只有少部分国家还存在一些无限责任公司。这种公司的最大优越性在于商业信誉特别高，因为它对其经营行为承担无限连带责任。合伙制企业最初就是由无限责任公司或者业主组织起来的。

中国现在已要求合伙制的律师事务所及相关组织承担相应的类似于无限连带责任的公司责任，这就要求合伙制的企业在经营中更加注重诚信、依法、规范运作，对社会承担更多的责任。

有限责任公司是现代企业制度建立以来最为普遍的企业组织形式之一。有限责任公司是指两个以上的股东出资的、以承担有限责任为特征的公司制度，大部分有限责任公司的最高权力机关是股东大会。有些公司因股东人数太多，如超过 50 人，就选出股东代表。股东代表大会是公司最高权力机构，在股东代表大会闭会期间，公司由大会选择的董事会管理。很多大型企业集团都采取有限责任公司的形式。

股份公司也叫股份有限公司，这是比有限责任公司更加规范的一种公司形式，其特点有：第一，以出资额划分为若干均等的股份；第二，股份公司的注册资金一般都有相应的要求。在中国，股份公司一般要求在 1000 万股以上。

股份公司也是现在各大证券交易所所要求的上市公司的公司组织形式，其他形式的经济实体如果要到证券交易所上市融资，就应该依法改制成为股份制公司。股份制的优点在于股市结构设计为每股均等，一般以每股 1 元标识，实际上有的股份公司每股价格达 1000 多美元。

3. 企业产生财富

企业是经济实体中最活跃、最富有生命力的组成部分。社会所需要的大量物质财富都是以商品的形式被社会成员占有并消费的，因此，企业是财富的源泉。

在现代社会，人类所消费的一切商品都是通过企业生产和加工出来的，没有企业就没有规模如此庞大的物质财富。

在市场竞争的条件下，企业的成员通过初次分配得到自己的收入，也就是说，企业的成员能更容易保证自己的收入。

金融业是直接经营和管理货币的行业，金融业在绝大部分时期都是收益最好或者最靠前的行业之一。金融业中的银行、证券、期货等行业也是生产财富的行业之一。金融业为社会提供的是优质服务，其他经济实体和社会组织都能从中获得很好的效益。

电力行业也是社会财富产生最快的行业之一。水电、风电、太阳能发电、潮汐发电、地热发电都是环保而清洁的能源，它们的生产要素主要来自大自然，所以它们能获得更好的效益，能为社会提供更多的财富。

电力是现代社会的生命力要素之一。人类生活、生产、消费的任何一个环节都离不开电。21 世纪的人类是无法离开电力而正常生存的，特别是在大、中城市，没有电力的正常供应和运转，整个城市就会瘫痪。

石油采掘业也是20世纪以来生产财富的重要行业，参与石油采掘的企业为自己创造了巨额的财富。英国在20世纪六七十年代利用海上采油获得了巨额的财富，美国、俄罗斯都是世界石油输出大国。20世纪中期非洲北部、中东有十几个非常贫穷的国家因为发现石油而获得了巨大的财富，很快成为世界上最富有的国家之一，沙特阿拉伯、也门、叙利亚等国就是这样的例子。

4. 要想发财致富，就到企业中去

人生的道路有多种选择：参军保家卫国可以做到将军；当公务员可以过着体面、安稳、中等收入的生活；当科学家、诗人、文学艺术家则需要特殊的天赋和极好的机遇。一旦选择上述职业，除非成为明星或科技发明家，否则都很难发财致富，最多只能过上小康的生活。因此，想要发财致富的人，绝大部分都应该到企业中去。

到经济实体中特别是到企业中去寻找宝藏，探索一条使自己发财致富的道路，对人生是非常重要的。按照社会和经济发展的客观规律，占总人口80%以上的人都会在企业工作。可以预见，在人类生产力高度发达的未来，物质生产领域的效率会得到极大的提高，生产性的企业会逐步减少，服务性的企业会大大增加，但是，这也无法减少企业或其他经济实体所占有的人口总量。

企业的成员一般有股东及老板、职业经理人、中层或部门管理者（白领）、工程师和技术人员（也属于白领）、技术工人和一般熟练工（蓝领，这是企业中人数最多的一部分）、普通操作工和辅助工（黄领）等。

根据所学的专业，人们在企业中可以找到自己的就业岗位。年轻人特别是大学刚毕业的同学们，没有工作经验和社会生活经验，到企业后首先是处于试用和学习状态。经过一段时间，熟悉了工作岗位，有了一定的工作经验，就会处于积极工作状态，即有一定的工作基础，可以开展创造性的工作，这是第二种状态。随着时间的推移，你会进入等待升迁的状态，会因为工作成果更好、劳动热情和创新精神更优得到职务和岗位的提升，这是第三种工作状态，这也可以说是就业后的最佳工作状态。青年人从学校到工作岗位后的精神状态是很重要的，要学会把握自己的不同阶段，适时调整自己的心态。

企业的职务升迁路线一般分为两条：

第一，作为管理员工或工程技术人员进入企业的，一般的提升路线是部门主管—副经理—经理—副总监—总监—分公司副总—分公司总经理—总公司副总—总公司总经理，这是多数大学生毕业以后到企业的正常进步路线图。

第二，作为工人进入企业的青年学生，一般会随着这条线路前进：领班—副班长—班长—车间主管—车间主任助理—副主任—主任—分厂或分公司副总—总经理，也有少数人会通过再学习、再培训或者凭借某种突出的贡献向更高的职务升迁。

创办经济实体或企业是一种挑战，是年轻人、青年大学毕业生较快实现梦想的最好选择之一。当然，要创办属于自己的企业也不是一件容易的事情。在创业的初期遭遇各种曲折和失败也是极其正常的，像比尔·盖茨、沃尔玛、马云这样成功的创业者，首先是抓住了世界性的机遇，同时也具有运用这个机遇的能力和相关条件。因此，青年大学生只有做好各种充分的准备才能获得自主创业的成功。

中国是个有着悠久历史的国家。中国正在提倡走创新之路，依靠创业致富发展经济。这就为青年大学生和各种社会人才的自主创业提供了优良的社会环境，为人们创业的成功带来了极好的机遇。

5. 不懂得企业的人，一旦有了权力就容易产生腐败

在 21 世纪的中国，我们号召人们积极关注经济实体，特别是关注企业的状况。年轻的大学生要学习一些关于企业的知识，为自己今后的发展多做一些准备。从历史上看，中国在相当长一段时间内曾长期实行"科举"制度，人们读书的主要目的是为了做官。受"读书做官论"的影响，人们对企业有某种偏见和误解，尤其是"瞧不起"某些服务性的行业和企业。所以，我们更要提倡社会的各方面关注经济实体。

在 20 世纪末的美国，各个职业之间的收入差距是很大的。一般的医生年收入在几十万美元，采矿业的年平均工资为 44200 美元，农业部门的人均年收入为 17500 美元，计算机软件人员与快餐店工人之间的工资相差 4 倍。[1] 不同工种之间的收入也有差别。汽车公司的总裁一年收入近 400 万美元，而办事员只有 15000 美元。医生的收入是一个救生员的 15—20 倍，虽然两者的工作都是拯救生命。在同一工厂内，熟练技工每周能挣 500 美元，而没有技术的门卫只能挣 200 美元。[2]

---

[1] 参见：〔美〕保罗·萨缪尔森、威廉·诺德豪森著《经济学》，华夏出版社，第 16 版，第 188 页。

[2] 同上，第 189 页。

在中国，企业员工的收入一般比事业单位和公务人员的平均收入低一些。中国的工资体系在改革开放前基本上照抄苏联的模式，企业实行八级制工资，企业内的管理人员实行的是类似于国家公务员的干部工资体系。八级工资制还加上学徒工，实际为九级。企业又分为中央企业、省市级企业和县级企业，中央企业的工资高于省、市、县级企业的工资。以1965年为例，机械制造行业一个一级机械工的工资在28元左右，八级工的月工资在200元左右。干部、公务员实行的是二十五级工资制，第二十五级干部的月工资为37元左右，每提高一级，工资增加17%，即第二十四级干部的月工资 = 37元 × 17% + 37元 = 43.29元。

改革开放以后，国家的工资通过几次调整，企业员工的工资基本上由企业自己决定。大部分企业在员工招聘的时候就进行工资商定，一般的企业都参照行业标准，根据当地的劳务市场劳动力的供求状况来确定员工工资。

公务员的工资在结构上也做了调整，一般由基本工资、职务工资、工龄工资、技术职务津贴四个方面组成。其他社会组织和事业单位都参照公务员工资序列执行。改革开放30年来，中国的工资分配基本上体现了社会的公平性和合理性，是较为科学的分配制度。但是，还有一个特殊的状况，部分企业高管与国际接轨，工资收入太高，这是由于缺乏社会比较和监督造成的。正是因为这种特殊状况，部分政府官员难免眼红，在各种诱惑之下走上了贪污腐败的道路。

我们要清楚地认识到，发达国家政府官员的收入普遍都会比企业高管的收入低得多。2015年4月，媒体公布美国总统的年薪为80万美元，但是美国机器制造业的企业总裁年薪会有600多万美元，是美国总统年收入的8倍左右；美国大银行的总裁年收入一般都在2000万美元左右，是总统年薪的30倍左右；还有超级游轮的船长年薪也在1000万美元左右。这些例子充分说明，企业管理人员的收入都比政府官员、公务员的收入高得多。在美国，由于大公司所有权与控制权的分离，大公司的高级管理人员连工资带奖金一年可以挣5000万美元。[1]

因此，现在的年轻大学生们在选择将来的就业道路时，一定要认真比较。中国的改革开放和发展进步为每一个社会成员提供了发展成长、实现梦想的空间，每个人都要坚持走勤劳致富、创新致富、依法致富的道路。

---

[1] 同上，第145页。

在20世纪后半叶世界经济高速发展的过程中，中国香港、新加坡等地区和国家提出了防止官员腐败而"高薪养廉"的收入分配措施，取得了相当好的效果。

"高薪养廉"的含义是政府用高于社会其他行业的薪金标准给国家公务员支付报酬，使官员得到收入和财富上的某种满足，从而实现廉洁自律。政府给予官员高出社会组织或企业同等职务几倍的收入来引导和鼓励官员廉政，这就是所谓的"高薪养廉"。但是，实行"高薪养廉"的国家和地区也会产生腐败，如中国香港地区十几年前就发生过财政司司长偷税漏税的腐败案例。

中国大陆的经济学界也有人提出学习中国香港地区、新加坡的"高薪养廉"制度。为什么中国现在还不能执行这样的薪金制度？从经济学上来分析主要理由是：

第一，中国的劳动力和人才培养的制度决定了实行"高薪养廉"是不公平的。在发达或中等发达国家，劳动力成本主要是由劳动者家庭投入的，而在中国，劳动者的培养成本主要是由国家提供的。比如培养一个大学生，在发达或中等发达国家和地区，人从出生到大学毕业的费用大部分是自己家庭投入的，而中国大部分是由国家投入的。

第二，中国的经济基础还比较落后，政府官员或公务员还不应该享受所谓的高薪。

第三，前面已经讲过，现代发达或中等发达国家和地区政府官员的收入在社会各个行业当中一般处于中等水平，这是现代经济的一个普遍现象。

第四，中国的改革进程还不能够最大程度地实现人们自由选择职业。现在虽然每年都举行公务员的公开考试和招聘，但是，由于职位和报考者分布的不均衡等原因，经常会出现某个公务员岗位有上千人或几百人报考，这是一个不太正常的状况。公务员考试信息上的不对称还需要进一步调整和改善。

第五，在中国特色的社会主义经济制度下，公务员的劳动除了依法获得正当的收入外，还有为社会、为国家服务的一部分。公务员本身就要求具有较高的素质，特别是要遵纪守法、廉洁奉公。

总之，追求财富之梦是美好的，但是，致富的道路和手段必须是合法的。

6. 商场新说

商场是商品交易场所的总称，是商品交易的平台。商场是随着商品经济的发展而产生的，商场的规模、档次、分布状况是一个社会经济发达的主要标志之一。

经济发展史告诉我们,因为商品交易才出现了商场,因为商场的聚集,从事商业的人员不断增加,才出现了城镇、城市。城市是商场的综合体。

传统的商场有很多,根据所销售的商品进行分类有百货商场、五金商场、生产资料商场等。

超市是商场的一种高级发展形式,是现代文明的产物。超市与商场的根本区别在于:超市的设计充分体现了尊重人、顾客就是上帝的理念。抛弃原来的用柜台把商品和顾客隔开的办法,让顾客直接走到货架去选择商品,这就形成了现代的超市。在中国,超市也成为商品交易的主要场所,即使在偏远的山区,大多数规模很小的商店也都变成了"超市"。①

网购是利用互联网进行购物的新的商品交换模式,即将开辟商品经济的新时代。网购的优点主要在于使购物者足不出户就能购买到自己所需要的商品。中国是网购市场发展最快、客户最多的国家之一,网购还将向更高的层次发展。网购的缺点是为某些诚信度差的人提供了欺诈的平台,这需要有关部门加强监督,提高网购参与者特别是网商的素质。

网购商品运输的承载者是物流公司和快递公司,中国的这两类公司刚刚兴起,还有待大力发展和提高。

7. 市场

本书第四章也讨论过市场,但是,那是研究市场与政府的关系。本节将研究市场自身内在的运行机制。

完全竞争的市场主要产生于资本主义自由竞争的时代。那时虽然也有政府,但政府对市场是不加干预的。政府主要从事行政管理,所以形成了完全竞争的市场。

完全竞争的市场已经成为历史。自1936年罗斯福政府引入凯恩斯主义以后,80年来世界进入了不完全竞争的市场状态。

由于人类文明的发展,人类必须通过有效的行政手段、法律手段、经济手段对市场进行适当的干预,使社会经济保持正常的秩序,实现更为迅速、健康的发展。

---

① 在中国的偏远地区,在大部分商场都冠以"超市"的名称,尽管其规模相当小,但是它们也都允许客户和商品柜台直接接触。

市场竞争到了高度发达的阶段，必然造成资本的集中、人才的集中、技术的集中、劳动力的集中。高度的集中必然产生垄断。垄断产生垄断价格，使垄断者获得垄断利润。垄断价格是市场垄断者通过商品生产和销售的过程制定的超过商品一般价格的价格。垄断利润是垄断者通过垄断价格而获得的垄断超额利润。

一些发达国家为了防止垄断，专门制定了反垄断法。反垄断法是关于市场销售价格的制定、技术专利的保护等方面的法律，主要是防止商品生产者对市场的垄断行为，如非法囤积商品而导致市场因商品短缺而涨价、销售同盟、实行价格保护等。当今世界大多数国家都制定了反垄断法，美国等工业发达国家甚至制定了相当多的反垄断条款，以保护市场竞争秩序。

改革开放后，为了适应国际形势的需要，中国也实行了反垄断法，打击市场参与者的违法行为，获得了较好的效果。2015年4月，武汉市物价局对奔驰的销售商实施了反垄断调查，制裁了奔驰在湖北省和武汉市的销售公司订立价格同盟、获得垄断销售收入的违法行为，对湖北省奔驰公司罚款人民币3.66亿元。

8. 赛场新说

有效合理、公平竞争的市场，应该是商品参与者的赛场。也就是说，市场参与者应该像体育赛场上的运动员一样，在公开、公平的情况下进行竞赛，创造出更能满足社会需求的商品和公众信誉度最高的品牌。

市场变赛场，主要是指为了创造一个公平的竞争环境，由政府和社会组织制定市场竞争的规则，政府或中介机构充当裁判，让市场参与者真正做到公平竞争，以建立良好的经济秩序，促进经济良性循环。

关于政府保护。政府保护在市场经济规则中是一个普遍采取的手段。政府对国外企业或社会组织在该国进行的商品经营活动都会制定相应的规则给予保护，另外，政府对跨国集团之间的收购兼并也会采取一定的保护措施。政府保护会导致贸易摩擦不断，世界每天都在发生各式各样的贸易战。政府保护也有积极的一面，可以保护本国利益、发展民族工业。问题的关键在于，发达国家不顾发展中国家和贫困国家经济发展的需要，一味地反对政府保护，这是有失公平的。我们应该提倡政府间平等交流，制定出双方都能接受的条款或协议，在互惠互利的基础上实现共赢。

返税。政府为了鼓励民族工业的发展，支持本国企业走向国际市场，采取先征税后返税的办法，对商品出口企业进行政府补贴。改革开放后我国实行了返税的政策，促进中国制造走向世界。

退税。发达国家大部分都实行了外国旅游者退税，即外国游客购物后，在离境时会获得退税补偿。中国已在海南省试行退税制。

9. 市场是公平的

市场是经济、政治、文化甚至军事共同发展的平台，不是任何一方力量可以决定和改变的，市场是社会综合因素平衡的结果，所以市场是公平的。

按生产要素来分，有各种各样的专业市场，如消费品市场、生产要素市场、货币市场、文化产品市场等。按生产的专业来划分，市场也可以很细，如钢铁市场、石油市场、粮食市场甚至鱼市场、米市场、牛市场、花鸟市场等。

市场的细分、市场规则的要求形成了市场准入制原则。根据市场准入制的要求，具备基本条件的参与者才能进入市场交易。市场准入制也叫市场准入的"门槛"，即参与市场的最低标准和要求。各个国家、各个地区、各个行业的市场准入要求不同，这是市场发展到今天的一个基本原则之一。市场准入制实际上是一种市场参与者交易和竞争的基本规则，有利于市场的发展和规范。

新中国建立后不久，为了恢复国民经济，对旧制度进行了彻底的批判，中国实行了市场的审批制，这对稳定社会秩序、推动社会的进步是非常必要的，也是成功的。中国首先实行的审批制是各种专卖制度，如盐的专卖制度、烟草专卖制度、酒类专卖制度等，这些制度一直坚持到现在。随着经济文化的发展和法规的健全，中国的审批已经在最大限度地减少。

备案制。中国的股票证券市场恢复和放开以后，为了保证良好的经济秩序，国家对股票证券市场的参与者实行了极其严格的审批制，这是十分必要的，也是成功的。但是，由于市场规则和秩序的逐步健全和完善，证券股票市场正在从审批制走向备案制，这是市场发展的一个革命性进步，必将发挥很大的促进作用。

10. 市场利润和平均利润

利润是市场参与者所获收益的总称。市场参与者从市场上通过自己的劳动获得的收益就叫利润。利润＝总收入－总支出。

各个市场参与者在市场上获得的利润数量不同。在不同的时期，每个市场参与者获得的利润有多有少，差别甚至很大，这似乎让人们很难捉摸。但是，市场是公平的。市场的公平性首先体现在市场会有平均利润。平均利润是市场参与者以行业要求来计算获得的中等利润水平。

$$平均利润 = \frac{利润总量}{市场参与者数量}$$

平均利润是衡量单个企业生产和技术水平高低的基本指标。在生产和经营中，只要能获得平均利润，企业就没有亏损，就算是运作成功的企业。

超过平均利润的部分叫作超额利润，企业都应该通过提高生产和技术，获得超额利润，使自己在市场中占有优势。

在资本主义生产过程中，市场经济处于主导地位。由于市场形成了平均利润，所以就有平均利润率。在资本主义生产的初级阶段，人们计算和预测平均利润都是挺难的。到了21世纪，世界各国利用经济手段，比较容易掌握市场产生的波动情况，企业也比较容易弄清自己在市场中的地位。

11. 商业产生财富么？

古典经济学认为商业能产生财富，后来，马克思通过分析研究，提出了商品流通不产生财富的理论观点，引起了经济界很大的争论。马克思从剩余价值理论出发，认为商业没有给资本生产带来增值，所以根本不产生财富，这是正确的。

但是，在市场经济实践中，商业是使商品生产实现利润的关键环节。人们可以很明显地看到，通过商品流通，商品产生了增值，商业资本家获得了财富。所以，从理论到现实，人们对商业资本和流通是否产生财富产生了争论，这也是正常的。

商品必须进入流通领域才能实现其价值，商品生产者必须经过流通才能把商品送到消费者的手里，实现价值的增值。这增值的部分就是利润，因此，会有商业利润。商业利润是商品资本家或商品流通参与者所获得的利润。商品生产出来后需要从甲地运到乙地，即使在同一城市，也有一个商品"位移"的过程，这就需要一定的投入，这就是商品的运输。在运输期间，商品没有到达消费者手里之前，还有一个保管费用。从商品生产的环节来讲，个别商品的使用价值并没有增加，但是，绝大多数商品都会通过运输和保管再进入商场或超市，实现自己的价值，其中超过商品在生产领域价值的增加部分就是商品的增加值。严格的商品增加值还应该包括商业资本的利润。

商品生产是为了满足人们的消费。商品在生产过程中形成了大宗商品和稀缺商品两大类别。

稀缺商品是因为地区自然条件的差别所造成的。例如，在幅员辽阔的平原地区，自然条件在很大的范围内都十分相似或相同，所以，它的生产要素就会比较单一，如中国的北大荒以产生稻米、黄豆为主。但是，人们的消费需求是多样性的，北大荒的人们需要消费中原地区甚至海南岛的产品。海南岛的热带水果对北大荒而言就是一种稀缺的资源。人们消费这种稀缺资源所花费的费用，也是因为商品流通领域产生的，这些费用就叫稀缺的费用。

12. 善于"投机"新说

寻求机会是人的本性之一。中国有句格言叫"机会难得"。"机不可失，失不再来"，这说明机会对人的发展、对某一地区或某一国家是多么重要。因此，西方主流的经济学也研究过机会成本。

机会成本是企业在生产成本、交易成本之外的成本。机会是难以把握的，因此，机会成本也是一种难以计算的成本，这其中一个决定因素是人不可能有"分身术"，企业除大型企业集团外也不能有"分身术"，当劳动者个人或企业遇到某一种机会的时候不可能做两次尝试，只能选择机会带来的某一次尝试，这种为机会所付出的成本就叫机会成本。西方经济学在论述机会成本的时候，没法做出科学的结论，所以只能通过案例或者举例假设来说明。[①]

机会每时每刻都存在，对机会的选择要遵循事物发展的大趋势，因事利导，顺势而为。符合市场需求的选择就叫"投机"。机会是事物发展的一种趋势和方向，在某一聚集点上，机会会产生爆发性的能量，所以，抓住了机会就说明你的行为符合自然规律和经济规律，你就可以获得超乎想象的效果。

在人们的思想行为被扭曲的年代，中国公开提出反对"投机"，这是可笑的事情。好的机会就在我们的面前，我们不去顺应自然和社会发展的潮流、不去投机获得机会给我们带来的幸运，这不是令人费解吗？

我们不仅要学会"投机"，还要学会"倒把"。"倒把"的本意是在射击过程中击中了目标，射箭的目标就是靶，射中了，靶就会倒下。这本来就是人间自然而有趣的普遍道理。但是，在中国改革开放前的某些年代，有人反对市场经济，既反对"投机"，也反对"倒把"。反对"投机"就是反对人们改造社会和自然的良好机会，反对"倒把"就是反对人们有的放矢、射击命中目标，这都是令人难以想象的怪事。在生产经营中，反对"倒把"就是反对人们实现商品的价值。

[①] 参见：〔美〕保罗·萨缪尔森、威廉·诺德豪森著《经济学》，华夏出版社，第16版，第101页。

"倒把"还有另外一层意思就是获得地区差价。中国有句格言"商场如战场"。战场的表现形式是多样的：有短兵相接，这可以说相当于在本地区的市场竞争；也有通过射击，跨越较长的距离而击倒对方取得胜利，这就相当于"倒把"。"倒把"能满足社会不同地区的需要。一个国家、一个地区无论物产多么丰富，都不可能完全满足人们的需要，所以需要商品经营者从其他地区采购本地区需要的商品，这也是倒把的本意。

2015年4月，中国修改和通过了"商品法"。"商品法"的基本条款，就是要求国内外各地区的商品都能在中国范围内合法地进入市场，有序地进入消费领域，从法律上保证了商品流通不受区域性的限制，保护了商品生产者获得地区差价的正当权益。

13. 企业是有生命周期的

企业从产生、发展到歇业、中止甚至破产，是有一定生命周期的。经济学家们对企业的生命周期提出了不同的理论，但是西方的经济学家还没有人对企业的生命周期做出较为科学的解释。

有人认为，企业的生命周期是因为资源的有限性导致的，资源开发的枯竭造成了企业生命的结束。这种现象普遍存在，如采煤企业。因为煤矿资源是相对有限的，一个煤矿采煤几年、几十年甚至几百年，这个煤矿开采企业就会因煤的枯竭而衰亡。

石油是20世纪全球最为重视的能源产品，像煤炭一样，其产量是一定的。但是，由于石油的海上开发还是一个相当未知的领域，所以，石油的开采还会有丰富的空间。

企业的生命周期也是由人的生命周期所决定的。企业是由人创立、经营、发展起来的，人是有一定生命周期的，由于人员一代一代的变动，企业就可能产生困难、矛盾、挫折，就会导致企业的灭亡。当然，企业也可以通过收购兼并、改制重组得到重生。不过重生以后的企业已经不是原来的那个企业了，而是完成一定周期后的新生命。

14. 主业经营好还是产业多元化好

中国改革开放以后，企业的经营发展模式产生了多元化经营和专业化经营的争论。直到现在，这个争论还在进行中，不同的企业也在实践中不断探索。

专业主业论认为，一个企业或企业集团只有实行专业化生产，坚持自己的主营产业，才能使企业立于不败之地。经济学家们和企业家们就这个问题展开了多年的讨论，仍然没有一个公认的结论。实际上，从经济学理论来看，这是一个比较易于回答的问题。以单一产业为主进行专业化生产的企业必须具备一个基本的条件，就是要在这个行业中处于龙头地位，或者在某一区域中处于龙头或第二、第三的地位。在中国，像中石化、中石油、中国移动、中国联通这样的专业化公司，之所以能获得超额利润，是因为它们处于产业的龙头地位，或者说是在产业发展过程中通过国家的保护确立了自己的龙头地位。

我们要清楚，绝大多数企业不具备像中石油、中国移动这种企业的生产环境和条件，所以，一味强调主业经营、专业化经营，是经营战略策略上的一种误解。

中国正在进行产业结构调整，很多产业已经不适应社会经济发展的需求，要被调整甚至淘汰掉。这难道还不能引起生产经营的决策者深思吗？

多元互补论者主张一定规模的企业进行多元化生产，以取得互补优势，让自己的企业获得更好的生存和发展。在20世纪90年代的中国，多元互补论占了主导地位，部分中小企业不顾客观经济环境和经济条件的允许，也进行产业多元化，结果导致失败和破产。

多元互补论在大多数发展中国家都是适合企业的战略选择。这当中有几个要注意的条件：

（1）选择多元化生产的企业必须是中等规模以上的企业，小企业只能进行专业生产或经营。

（2）多元化不是说产业越多越好，而是应当在自己主营产业的基础上，选择一到两个产业进行市场调研、培训人才，配套以技术设备进行生产，取得逐步的成功后再调整企业内部的产业设置。

（3）中等以上企业实行多元化生产，能够较好地应对市场变化、抗拒风险。比如中国近年来都在实行企业结构调整，如果你的企业有准备，早就在主业之外对别的产业进行开发研究，就会在国家的调结构中获得优势。中国有句格言"人不能在一棵树上吊死"，外国也有一句格言"不要把鸡蛋放在一个篮子里"，说的就是这个基本道理。

中国金融保险业"混业"之争。在20世纪90年代，中国金融保险业正处在改革开放的关键时期，出现了中国金融保险业应该单业经营还是混业经营的争论。最近的二十几年中国金融保险业走的是分业经营的道路，在某种程度上较为严重地制约了经济的发展。金融业和保险业的分业经营使金融业为其他经济实体提供的服务走向单一化，带来了小微企业融资困难的经济现象。在经济发达国家，小微企业的贷款困难度比中国要小得多，这是因为他们的金融保险业比较发达，而中国的金融保险业在为小微企业服务方面还很落后，所以，单纯强调金融保险业分业经营是有许多弊端的。

经过二十多年的实践，应该说金融保险业还是混业经营好。实际上，金融保险都属于大范围的金融业，本来就不存在分业或混业经营的区别。前几年，中国开始了金融保险业混业经营的探索，太平保险公司参股、控股"深发展"，开了保险业、银行业混业经营的先例。①

2015 年，中国政府把保险业的发展提到了十分重要的位置，这是很好的战略决策。中国的保险业与发达国家相比还十分落后，主要是覆盖面还不广，为小微企业、个体工商户特别是个体农户提供的保险还十分落后，这是急待解决的经济瓶颈之一。

15. 搞好企业转换

企业转换问题是经济学研究的重要命题之一。企业在发展过程中，要适应经济环境改变的需要，实行各种转换，以求得更好的发展。

企业年限设计。据调查，在中国，很多企业经营者在创业初期不重视企业年限的设计。企业营业执照的一个重要项目就是经营年限，有 20 年、50 年、长期等，这个设计对经营主导思想是非常重要的。有些风险性很大的企业，其设计年限应该相对较短，一旦达到经营年限，企业就应该考虑依法歇业或整顿，这是防范经营风险的重要措施。

企业主业的转换。企业在创立的时候就应该选择好自己的主业、副业。在经营过程中根据市场的变化适当有效地转换主业，这是企业抗拒风险、获得有效发展的重要手段之一。

参股金融保险业。工商企业在经营一定年限后，获得了相应的利润，扩大了资本规模，在这个时候有两种选择：一是继续扩大自己的主业或副业的生产经营规模，求得企业的健康稳固发展；二是将部分利润积累起来参股金融保险业，这是工商企业的最佳选择之一。

关于中国的贷款担保公司。20 世纪末，中国开放了贷款担保公司的开业许可，很多贷款担保公司成立了。十多年来，这类金融业的辅助类公司总体上有了发展，但是，经营不善的也不少，倒闭破产的也有一部分。之所以产生这种经济

---

① 深圳发展银行是深圳证交所上市交易最早的股票之一，太平洋保险参股并控股深发展，是中国保险业开始混业经营的标志。

现象，主要是由以下原因决定的：1. 人才匮乏，很多担保公司的创办者缺乏金融管理方面的知识，这必然会带来经营风险；2. 超范围经营，很多贷款担保公司亏损、破产都是因为超范围经营；3. 经营不善，经营不善的原因有很多，如对客户资信审查不够、对经营风险估计不足、遇到金融欺诈等。

关于小额贷款公司。中国政府为了弥补金融业布点少、经营范围小、服务不良的弱点，批准开业了一批小额贷款公司。经过十几年的运作，小额贷款公司总体发展较好，半数以上的公司取得了良好的效果，但是，小额贷款公司也有其自身的先天性不足，有的难以发展。

关于村镇银行。为了弥补小微企业资金不足的困难，中国开始了村镇银行的试点，已经取得了很大的进步和成绩。但是，村镇银行的出现还远远不能满足中国广大农村、乡镇和社区微小企业发展的需要。村镇银行的设置门槛太高，往往流于"样品"、"展品"。村镇银行的设立需要现有的金融机构控股或成为第一大股东，这是一个脱离实际的条件，一是现有的银行如中国银行等老的国有银行，不可能为一个村镇银行投资几百万、花费精力进行深入调研；二是这些老的国有银行都想利用自己的优势扩大营业部，在选择投资村镇银行还是扩大营业部之间，它们当然会选择后者。光大、浦发、深发、招商等全国性的商业银行都有和四大国有银行相同的思维。所以，把中国村镇银行的发展绑在已有的大银行身上，这是一个可笑的决定。除国有银行和全国性的商业银行外，现有的金融机构还有各地的信用社或转制而来的地方商业银行，受行业的影响，它们连发展自己的营业网点都心有余而力不足，哪还有精力来参股村镇银行？所以，中国村镇银行的设立还必须有进一步的改革措施和方案。

关于保险业。中国的保险业十分落后，经营网点少、保险种类少、理赔速度慢，给经济的发展带来了许多不利因素。前几年，保险业也开始了设立保险代理公司的试点，但是并没有取得积极的进展。可喜的是2015年的政府工作报告把保险业的发展提上了议事日程，使人们看到了希望和曙光。

亮点、难点、重点与基本概念

亮　点

1. 人的择业心态分析。

人们总想选择一个收入高、体面、工作环境好的职业，这是很正常的。但是，选择职业实际上是人们在选择职业教育和大学教育之前就要进行的事。这个选择决定了多数人的职业走向。

一般说来，人们应该坚持自己青年时期选择的职业，也有相当部分青少年在选择职业的时候受家庭经济环境、社会环境的影响，没有选择好适合自己的专业，后来要做调整也是可以的。

现代经济的发展为绝大多数青少年选择职业提供了良好的条件。

经济学要引导、指导人们树立良好的择业心态，选择好适合自己的专业，为人们实现致富梦想创造条件。

2. 关于"投机倒把"。

中国人的传统观念认为投机倒把是狡猾、不老实的行为，实际上这是一种误解。

所谓投机，是指人们应该寻求、利用良好的机会发展自己。

所谓倒把，就是人们要善于研究地区的差异性，把一地的富余商品运输到另一个商品短缺的市场，以满足人们的需求，获得财富。青年人在市场经济中一定要学会运用时间差和地区差，实现财富的聚集。

难　点

1. 青年人如何在企业中找到自己成长和发展的路线。

多数青年都会到企业去工作，到企业后怎么发展自己是经济学研究的难点之一。本书从管理者序列的角度设计了一条发展路线，也从工人序列的角度设计了一条发展路线，以对青年人有很好的参考价值。

2. 不懂得企业的人，一旦有了权力就容易产生腐败。

要研究这个问题，首先要从文化观点方面去理解。中国长期受"读书做官论"的影响，相当部分人想通过做公务员实现自己的理想。但是在现实中，到经济实体中去实现自己的致富梦想，还是更实在一些。所以，人们要学会了解经济实体，特别要比较企业，研究什么岗位适合自己。

现代社会，无论是美国还是中国，公务员都是收入中等或偏下的行业。中高收入的行业都在经济实体中，这是每个人都必须清醒认识的。

重　点

1. 关于网购。

网购已成为现代人的基本购物途径之一，将来还会有更快的发展。所以，研究网购也是经济学的重点之一。网购经营者一定要讲诚信，保证商品的质量。

政府及有关部门要加强对网购的监管。

2. 关于专业化经营好还是多元化经营好。

传统的观念认为，企业还是专业化经营好。这种观点有道理——如果你可以成为行业的龙头或区域的龙头，那么自然是专业经营好。但是，有句格言"不要把鸡蛋放在一个篮子里"，这说明多元化经营更好。

多元化经营的企业也应该有一个或几个主导产业，这样才能做到多元互补、齐头并进。

基本概念

合伙制企业、股份有限责任公司、股份有限公司、高薪养廉、超市、网购、反垄断法、备案制、平均利润、平均利润率。

问题与思考

1. 为什么说要想发财就到企业中去？

因为，只有搞企业才有可能成为老板、业主或企业家，才有可能在相当短的时间聚集到财富。

企业的分配是一次分配，所以能获得时间优势，容易实现财富的集中，而在经济实体之外的社会成员是通过二次分配获得收入的，相对经济实体的骨干或老板，他们的财富的聚集要迟缓得多。

2. 关于商业产生财富的争论

重商主义经济学认为商业产生财富，后来马克思的分析认为，商品流通不增加商品的使用价值，增加的价值也有限，所以发生了商业产生财富与否的争论。

商业是商品生产的重要产业部门，没有商业，商品的价值就难以实现。商业资本的投入也是社会经济要素的合理配置，因此，商业资本能获得和产业资本同样的平均利润。

由于商业充分利用了地区的需求差异，满足了人们的消费需求，所以有可能获得更多的利润。

互联网经济会带来商业的革命。传统的商业会逐步减弱，大部分或部分为网络经济所替代。

第十四章

经营战略是企业的命脉

企业的生存和发展取决于经营水平的高低，经营的好坏决定企业的命运。

1. 经营是企业之魂

中国人常讲的"经营之道"就是经营理念的意思，经营理念是指经营的指导思想和方法，属于企业管理的较高层面。成功的企业会有先进的经营理念，成功的企业家会有自己独特的经营理念。

经营模式是指企业经营方式的选择和规定。现在世界上的企业经营模式很多，经营模式首先是由法律体系决定的。现在的法律体系仍然分为大陆体系①、英国体系②以及其他兼容的法律体系，如中国式的法律体系。

本书第十三章已经讨论过公司制。公司制企业经营模式的特点是：公司的最高权力属于公司股东大会及董事会，董事会是公司的决策层，由股东大会及董事会聘请的经理人是公司的管理层，代表董事会对公司日常事务进行管理。一般情况下，公司管理层由总经理及副总经理负责。公司监事会的成员一方面代表股东大会对公司的运作进行监督，同时也参与公司的管理。

在公司制发展的早期，人们一般把公司的最高管理者称为"总经理"。到20世纪80年代，"总裁"一词开始出现。总裁实际上就是公司的总经理。那为什么又产生总裁一职呢？这是因为大的跨国公司、集团公司产生以后，对公司管理层的职位要求有了新的变化。总裁一职的出现，首先是因为公司规模变大以后，管理层增加了一个层次——总裁是介于董事会与总经理之间的一个公司管理岗位，总裁在公司管理职责上部分地行使了董事会的权力。按照汉语的字面意义来理解，总裁对公司的管理具有类似于董事长的裁决权，而总经理主要的职责是执行股东

---

① 也称为大陆法系，是法国等欧洲大陆国家的法律体系。
② 以英国为主体的法律体系，区别于以法国为代表的大陆法系。

大会及董事会的决策。总裁或总经理班子，也就是公司管理层。

公司执行层也叫经理层，这是指一般的分公司经理或总公司的经理层，还包括没有设集团公司的公司经理层。再往下就是公司的生产服务层，这是公司的基层组织、基层人员。

日本的公司大部分实行事业部制。事业部是公司根据分工或职能划分形成的公司执行部门，这种经营模式不同于欧美国家的公司制模式，它是指在一个公司董事会的领导下有几个事业部，事业部部长或经理具有相当于公司制中总经理的权力，特别是公司的对外投资权，事业部负责人有相当大的影响力和决定权。

日本的商社最先出现在商品流通领域，后来很多中小企业都叫商社，商社一般也实行企业的公司制管理模式。

中国企业的经营模式大多采用公司制。

2. 企业要有"隆中对"

美国前国务卿基辛格博士出版了一本《论中国》[1]，书的开头引用了中国古代四大名著之一《三国演义》中的一句话"话说天下大势，分久必合，合久必分"。这说明了《三国演义》的影响力。《三国演义》中智慧的化身诸葛亮在上岗之前给他的"老板"刘备提了"隆中对"[2]，讲了他的基本大政方针，为后人所称赞。在企业创立前期，主要的负责人总裁或总经理就应该有"隆中对"这样的企业发展纲要。

现在的企业营业执照中就有企业宗旨一栏，这个栏目也就是企业的发展目标和基本方针。因此，企业要设计好自己的宗旨。企业在成立初期就要有自己的中长期发展规划，中期发展规划可以是三年、五年、十年，长期发展规划可以是十年、十五年、二十年。

总之，有一定规模、上档次的企业应该有自己的经营之道和目标。

3. 经营是企业的生财之道

企业经营的好坏决定企业的命运。出效益、出优质产品、出新技术、出人才，这些都是企业经营好的表现，也是企业进一步发展的前提条件。

企业经营之道需要内外兼修。内外兼修是指，企业首先要加强内部管理、强

---

[1] 〔美〕亨利·基辛格著，中信出版集团股份有限公司，2012年10月第1版。
[2] 是诸葛亮在出任刘备的军师时的"就职演说"，以文采飞扬、分析精准、谋略高超而流传后世。

化内部机制，使企业的安全得到保障，生产得以顺利进行。其次，企业在外部要树立良好的社会形象，创造驰名品牌和驰名商标。

中国万向集团的创始人鲁冠球[1]对企业的经营有许多独到的创新，他用了30年的时间，把一个只有6个人的农具修理店发展成具有近千亿资产的企业集团，是中国企业学习的榜样。近几十年来，很多国家的国家元首和政府首脑、企业家、专家学者去参观考察万向集团，对这家企业的经营之道赞不绝口。

4. 经营是一种谋略

经营谋略是指企业生存发展所需要的战略方针。战略方针是由企业发展的战略目标决定的。企业的战略方针和目标是可以对外公开的，企业的全体员工都要了解和学习企业的战略目标。战略目标是企业的一面旗帜，具有号召力和鼓舞力。

经营的具体策略是由企业决策层和管理层负责的，其内容不必对外公开，只需要企业高层知晓并根据企业经营策略做出具体的工作计划。

企业谋略是随着市场的变化而变化的。市场千变万化、因素复杂，影响市场的条件也很多。要想在激烈的市场竞争中占据有利地位、获得成功，企业的经营决策者必须善于应对市场变化，调整自己的企业经营谋略。例如，马云创立的淘宝网，刚开始是以网上购物为主要经营方式、目标和手段，后来他发现网上结算业务也很有前途，就分析研究，调整企业经营谋略，发展"网上银行"业务，一举取得了成功，开创了银行金融业的新时代。

5. 经营理念是企业最高负责人的指导思想

经营是企业决策者的责任，企业经营的好坏取决于企业决策者的经营理念。经营理念是企业的最高指导思想，要转化成企业的各种规章制度，其具体目标则要由企业各部门、各岗位去完成。

真正的决策必须实事求是、高瞻远瞩。决策的基本方法是：

（1）了解问题的性质是否属于"常态"，是否需要建立一种规则才能解决该问题。

（2）找出解决问题所需的条件。

（3）仔细思考解决问题的正确途径。

（4）决策方案应同时兼顾执行方法和应变措施。

---

[1] 鲁冠球，1945年1月生，杭州人，万向集团董事局主席，著名企业家，曾为中共十三大和十四大代表，第九届全国人大代表。

经营和管理是紧密联系在一起的，而管理是企业高层的职责。也就是说，企业管理是由企业的决策层聘请的总裁、副总裁或者企业的总经理、副总经理等高层管理班子来设施的。

6. 经营是实证的，也是难以捉摸的

中国的文化理念塑造了中国特色的经营管理模式。在很多人看来，企业的经营是没有定式的，或者说企业的经营是一个抽象的概念，所以企业的经营是难以捉摸的。从另一个角度来思考，企业的经营是企业的一个文化理念，也是企业的经营作风。经营作风不是一事一物，而是一种无形的精神力量。企业的经营作风就类似于学校的校风，好的学校会形成一个好的"校风"，校风好了，学校就能够出人才、出成绩。

经营水准要接受实践的检验。一个企业经营水平的高低，最有说服力的证明就是企业经济效益的好坏。一般来说，经济效益好的企业都是经营好的企业。经营既是过程又是结果。中国古人讲的"营生"即经营生计，这说明人的一生都应该善于经营。中国人把经商或者说从事商品生产活动叫作"做生意"，也是这个意思。经商是生活的重要组成部分，要开动脑筋，有谋略，有目标和规划。

7. 经营不能"照本宣科"

我们到一个公司去学习别人的经营管理经验，一般能收集到该公司的一些规章制度、工作报告、发展规划等文字资料，这些都反映了公司的经营理念和水平。但是，当参观学习者回到自己的公司向领导汇报别人的经营理念时，不能简单地把所收集到的文字资料照本宣科。同样，经营决策者也不能把任何一本经济学或管理学教科书照本宣科。

经营是企业决策者能力的综合运用。经营不但是能力，而且是具有战略性、综合性、全局性的管理公司的能力。一般来讲，经营的理念是由公司的董事长和总裁、总经理共同决定的，是企业在市场上的综合竞争力的体现。

经营要求具备应变能力。"人不能两次进入同一条河流"，这说明世界每时每刻都在变化，公司也在变化。市场风云变幻，影响公司的各种因素都在变化，所以，经营的最高理念之一就是看经营决策者的应变能力如何。

8. 经营的诀窍在于抓住机遇

中国有句格言,"机遇总是留给有准备的人"。一般来说,公司的决策者、高层管理人员在公司的经营过程中要准备迎接各种挑战、寻求各种机遇,一旦抓住好的机遇,公司就会获得巨大的成功。

能否抓住机遇,取决于公司决策层和经营管理层有没有敏锐的观察能力,能否对捕捉到的各种信息做出正确的分析和判断。

世界船王、香港企业家包玉刚收购九龙仓就是抓住机遇的典型案例。在20世纪60年代,香港的经济开始良性发展,包玉刚捕捉到了房地产市场发展的机遇,决定收购九龙仓。但是,他当时在海运业的运作需要大量的资金,收购九龙仓更需要一笔巨额的资金。包玉刚做了大量分析和准备,找到在法国一家大银行当行长的老朋友,得到了这个老朋友的资金支持。为了商业保密,防止竞争者哄抬价格,包玉刚没有直接从巴黎飞回香港,而是在东南亚国家短暂停留,待时机成熟,突然飞回香港,当天就宣布收购九龙仓的决定,使竞争者来不及应对。另外,在策划这次收购的过程中,包玉刚非常注意保密,他的行踪连最亲密的助手都不知道,确保了收购的成功。[①] 这次收购使包玉刚的经济实力发生了翻天覆地的变化,包玉刚不久便成了世界船王。

9. 经营理念是别人学不到的

有一位老板到一家公司去参观考察,把该公司的管理制度等一系列文字上可以记载的东西都收集了,最后,这位老板向该公司的董事长请教说:"我想学习你们公司的经营诀窍。"董事长回答说:"经营是一种理念、一种思想、一种谋略,体现在经营的全过程中,你考察了我们公司的生产销售甚至分配的全过程,自然就学会了我们的经营诀窍。"这个故事告诉我们,在经济实体之间特别是企业之间,管理经验是可以学习的,但是经营理念是难以学习的。

经营理念是公司决策层和最高管理层经营管理经验的实践和总结,优秀的经营者肯定有优良的经营理念,但是,这个经营理念只是在特定的环境下才适用,再搬到另外的公司去是难以奏效的。

想要有良好的经营理念,光有知识是不行的。20世纪80年代彩电的销售出现了激烈的市场竞争,著名彩电企业长虹集团很快决定招聘一位营销经理,试图通

[①] 参见:冷夏、晓笛著《世界船王——包玉刚传》,广东人民出版社1995年5月第1版。

过改变营销状况而摆脱困境。经过多方努力，他们从中国的最高学府之一清华大学招聘到一位营销学的博士，据说这是中国少数几个第一批自己培养的营销博士之一。该博士到长虹集团担任副总经理并分管销售部门的工作。结果，经过几年的时间也难以改变长虹电视的市场销售状况，他也因此离开了长虹集团。后来，长虹还是在创立者的经营理念的引导下，才获得了新的发展机会。

10. 企业战略——经营理念的透视图说

优秀的企业都应该制定企业发展战略。一般的大中型企业都会制定中长期发展规划。中长期发展规划必须体现企业的发展战略，但是，企业发展战略不等于中长期发展规划。

企业发展战略包括企业发展的总体目标、经营理念、经营模式以及实现经营目标的手段等，是一个宏观的、纲领性的东西。企业发展的中长期规划应该比发展战略还要具体一些、细化一些。2013年笔者到一家中等规模民营企业去指导他们制定中长期发展规划时，发现了这么一个典型的案例：董事长的经营理念是比较先进的，但是，他的经营理念缺乏连续性，变化太快，而总裁本身又不胜任该公司总裁的职位，难以理解董事长的经营理念，根本没法制定出企业的中长期规划，导致公司的发展战略受到了严重的影响。

现代经济发展变化很快，企业间的竞争也十分激烈，所以应该注意保护企业的经济秘密。企业的经济秘密是指经营方针、市场技巧、技术开发、人才流动等企业专有的经济信息。一般情况下，企业没有太多的经济秘密，大多数企业都是在阳光下运行的，所以，运营规范、制度透明应该成为企业的正常状态。有一些企业为了达到某种目标，制作几张不同的财务报表，这实际上是违法经营，有逃避政府监管甚至偷税漏税之嫌。所以，本书要提醒企业的经营决策者，不要制作多张财务报表，为社会提供虚假的信息。

11. 企业家要善于让下属理解企业战略

企业战略要切实可行。企业战略不是凭空而来的，只有研究了市场和行业的状况，了解了行业的发展以及上下游企业的基本状况，才能制定出切实可行的企业发展战略。

企业的战略发展目标要分解到企业各部门各单位，并要求下属企业和相关部门制定出具体措施，提出实现目标的相关条件和不利因素，并且对症分析，找出实现目标的有效途径和方法。

中国有句话叫"摸着石头过河",这个俗语告诉人们,要脚踏实地、有把握地渡过难关。但是,能摸着石头而过的河,实际上是小河或者浅滩,如果是大江大河,水很深、风浪很大,怎么能摸着石头呢?中国在改革开放的初期提出"摸着石头过河"的口号,这是当时的历史条件所决定的,也是一种较好的选择,但是,随着改革开放的深入进行,改革逐步进入了"深水区",这时还要去摸着石头,岂不被淹死了吗?所以,中国改革开放的航船接下来应该用指南针、卫星定位仪把握方向,这样才能够在大江大海中乘风破浪,取得最后的胜利。

企业也是这样。大型跨国集团往往资产上千亿元,员工几十万,经营网点遍布世界很多地区,没有科学的战略战术是难以取得胜利的。可以说,盲目的企业必定会失败。

企业要有团队精神,企业家的战略决策也需要有团队来参与,使企业的发展目标和方向更加科学合理。大型企业集团的业务很多,面也很广,有的在五大洲都有分公司,所以,光靠董事长、总裁几个人的智慧是不够的。这就需要听取专家学者的意见,利用他们的聪明才智,为企业的发展和经营提供帮助。这些专家团队通常被称为"智囊团"。

战略的实现要靠企业的每个员工。公司的每一个员工都是公司的一分子。每个员工就像一个庞大机器上的螺丝钉,对整个机器都是重要的。反过来讲,如果这个庞大的机器不需要某个螺丝钉,说明机器的设计不合理、不科学。先进的企业是一个有效的组织体,每个员工的岗位都是不可缺少的,每个员工都是企业重要的一分子,企业的发展是员工共同努力的结果。

12. 战略是一面旗帜

除小微企业或者生长周期很短的企业不需要制定企业发展战略外,一般说来,企业都应该有自己的发展战略。事实上,一些小微企业也是有自己的发展战略的。任何大的企业都是从小企业发展而来的,比尔·盖茨的微软刚开始也只有几个人。

战略是企业组成中的一种高尚的形式,它就像企业的一面旗帜,是企业员工必须高举和维护的。举个例子,一个土地辽阔、人口众多的国家用什么来代表自己呢?最简单的方法就是制定一面国旗,国旗是国家的象征之一。同理,上规模、上档次的企业也应该有自己的旗帜,企业的发展战略就是企业全体员工头脑中的一面旗帜。

13. 企业战略与企业形象策划

企业形象策划是一门专门的学问。因此，一般要请专门的设计公司为企业做形象策划。企业形象策划包括的内容很多，如企业的名称、企业的简称、企业的旗帜、企业的商标、企业外文名称、外文字母简称的选择等。企业的形象设计是企业发展战略的重要体现。

14. 企业的行业定位

一般的企业，根据其经营的范围，都归属于某一个行业。当然也有少数特大型的企业或跨国企业集团会在多个行业开展业务，但是世界知名的企业一般都有自己主打的行业。市场经济发展到今天，行业标准、行业管理更为重要，因此，企业的决策者和高级管理层要吃透行业标准，给自己的企业选择相对应的行业。

企业在行业中的定位是通过每年的行业评比、通过国家统计部门对企业信息资料的统计得出的。根据国家的统计，企业的年产量、年销售量、销售总收入、利润、税收这五大指标能够帮助企业找准自己在行业中的定位。找准定位后，企业的发展目标会更加明确。在某种程度上，数字比较简单地反映了本书前面讲的比较抽象化的经营理念、发展战略、经营谋略等。但是，要注意，这只是某种程度的反映而不是完全的替代。

15. 企业标识的"三名四度"说

企业标识的制定和企业的形象策划是有一定区别的。企业标识更加鲜明地确定了企业的基本形象，比如企业标识所选择的颜色、企业的形象符号。企业标识最基本的要求就是让人看了一目了然，不容易引起误会和误解。企业标识要注意"三名"、"四度"。

"三名"是指企业的名称、名牌、名品。企业的名称看起来很简单，实际上，企业的名称显示了企业的很多具体信息，如注册地、公司形式就必须非常明显地表现出来。公司名称一旦确定就受到法律保护，任何组织和个人不能再使用，所以，公司的名称具有唯一性和法定性。中国现在注册有3600万家经济实体，这3600万个商品经营服务者中，最小的是个体户，最大的是跨国企业集团，它们的名称都是不能重复的。

中国有个著名企业叫杭州娃哈哈股份有限公司①，其创始人宗庆后在企业取名上动了一番脑筋，选用了一首广为流传的儿歌《娃哈哈》作为自己企业的名称，这是公司选择和决定自己名称的典型案例之一。

改革开放以后，中国逐步建立了以市场经济为主体的经济发展模式，对公司的名称也做了规范和调整，主要有以下几个方面：

（1）取消了许多挂有"中国"字样的公司名称，如原来的中国国际旅行社就依法把前面的"中国"去掉，国际旅行社在各地的分支都成为独立的法人，冠以公司所在地的名称。

（2）凡是名称还带有省、市、县标识的公司，都是在20世纪70年代以前就建立的传统国有企业或集体所有制企业，例如四川省汽车运输公司、北京市公交公司，这些公司过去都是省属企业或市属企业。

（3）无地域限制的公司可以在国内跨区域经营，甚至可以跨国经营。比如，联想企业集团有限公司就是一个依法注册的跨区域经营的公司。

（4）新出现的带有"中国"字样的公司如"中国小商品城"，这是在我国公司名称规范的初期在国家工商总局注册的公司，它的注册地和经营地都在浙江义乌市，当时国家为了支持它跨区域经营而允许它在国家总局注册。后来该公司的发展证明其经营决策者的战略目标和设计是正确的，现在它确实成了中国驰名的企业，并且在该行业具有一定的国际影响力。

关于名牌。著名的企业都创造了自己的名牌，"娃哈哈"就是其中的代表之一。

关于名品。企业要想成功，必须生产出知名度很高的产品，这就是所谓名品。

关于"四度"。企业的美好形象主要表现在其产品的"四度"，即"知名度、信誉度、美誉度、忠诚度"。知名度是指某企业或某产品、某品牌要有一定的知名度。知名度是逐步扩大和逐渐形成的。信誉度是指知名企业在市场运作中通过自己的知名品牌赢得了社会的信誉，这也是企业发展壮大和成功的条件和标志之一。美誉度是一个更高层次的要求，即企业有了相应的知名度和信誉度之后，进一步得到社会的赞美，让人们普遍承认企业的产品质量高、服务到位。忠诚度即顾客对企业品牌的忠诚程度。所谓忠诚，就是顾客在需要消费同类商品时必须要使用某个品牌。据笔者调查，长虹、海尔、娃哈哈都是我国忠诚度很高的品牌。

---

① "娃哈哈"成为今天的世界著名品牌，与创始人宗庆后的先进经营理念和品牌战略分不开。

16. 企业的无形资产

企业的无形资产是指由企业的商标、品牌、信誉等构成的资产，这是市场经济发展的产物。大多数企业都应该有自己的商标。商标就是企业所生产的商品的标识，一般是由文字和某种图案组成的。企业商标是企业无形资产的主要代表。著名商标会使商品的价值不断增长和提高，例如，可口可乐商标现在的评估价值达几百亿美元。

改革开放以后，中国进入了市场经济，也特别注意规范无形资产的树立、运用、评估。中国现在有几百个国家驰名商标、几千个省级著名商标和不计其数的一般商标。

评估无形资产或企业商标价格的方法主要有：

（1）重置法。某一无形资产或商标从产生到现在所投入的成本总额就是它的价格。这种方法的合理性在于，不计算时间而是考虑创造这么一笔无形资产需要多少投入。

（2）成本法，即计算企业创立这笔无形资产所花的费用，主要有商标的实际制作费、商标的维护费（特别是维护商标的广告费）。这是比较实在而客观的计算方法。

（3）增值法。在商业活动中，某企业使用其他企业的无形资产或商标所带来的利润增值，就是商标的价值。商业实践中的一般程序是：经过评估，甲企业使用乙企业的商标，每年把利润增值的一部分交给乙企业。

企业所创造出的品牌也是企业的无形资产之一，其价值也是巨大的。对于世界或国内知名品牌，其他企业可以采取贴牌的办法来生产。一般情况是甲企业向乙企业协商使用其品牌生产产品，甲每年根据生产和销售的数量向乙企业交纳一定的费用。中国改革开放后通过广泛使用贴牌生产的办法融入了国际市场，如，四川省峨眉山市的金得利公司贴牌生产美国的耐克运动鞋，通过为外国公司贴牌生产，收取一定的加工费用，或者说向品牌公司交纳一定的使用品牌的费用。

企业荣誉是指企业参加各级政府、媒体、行业组织、社会组织举办的各种评比所得到的荣誉，如"诚信企业"、"民营企业全国500强"等。大中型企业由于历史悠久，一般会有很多荣誉；一些中小企业也有各自的企业荣誉。企业荣誉对树立企业的品牌、申请著名商标都有很大的促进作用，因此，企业要重视和保护自己的荣誉。

17. 人品高于一切

企业的品格就像人的品格一样，有无限的力量和榜样作用，企业的品格高于一切。企业的品格一般是由企业的创立者或最高领导人的品格所决定的，如微软的品格主要是由比尔·盖茨的人品所决定的。

企业领导人的品格决定了企业的命运。现在很多中介机构去考察一些企业的现状和发展前景时，最重要一条就是看领导者的素质和人品。可以肯定地说，如果企业领导者的素质不高、人品也不好，该企业是难以有好的发展前途的。在中国，有少数企业规模扩大以后，企业负责人人品的缺陷使企业的经营走向险路，例如搞腐败和官商勾结。还有一些企业做大做强后独霸一方，涉嫌和黑社会勾结，从中取得非法的利润，同样导致企业经营走向歧途。很多发展中国家都有类似的案例，这是我们要吸取的深刻教训之一。

企业领导者、高级管理层以及每一个员工都必须明白，做人是非常重要的。每个人首先要学会遵纪守法，做一个合格而优秀的公民，认真修炼自己的人品，使自己成为优秀的人，这样才能做好企业，处理好自己岗位内的事。先做人后做事，这是社会进步所需要的共识。

亮点、难点、重点与基本概念

亮　点

1. 关于经营理念。

经济实体特别是企业，只有通过经营才能获得成功。经营理念即经营的指导思想，是企业的灵魂。经营理念就是中国人讲的"经营之道"，是很抽象的。

经营理念是企业创立者和决策层的一种谋略。本书提倡在经济实体中的人们树立明确的经营理念，培育适合企业的企业文化。

2. 经营理念是很难学习的，管理经验是可以学习的。

经营企业的难点就在于建立科学有效的经营理念和发展战略，企业的管理制度、管理方法是可以从其他企业学习到的。

难 点

1. 为什么经营理念很难被别的企业学习？

为了解决这个问题，经济学家们想了很多办法，最终，人们采取了创办工商管理学院的方法来培养企业高层管理者。工商管理学院的基本教学方式就是案例分析，把企业经营成功或失败的案例展示给学生，通过举例来说明经营理念的难以捉摸，让学生自己去领悟。

2. 关于企业的无形资产。

企业无形资产的价格可以很高，这是一般人很难以理解的。可口可乐的品牌估值达几百亿美元，这是因为，历史是不能重复的，所以它就显得极其珍贵。

市场对无形资产的认可度具有决定作用。消费者对某种商品有了很高的忠诚度，这就会带来无限的商业利润，所以无形资产的商业价格很高。

重 点

1. 关于企业文化。

企业的经营理念如何传达给员工和消费者，关键看企业文化。

企业文化显示了企业的凝聚力和企业精神，所以能给企业的经营管理带来意想不到的效果。

企业文化是由企业最高领导人的言传身教、表率作用体现出来的。世界知名企业的最高领导人都有对企业和社会的奉献精神。香港企业家李嘉诚已经快 90 岁了，仍坚持上班和参加社会活动，把自己奉献给企业和社会，这就是一种表率作用。

2. 关于企业的行业定位。

多数企业都属于某一行业，所以，在企业创业初期，经营决策者就应该调查市场，对社会发展和社会需求做出战略评估，找准自己的行业定位。

行业定位好了，会取得巨大的成功。杭州的娃哈哈集团一开始的定位就是为独生子女、幼儿和小学生服务，该定位准确而适应时代的潮流，因此获得了巨大的成功。

基本概念

经营理念、经营模式、经营战略、经济秘密、团队精神、三名四度、重置法、成本法。

问题与思考

1. 从企业经营战略出发

有自己的经营战略,企业才能获得成功。经营发展战略是企业的目标,是一面旗帜,体现着企业的凝聚力和吸引力。企业经营战略目标通过企业文化来体现。

2. 关于企业的团队精神

企业的决策层应该是一个团队,企业的决策还可以由"智囊团"来协助进行。企业的高级管理层、企业的某一个部门都是一个团队。企业的成功要靠发挥团队精神来实现。

第十五章

企业家和企业管理

天下的财富可以分为三类：一是天然的财富，即自然界提供给人类的物质资料和前辈遗留下来的财富；二是偶然的财富，如彩票中奖所得、馈赠所得；三是创办企业所得，这是人类获得财富的最主要和最基本的途径。企业加工各种自然要素，创造了人类最大的财富。企业家是企业的开创者、组织者和领导者，相应地占有更多的财富，所以人们往往把企业家看作财富的象征。

本书的副标题"给你带来财富的研究"就是提醒人们，在偌大的世界之中，各行各业千千万万，企业是拥有人数最多的经济实体，是劳动者就业的主要场所，因此，"要想富，到企业去"。本书希望有更多的人到企业中去寻求发展，在创造社会财富的同时为自己依法获得更多的财富。

企业家是企业的代表，企业家富了，企业的员工必然会享有更多的财富。中国阿里巴巴集团的创始人马云因公司股票在纽约证交所上市成为中国的首富，同时，该公司的员工也有一百多位成为亿万富翁、有一千多位成为千万富翁，这是一个企业家致富带动企业员工致富的典型案例。

人们都知道，各种体育明星、文艺明星的财富是比较多的，但是，真正的财富占有者往往大都是企业家。世界500强企业是世界上占有财富最多的500家经济实体，其中难见体育、文艺企业的身影，这足以证明财富趋向的方向。

1. 企业家的财富是风险收益的最大化

人类在认识自然和利用自然创造财富的过程中要面对各种各样的困难和挑战，这就是风险。一旦战胜风险，人们就会获得巨大的收益。世界上没有任何毫无风险的事业，只不过风险大小不同而已。同时，人们的智慧和能力不同，战胜风险的手段不同，同一件事，对一部分人是很大的风险，对另一部分人只是普通的困难，所以，敢于冒风险者会得到收益的最大化。企业家就是这样的人。

企业家的财富之所以显得那么耀眼夺目，是因为企业家通过自己的努力，战胜了各种风险，实现了收益的最大化。风险收益或者说风险投资收益是社会经济生活中的一个特殊现象，风险投资收益是一般投资收益的几倍甚至几十倍，所以企业家的财富能够在常人看来的相对短的时间内得到最大化。

企业之所以能够创造财富、获得财富，首先是因为企业的创立者在认识社会和自然的过程中抢占了某种优势地位，并且组织人力物力把这种优势最大化，为社会提供商品和服务，因而得到了社会的承认，获得了社会给予的正当回报，这就是企业获得财富的秘密。

企业家的财富还来源于机遇。本书在讨论财富、市场、社会进步等问题的时候多次提到"机遇"这一人们经常使用的概念。机遇既是抽象的又是现实的。机遇的抽象性是指人们难以用数据或一个具体的外在形式来表述某种有利于自己发展的机会。机遇又是具体的，一旦人们抓住了机遇，就会给自己带来意想不到的财富。企业家之所以能占有更多的财富，就是因为他巧妙地得到了机遇带来的收益。

2. 企业家三大素质：远见、冒险、组织力

中国改革开放后，经济体制从传统的模式转向以市场经济为主的模式，社会上出现了成千上万的老板，老板中的佼佼者就成为人们所说的企业家。

在20世纪90年代，人们反复研究讨论，什么样的人才能成为企业家，或者说企业家具有哪些最基本的素质。一种意见认为企业家要具备二十几种特别的素质，另一种意见认为企业家要具有十种左右的素质，不同人所列的内容各有千秋、大体相当，最后，经过将近10年的讨论，本书认为企业家最基本的素质就是有远见、敢冒险、有很强的组织能力。

企业家第一素质：远见卓识。这是一个人要成为企业家的最基本的、首要的素质。人们要创办企业，首先，眼光短浅不行，必须要高瞻远瞩。因为，企业的创办从准备原材料、招聘员工、生产商品、进入市场、得到利润是一个相当长的过程，如果没有远见，可能生产出来的商品还没有上市就已经落后了，这样怎么可能赚到合理甚至丰厚的利润呢？

企业家要组织企业进行生产，必然要投资。在投资之前，必须要估算进行某一项投资所带来的收益。一般来说，投资和收益是成正比例的，多数情况下投资后都会获得平均利润。但是，如果投资的是处于某种被市场需求所淘汰的商品，那么收益就会难以实现。同时，企业家还要测算投资的成本——如果有某种优势，

投资成本可以比别人更少，那就会获得平均利润之外的超额利润。

企业家第二个最基本的素质是敢于冒险，敢为天下先。广义而论，人做任何事都会有困难，甚至有巨大的风险。但是，中国有句俗语叫"不经风雨怎见彩虹"，这就是说只有敢于应对困难、战胜风险，才能得到最佳的结果。企业家都应该具有"敢为天下先"、"勇于开拓"的精神。中国有很多知识分子确实有知识、有远见，但是，他们很多人不具备敢为天下先的冒险精神。因此，他们虽然多少次看见了致富的机遇，却往往不敢冒风险，只能和机遇擦肩而过。企业家往往不是书本知识丰富的人，也不一定是专家学者，而是具备一定的文化、专业知识并且敢于冒险的人。

企业家素质之三是优秀的组织能力。当人们发现了市场的某个良好的机遇，预见到某种商品的开发前途，同时又敢于冒险，敢于去吃"第一只螃蟹"，但是，如果缺乏优秀的组织能力，也是不能取得成功的。如果企业家只具备前两种素质，企业的经营规模是搞不大的，企业家的发展和财富的聚集也是有限的。如果具备优秀的组织能力，就可以邀请到几十位甚至更多股东来组建有限责任公司，可以广纳天下人才来为公司尽力尽责。无论是技术人才还是管理人才，友好、有效地组织在一起，才能够发挥更大的作用。招聘大量的劳动者特别是优秀的技工、领班来组织生产，这样企业才能迅速发展。

这是一般的企业家必须具备的三个最基本的素质。在现实生活中，有的企业家有可能某些方面有缺陷，但是只要他会使用人才，以智囊团来弥补自己的某些不足，也能取得成功。

3. 企业家都是善于抓住机遇的高手

机遇是以多种形式存在的，也是不定期出现的。有的企业老板创建公司，很短的时间就取得了成功的发展，这说明他抓住了机遇。有的公司创立以后，发展一直不好，这种情况说明企业的创办者缺乏冒险性，准备不充分。所以，机遇无处不在，无时不有，关键看你的运作能力。

企业家要善于应对挑战。创办企业、经营和管理企业是一个系统工程，需要多方面的条件。各方面的因素都具备，才能获得较大的成功。因此，企业家要做好迎接各种挑战的准备。

4. 企业家的品格是难以继承的

世界有名的企业家或者一个国家和地区范围内成功的企业家的品格都是独特的，所以，一旦创业的企业家离职，公司的经营风格、经营理念就会因为企业老板的更换而改变。这种改变可能造成企业发展的危机，因为企业内部的中高级管理员工包括普通员工对原来老板的经营风格、经营方式有崇拜心理，大家都会信任和理解老板的决策，全心全意地去执行，这就减少了各个部门之间、企业员工之间互相力量的抵消，从而能够形成合力、战胜困难。这是企业家独特的品格、独特的风格、独特的魅力带来的独特的效果。由于企业家品格的独特性，后来的人很难继承前任的品格。

但是，企业家的产业是可以继承的，新的企业领导者、组织者应该搞好新旧工作移交，特别是处理好继承与发展的关系。关系处理好了，甚至可以创造出比前辈更为绚丽的丰功伟业。

5. 你想当企业家吗？

年轻的大学生们毕业以后都会面临职业选择的问题，正所谓"条条道路通罗马"，人们可以通过不同的途径实现自己的梦想。

在中国，现在正是青年人发展自己、实现梦想的好时机。国家鼓励年轻人创业，在经济开发区、保税区、自由贸易区都设立了大量的科技创业园或创业孵化园，在注册、用地、税收等方面给予优惠和支持。国家还设有大学生创业基金、海外归国人士创业基金，目的就是鼓励年轻人勇当创业者。

成为企业家的主要道路有两条：一是自己当创业者，从小做起，从现在做起，在实践中学习摸索；二是到别人创立的企业中去，成为企业的一员，积累经验，学习专业和管理知识，逐步实现自己的梦想。外国有句格言"不想当将军的士兵不是好士兵"，通过融入他人创办的公司成为"将军"，也是大多数青年可以选择的道路之一。

现在，中国已进入"大众创业、万众创新"的新时代。

6. 企业家大多数是企业创始人

企业家是一个相当宽泛的概念，现在的企业家多是指有一定的知名度、较为成功的老板。

有统计表明，成功的企业家多数为企业创始人，如美国的比尔·盖茨、日本的松下幸之助；也有部分人是企业招聘的高级管理人员，经过一段时间的工作，使这个企业有了很大的进步和变化，成为该企业的老板、总裁或总经理，从而被称为企业家，如苹果手机的总裁。

在中国，改革开放只有三十多年的历史，现在成功的企业几乎都是由创始人一手建立起来的，所以，中国现代的企业家大多数都是企业的创始人，如海尔集团的张瑞敏、"娃哈哈"的宗庆后、联想集团的柳传志等。

中国还有一些大型国有企业公司后来改制成为股份公司，一些在传统企业中的具有官员色彩的董事长或总裁，适应了市场经济的要求，不仅把企业经营得很好，而且还总结了一套有效的企业经营管理经验，被国内外的企业界所尊重和认可，如许继电器公司董事长[1]、中国东风汽车集团有限公司总裁[2]。

中国改革开放三十多年创造了成千上万的大中型民营企业，其创始人多数都称得上企业家，他们现在都面临着接班的问题。由于中国"子承父业"的文化传统，多数民营企业家都愿意让自己的子女来接班，继承自己所开创的事业。但是，这一代企业家半数只有一个子女，半数左右有两个子女，有三四个子女的极少，从人才素质、知识结构来考虑，可供选择的企业"掌门人"的理想人选太少。所以，一部分民营企业家选择退居二线，辅佐子女掌管企业，在实践中锻炼接班人；一部分民营企业家选择"名退实不退"，这也是一种办法，如中国香港的首富李嘉诚八十多岁仍然在参与公司管理。

资本主义公司制发展几百年来，经过各种曲折，人们创造了职业经理人制度。公司的管理实行所有权和经营权分离，老板及股东是公司的所有者，而总经理班子只是公司的管理者。除少部分企业的高级主管人员是由股东担任外，大部分公司聘请股东以外的管理人才来主持企业的经营管理业务。这个制度是经过历史检验的，随着经济的发展，大部分公司都应该实行职业经理人制度。

7. 企业家是企业的精神领袖

顶级企业家和一般的企业老板的一个重要区别在于，顶级企业家是企业的精神领袖。也就是说，这个企业的最高领导者把自己的品德、理想、追求等因素编织成了企业的文化。有一些企业家不一定是企业的精神领袖，如大公司的总裁或

---

[1] 许继电器是地处江苏徐州市的一家传统大型国有企业。在成为上市公司以后，该公司发展很快，公司董事长的管理经验为世界管理界关注和重视。

[2] 东风汽车集团也是一家大型国有企业，最近10年，该公司总裁的企业管理经验也成为国内外企业学习的对象。

总经理，他们是企业文化的执行者、推广者，还达不到精神领袖的地步。一般而论，一个大中型企业的高级管理者经过一段较长时间的经营，提高了企业的业绩，就可以称得上企业家。这主要是针对大型企业而言，对于少数中型企业，如果该企业有创新、有独到的见解，在行业中处于龙头地位，这样的企业的领导者也称得上企业家。

企业领导人和企业家一样，也有广义和狭义的区别。一般来说，董事长、总裁或总经理都是企业的领导人，这是狭义的领导人概念；广义的企业领导者包括董事长、副董事长、监事长、总裁、副总裁、总工程师、总经济师、总会计师、总设计师以及其他高级管理人员，可以说，这些岗位的企业领导者就构成了我们平常所讲的"精英"团队。这个团队首先要维护企业的良好形象，同时也要注意提高自己的素质，修炼自己的品德。

8. 企业文化来自企业家的修炼

企业文化和企业家一样，不是一朝一夕形成的，而是经过 10 年或更长的时间才形成的。企业文化取决于企业的老板，如日本著名的松下电器，其创始人松下幸之助塑造了松下电器的文化。

文化是物质文明和精神文明结合而成的系统性的文明现象，企业文化是企业在为社会提供商品和服务的过程中形成企业的精神文明，这个过程也是循序渐进的。中国有个万科集团[1]，它的董事长王石树立了万科文化的核心，即"以人为本、创造卓越、服务社会"。王石是万科真正的精神领袖，他用自己的思想和先进理念不断激励着万科的几十万员工，是中国改革开放以后塑造企业文化的光辉榜样之一。

9. 企业领导岗位是可以接班的

一家企业经过创始人几十年的努力，取得了很大的成就，其精神领袖退休时要找到替身是很难的。但是，公司的领导岗位如董事长、总经理、总工程师、常务副总裁等都是可以接班的。

企业领导换班以后，一般都会经过几年的"磨合"时期，让新的领导班子成员互相欣赏、互相尊重、互相适应，使领导班子成员能够找准自己的定位，完成自己的职责。同时，在这段时间，企业的第一负责人和第二负责人要树立自己应

---

[1] 万科集团是深圳的一家大型民企，它创造了中国房地产业的第一品牌，其创始人王石的文化理念为大家称赞。

有的威信，领导团队把企业搞得更好。如果企业新的领导班子在磨合期就互不尊重、自以为是，使企业的团队作用难以正常发挥，就会给企业的经营带来隐患，造成企业的经营困难。

企业家不是自称的，也不是别人封的，必须在创立企业、经营管理企业的过程中带领企业战胜各种困难、渡过各种险关。真正的企业家是在企业运作的实践中锻炼出来的。

有时候，一个公司会从外面聘请人才来担任公司的总裁或总经理，主持公司的日常管理工作。因为外来的企业领导者不了解公司的成长过程，没有深刻理解企业的文化，可以说是"从天而降"的，所以，人们把这类从公司之外聘请的高级负责人称为"空降兵"。这个称呼实质上是对职业经理人制度的一种抵触情绪的表现。

10. 企业家是从市场拼搏出来的

无论是从本企业成长起来的总裁，还是"空降兵"式的总经理，都要带领公司团队去市场中拼搏，通过开拓市场，发展业务、取得成绩，取得团队成员和公司员工的佩服和尊重。

管理企业要拿业绩说话。"商场如战场"，企业在市场中的竞争是真刀真枪、你死我活的竞争。没有经营业绩，企业在市场上的份额就会缩小，企业的经营管理就会产生困难，企业员工的收入就会减少，带来一系列连锁反应。

11. 企业管理是企业的制度化

企业管理是指企业领导者把企业经营管理到最佳状态的理念和方法的总称。企业管理不但是一门科学，还是一门艺术。

企业管理科学是经济学的一个重要的分支。1890年，经济学家马歇尔出版的《经济学原理》第一次把企业管理称为经济学当中的"组织要素"，首次研究了资本家以及管理人员所关心的、根据企业实际需要而形成的、系统的企业管理理论。

实际上，科学管理的真正创造者应该是美国人弗雷德里克·温斯洛·泰罗[①]。泰罗出生于律师家庭，他虽然考上了著名的哈佛法学院，但不得不因眼疾而辍学到工厂去当学徒工。当了3年学徒工后，他进入费城的大钢铁厂做了一名机械工人，很快成为总技师，28岁时被提升为总工程师。通过参加业余技术学院的学

---

① 泰罗（1856—1915）开创了经济学的分支——经济管理学。

习，他获得了机械工程学位，开始了科学管理的研究。1890年，他因才干突出，创办了投资公司并任总经理。3年后，他回到工厂去搞管理咨询工作。1901年以后，他不再担任固定工作，而是从事一种他创造的"顾问工程师"职业，负责管理改革事务，致力于讲演和写作科学管理著作，著有《工厂管理》（1903年）、《科学管理》（1909年）。

泰罗认为："人的生产率的巨大增长这一事实标志着文明国家和不文明国家的区别，标志着我们一两百年的巨大进步。"这是一场管理"革命"，将传统的军队式管理转变为职能式管理。

在现代，管理科学也为世人所看重。20世纪管理科学的理论和书籍爆发式地产生，出现了许多管理咨询机构，专门为企业管理提供服务和帮助。1960年，美国麻省理工学院教授、行为学家道格拉斯·麦格雷戈（1960—1964）在他的著作《企业的人性方面》中详细地阐明了他的X—Y理论。X理论认为人生来好逸恶劳，明哲保身，缺乏进取和责任心，缺乏理性，自我中心，所以对企业员工应采取"命令与统一"、"权威与服从"的管理方式。Y理论假设人性是"善"的，要求工作是人的本能；在适当条件下，人们愿意承担责任；只要管理适当，个人目标可以与组织目标一致起来；人对于自己参与的工作，能够实行自我管理和自我指挥。①

企业管理要求企业制定一系列的规章制度，规章制度要形成一定的体系才便于执行。

中国的企业从20世纪末开始重视企业管理，上规模、上档次的企业基本上都制定了规章制度，但是，在执行规章制度上做得还不够。笔者到很多民营企业去考察或咨询，发现它们的通病就在于企业制度很难执行，这是一个需要高度重视的事。例如，中国著名的民营企业"广厦集团"制定了厚达几百页的一大本规章制度，并且经过正规印刷发到中高级管理人员手里，经过三年多的试用后，规章还经过修订再次印行。即使是这样，广厦集团仍然没有解决执行难的问题，企业家族成员及亲友带头不执行公司的规章制度，导致公司险象环生，难以向更高境界和层次发展。

---

① 这是经济学的一个分支科学——管理学向人性发展的开端。

12. 企业管理既是一门科学，又是一门艺术

管理是一门科学，就是说管理科学有它内在的、合理的规范性。科学管理有更加严格的规定和标准。在改革开放初期，张瑞敏成为海尔集团的董事长后，在管理科学上有一系列的研究和创新，比如在程式化管理上规定公司内部行人必须靠右，这是最简单的程式要求，可以节约时间、避免拥挤，并使工厂显得更规范。员工如果不遵守这个规定，就会受到指责，甚至会被开除。海尔的管理模式是一个规范化、程式化、科学化的典范。

管理必须严格，严格产出效率。前面所举的海尔的严格管理，当时很多人都不理解，认为员工犯这么一个微小的错误就要受到开除这么严重的处分，这不合理、不近人情。实际上，这是一种偏见和误解。张瑞敏认为，作为一个企业的员工，如果连这么一个极其简单的规定都难以遵守，那怎么能自觉遵守公司的其他规定呢？因此，管理要从严开始。从某种意义上说，海尔集团能有今天的成功，就在于张瑞敏抓住了程式化管理的突破口。

严格的管理可以提高生产效率。企业出安全事故，就是因为没有严格管理的结果。安全是涉及企业职工生命的重大事情，也是关系到企业生产的重要因素，企业出了安全事故会引起一系列的连锁反应，除了产生直接的经济损失和人员伤亡外，还会带来一系列的影响，所以说，企业一定要抓好安全生产。

管理也是一门艺术，在严格执行规章制度的前提下要讲求方式方法，要人性化管理。人性化管理的前提是以尊重人格、尊重人权为基本出发点，关键是调动人的创造性和劳动积极性。既尊重人的个性又严格执行公司的规章制度，这是管理者最难把握的一个高级技巧，是一门高级的艺术。

管理者要对被管理者动之以情、晓之以理：一方面是规章制度的制定要科学合理，要有人情味；另一方面是指公司员工一旦出现违背公司规章制度的情况，要先给予耐心的教育引导，再按规章制度严格处理。严格执行规章制度在中国要防止被误认为是管理者"整人"，让受处分的员工心悦诚服，接受企业合情合理的处罚。管理者要特别注意被处理员工的心态是否正常，要尽量避免和被处理员工产生情绪对立。人性化管理缺失造成的员工情绪失常，甚至会产生某种极端的后果。

13. 企业管理的主要内容

企业管理是企业内部管理和外部管理的总称，可以说，企业管理贯穿于企业活动的全过程，又涉及企业运作的各个方面。企业管理是对企业的立体化管理。中国有句古话"上管天文地理，下管鸡毛蒜皮"，这说明了管理的普遍性。企业的管理者对企业生产经营过程的各个生产环节都要进行立体化管理，由于需要管理的内容很多，现主要概括如下：

（1）人事管理。人事管理是企业管理的第一大事，因为人是活动变化的，企业的每一项活动都是由人进行的，简单来说，管好企业第一要务就是管好人。管人又分为多种层次。企业老板首先要管好决策团队，如副董事长、监事长、总裁、副总裁、总工程师等。企业之所以会出现经营上的困难，除了不可抗拒的外部环境因素外，在根本上取决于企业的最高领导者能否管好决策团队。第二个层次是要管理好企业的中层及执行层，调动他们的积极性，要通过他们去管理企业的每一个人。

（2）财务管理。财务管理是企业最重要、最敏感的管理。在市场经济中，有不少企业产生经营困难，原因之一就是财务管理不到位，一些中小企业甚至往往因为财务管理不善导致企业破产。在中国，房地产业只有20年的历史，中国的房地产为中国经济的发展做出了巨大的贡献，产生了许多大的企业集团，但是，也有少部分房地产企业因资金断裂出现财务短缺而破产的案例。

（3）财产管理。这里的财产是指公司的物化资产及厂房、设备、原材料、辅助材料的管理。财产管理是比较具体而经常化的管理，管理的根本要求是保证财物的品质能够为市场提供合格的商品和服务。

（4）项目管理。这是指企业以生产某种商品为目的的项目管理制度。项目管理主要包括两方面：首先是在建项目的管理和投产项目的管理，这种管理类似于单个企业的管理或分公司的管理，是管理当中的一个重要模式；其次是项目的储备管理，上规模的企业要根据市场发展的需要开发新的项目，使企业有较为充分的项目储备。

"项目管理制"是20世纪西方国家兴起的以项目开发和生产过程为目的的管理制度，是公司制企业管理的一种新的管理模式。项目部从一个项目的前期开发到开发后的生产管理都独立核算、独立管理。项目部就相当于一个企业法人，这种管理的优势在于有利于企业生产服务的专业化、程序化和规范化。

（5）信息管理。随着20世纪80年代信息工程的开发，信息管理已经被提上了企业管理的议事日程。21世纪被称为"信息爆炸"的时代,信息管理更加成为管理的重要内容。最近几年,随着互联网的广泛运用,人类进入了网络经济时代,学会信息管理已经成为对每个企业领导的要求。

(6)外化管理。这是指企业和其他企业、政府、社会组织、中介机构等企业之外的单位的关系的处理,也叫企业的公共关系管理①。中国多数企业现在还不注意企业的外化管理,这是需要改进的。

14. 程序管理与过程管理

企业的管理是一个程序化和系统化的过程。程序化管理要求管理从始至终都服务于公司的活动过程,实现管理的制度化和规范化。

程序化管理的表现有很多。首先是员工的薪酬设计。员工到你的公司来,首先应该明确在何等情况下获得何种薪酬待遇。设计科学合理的薪酬制度以吸引员工,这是管理的基础所在。

第二是制度管理。一个成功的企业应该有一套行之有效的规章制度,员工在来到公司前就应该了解这个公司的基本规章制度。很多公司都要对新员工进行培训,培训的内容有很多,如公司的创立史、公司的经营理念、公司的基本规章制度等。由于员工培训不可能花很长的时间,一般为3天左右,所以很多公司都有员工守则。员工守则是员工在公司的基本行为准则,一般人手一本,公司的基层主管每周都应该在例行的周会上组织员工学习员工守则。

第三是目标管理。员工分配到具体的工作岗位后,都应该有一定的工作目标。明确自己的目标和责任,可以让员工看到希望,敢于挑战自我,向更高的目标前进。

第四是激励管理。员工实现了自己的目标,要对他进行激励。在实行目标激励的时候,企业管理者要能够将大家所期待的未来涂上鲜艳的色彩,同时,也要对实现目标的过程进行规划。在激励过程中最重要的是灌输目标,这需要企业上下开诚布公地全面参与,使员工自觉将个人理想与企业目标联系起来。

激励的重要手段之一就是奖励。企业一定要有奖励制度,奖励的标准要定得真实可靠,根据企业完成生产经营目标的情况来奖励是一般企业最常用的办法。例如,一个企业上年的销售总额是20个亿,利润是2个亿,当年销售额和利润增长了10%,该公司利润增长额为2000万元,一般应该把增长的10%用来奖励给

---

① 中国在改革开放以后才开始重视这种管理方式。

全体员工。但是，如果该企业上年的销售收入是20个亿，当年下降了5%为19个亿，利润也同比下降了5%为1亿9000万，在这种情况下还需不需要奖励员工呢？这是企业决策者们特别要研究的问题。通常的情况是不扣员工的工资就不错了，怎么还有奖励呢？其实，奖励员工的目的是让他们在今后更加努力，使企业经营得更好。在企业利润下滑的情况下，如果不奖励员工，很可能引起连锁反应，第二年的销售总额、利润下降幅度可能更大，公司高级管理人才和普通员工都可能因公司营收下降而跳槽。正确的办法是至少要用3%左右的利润来奖励员工，甚至可以更多一些。奖励激励实际上是公司分配的一种形式，公司只要有钱赚，就应该奖励员工，这是一个基本的管理原则。因为，公司的管理分配主要是四个方面：一、税收；二、公司的公积金、公益金、发展基金、风险基金的提留；三、员工的工资和资金；第四才是企业的利润。公司的决策层如果太注重利润，员工的奖金就少了，这就会挫伤员工和积极性，弄不好会造成恶性循环；反之，公司成员看见老板对员工的奖励和爱护，在第二年的工作中会更加努力，扭转销售额和利润的下滑，使之变成增长。

第五，培训管理。加强培训可以让企业更具有竞争力和活力。企业经营过程中出现困难和曲折时更要加强培训：一是增加员工对企业的凝聚力，二是让员工通过培训获得新的技能。

企业的过程管理是指管理存在于企业活动的每时每刻。企业从登记注册开始就有企业章程，企业章程是公司的基本法律，或者说是公司的宪法。从企业生产服务场所的建设或装修、人才招聘和培训、机器设备的采购、原材料的采购直到投入生产、销售、售后服务、客户回访，每个环节的时间有长有短，但都是企业必须经过的。企业从产生到开业是创业过程，第二阶段是生产或服务过程，第三阶段是售后服务过程。三个过程是企业生命过程的三个阶段，就好像人生的青少年、成年、老年。管理贯穿于企业生命过程的每一个环节。

企业的相关部门应建立"台账"，即传统的"流水账"式生产和服务过程的记录。一般情况下台账也叫"工作日之表"，即每天都应把重要事项记录下来。

15. 管理是相对的，服从是绝对的

企业管理是管理者根据工厂或其他经济实体的环境指挥生产服务的行为。在手工劳动时代，人的随机性管理是可以奏效的，管理逐步成为科学是由于生产发展的需要。工业化的生产特别是机器化大生产要求生产线上的员工像机器的一个零件一样在岗位上发生作用，一个地方出了故障，整个生产线就会受到影响，所

以，为了减少工作失误而带来损失，才出现了泰罗式的管理。20世纪喜剧大师卓别林所表演的电影《摩登时代》，就是反映的生产者在生产线上如何机械、快速、重复劳动。在机械化大生产的条件下，管理制度的制定是相对的，但是，被管理者的服从是绝对的。

生产过程是管理者和被管理者有机结合的过程，管理主要是对人的管理。因此，管理的基本要求就是被管理者要自觉遵章守法。企业的每个员工包括最高领导、董事长，都要遵章守法，如果人人都做到这一点，管理就达到了最佳的境界。

在某些工业发达的国家，一些实行人性化管理的公司为了平息员工对管理者的不满，消除员工的不当情绪，设置了员工心理平衡实验室。这个实验室在一个房间内设置一个企业管理者的模型，让某些在管理中产生负面情绪的员工对模型进行击打，从而释放不当情绪，得到某种平衡和满足，心平气和地去应对企业的各种管理。

中国是文明悠久的国家之一。人们可以通过体育锻炼、员工联欢、老板和员工对话、旅游休假、培训、文艺活动等方式来消除员工的不当情绪。其实，努力工作、创造成绩是一个最好的调节情绪的选择。

16. 经营是人治，管理是法制

企业的成果都是在经营管理中得以实现的，企业的经营理念、指导思想、企业文化都是由决策层特别是董事长的思想品质决定的，因此，企业的经营行为是人治。人的经营思想变化很大，经营决策者每时每刻都在接受新事物、新观念，改变和调整自己的经营理念。

有一个知名的民营企业，其创始人的经营理念是交朋友、做事业，随着企业由小变大，后来他把经营理念发展成为"超越、自我、奉献、团队"，这是企业经营理念和企业文化的一个巨大进步。

管理是法制。企业制定的规章制度是企业的法律。企业成员比较容易照章执行，这充分体现了法制在企业管理中的重要地位和作用。管理是企业日常生产过程中每一个环节都必须遵守的规章，它是制度性的，是事前设定好的，只有这样才能克服企业经营管理中的人治行为，克服企业高级管理者经营管理的随意性。

17. 尊重人是管理的出发点

管理是对企业员工严格执法的过程，只有严格的管理才能维持企业正常的生产服务秩序，才能使企业不断发展壮大，实现自己的经营目标。

管理的本质是服务。公司的老板或高级管理层虽然可以指挥整个公司，但是，老板把财富投入到某一生产领域、组建一家公司，目标就是要赚取更多的利润、实现自己的人生价值。在这个前提下，老板只有愿意为公司全体员工服务，才能达到自己的目标。如果不为公司的员工服务，老板就会成为"光杆司令"，难以实现自己的人生目标。所以说，老板也是企业的一员，管理者和被管理者只有分工和岗位职责的不同。

企业管理的全过程都要体现在制度之中，企业的管理主要是规章制度的实施和执行。

目标管理责任制是企业管理过程中形成的以目标管理为目的，企业员工人人负担岗位责任的管理制度，这是一种尊重人的、科学规范的制度。实践证明，这种管理制度是公平、积极、有效的。最初，这种制度是总公司对各分公司而言的，也就是公司总部为下属的各个分公司制定出当年或几年内要完成的生产经营目标，并把这种目标分解到相关的部门和岗位，让公司员工都充分明确自己的职责、为完成这种职责而努力。目标管理责任制的核心是目标明确、责任落实，关键是奖罚兑现。后来，目标管理责任制的实施范围扩大至公司的整个管理团队，首先由股东对总公司的管理层实行目标管理制，再由总公司往下分解落实目标管理责任制。

中国现在大多数公司都实行目标管理责任制。在改革开放初期，中国的公司管理制度是以国有经济为主体，也普遍推广了目标管理责任制。期间也有过一段曲折，主要是目标过高或过低，岗位设置不科学，再加上传统体制如"铁饭碗"、"大锅饭"的严重影响，使目标管理责任制难以认真执行。如果目标定得过高，承担单位无法实现，一方面是挫伤了广大职工劳动和生产的积极性，另一方面，让员工觉得公司的规章制度是可以不执行的，因此带来了许多负面的影响；如果目标定得过低，承担单位和个人得到的奖金太多，会引起其他没有完成目标的分公司的不满，导致公司决策层不能够顺利实施目标责任制。

在 20 世纪 90 年代，杭州有家大型民营企业，其创始人是浙江有名的企业家。在 21 世纪初，这位企业家对分公司实施改制，参照国内外的先进经验实施改革。改制的基本情况是总公司持股 60%，分公司的总裁持股 20%，分公司其他员工持股 20%。这本来是民营企业分散股权、调动经营管理者和全体员工创造性和积极性的很好举措，是值得称赞的进步行为。改制后不久，公司拿到的 520 亩土地价格飞涨，从拿地时候的每亩 5 万元涨到每亩 50 万元左右，扣去成本和税收，总共应该有 20 亿左右的利润。作为目标管理责任制的第一承担者，分公司总裁占有

20%的股份，因此会获得4亿元的奖励。此事引起了总公司一片哗然，在众说纷纭之中，董事长决定推翻改制的决定，使分公司重新回到改制前的状态，造成了重大的影响。经过一年多的反复协商和讨论，分公司几十位员工特别是中高级管理人才集体跳槽，公司无法继续经营。该集团由杭州地区的前5位一下跌入困难的处境，这是目标管理责任制受企业集团人治干扰的典型案例之一。

18. 管理面前人人平等

"管理管理，管得有理"，这是管理的前提和基础。无论是董事长还是最普通的员工，在规章制度面前都是平等的，这样的管理才是有效的。

上节提到的杭州某企业集团公司董事长不讲道理、任意否定自己提出的规章制度，是中国最不光彩的案例之一。实际上，当时分公司的股份改革是分别签订了合同的，总公司董事长冒着违背合同法的危险，公开否定企业的改制和目标责任制，最后以自己的失败而告终。

管理者特别是公司老板要带头实现人人平等的社会基本准则。本来上述案例中的杭州某集团公司可以有更大的发展空间、更广阔的前景，就是因为企业家人品的缺陷，导致了他的企业难以获得更大的进步。

19. 管理出效益，管理出质量和安全

管理无小事，管理出效益，这也是管理的魅力所在。管理无小事是指在管理的过程中每一件事都很重要，一个最细微的环节出现失误，就会给公司带来巨大的损害。例如，员工如果随意扔一个烟头就有可能引起火灾，给企业带来难以估计的损失，所以，管理上任何一个细微的环节都很重要。

安全也是任何一个企业必须重视的重要环节之一。企业的安全生产是人命关天的大事，企业人人都要抓安全，确保企业生产服务的正常运转。企业管理有漏洞，就会带来企业安全上的最大隐患。例如，企业规定每个员工离开自己的工作场所和岗位时，要切断电源，这是每个员工应该自觉形成的习惯。电源不切断，会因为电器部件的老化而引起火灾。因此，千万不能小看"人离断电源"的规定。

质量是企业的生命。企业的产品和服务质量是企业在社会上赖以生存和发展的保证。企业的优质产品和优质服务不是凭空而来的，而是企业全体员工努力的结果。

中国在改革开放以后一直都注重企业的产品和服务的质量，光是中央电视台的3·15晚会就进行了15届，可见中国的政府、企业、媒体和社会都非常重视产

品的质量和服务的质量。但是，由于中国实行市场经济的时间还太短，关于产品质量安全的法律体系还不健全，所以，出现了一些令人难以理解的产品质量案件，这是中国在前进中所产生的曲折和困难。此外，在管理和监督方面、在制度设计方面中国还都有一些缺陷，如国家的医药监管部门、食品安全监管部门、质量监管部门和生产安全管理局四个部门互相分立，虽然有互相监督的积极性一面，但是，因为职责分立，监管不到位，经常会有漏洞，不法经营分子有空子可钻，给商品质量和服务带来了某种程度的危害。

亮点、难点、重点与基本概念

亮　点

1. 企业家的三大素质说。

本书明确提出，企业家最基本的素质是有远见、敢冒险、富有组织能力。如果不具备这三个最基本的素质，你就很难成为优秀的企业家。

人的素质小部分是先天的，大部分是后天培养的，所以，没有谁是天生的企业家。当然，也不是人人都能成为企业家。如"敢于冒险"，人有没有冒险精神，首先是遗传基因决定的，也是身体素质决定的。

因此，人们一定要敢于检讨自己，找到自己合适的定位。

2. 企业家的品格是难以继承的。

这也是本书的创新之一。人们明白了这个道理，就可以正确理解为什么很难有百年老店。创业者的品格在创业者退休以后的一段时间内还会影响公司高级管理层，因为他们选的接班人多数都具有和自己类似的品格，但是，如果再往下传，就很难保证企业家品格的传承。

这个道理同样告诉人们，所谓的"富二代"很难像他的前辈一样把企业管理好。

难　点

1. 对企业家概念的理解。

企业家是一个比较难确定的概念，人们对企业家的划分也没有统一的标准。

一般说来，比较成功的企业，即使它的规模只是中等，它的老板也可以称为企业家。

很多大型企业集团的高级管理人员虽然不是老板，但是由于他们管理的企业规模大、财富集中度也高，也可以称为企业家。

2. 企业管理成为一门科学。

美国人泰罗创立了企业管理科学。

一般人以为，企业管理是零碎、烦琐的小事，其实，企业管理既是一门科学又是一门艺术，掌握好了会帮助我们提高效率、增长财富。

现在，国内外企业管理的书有很多，各有特色，都从不同的角度出发来研究企业管理。我们应该学习一两种适合自己企业的企业管理著作，结合自己企业的实际，创造出自己的企业管理科学。

重　点

1. 关于项目管理。

项目管理是发达国家创造的一种现代管理模式。

中国也基本学习和实施了现代的项目管理制度，这是值得称道的。今后，我们还应该完善和加强项目管理，让项目真正成为相对独立的法人。

2. 管理的本质是服务。

公司的老板、高级管理层以及每个管理岗位的员工都必须明白，管理的本质就是服务。

管理者和被管理者在人格上是平等的，只是工作岗位和职责不同。

所以，提供人性化的管理、提倡发挥团队精神，管理才能更有效、更规范。

基本概念

企业家的三大素质、企业家、职业经理人、"空降兵"、企业管理科学、项目管理制、企业的过程管理、企业的目标管理。

问题与思考

1. 为什么敢于冒险是企业家的三大素质之一？

企业经营是充满风险的。没有敢于冒险的品格，就难以领导和管理好企业，也就难以成为企业家。

企业家聚集的财富，相当一部分都来源于风险收益，这是被历史证明了的。

2. 质量是企业的生命

企业的产品和服务必须是优质的，否则企业就难以生存和发展。

在法制社会下，法律保护依法经营的企业，保护消费者的利益。质量低的商品侵害消费者的利益，所以会受到法律的制裁。

安全和质量是紧密联系的，安全是质量的保证。

第十六章

客户和服务是企业发展的动力

东西方文明有非常多的共性，也有不少的差异。

中国是一个有五千文明历史的国家。中国历来以爱好和平、智慧、勤劳、勇敢而著称于世，有"四大发明"、"兵马俑古迹"、"万里长城"等伟大创造，有"礼尚往来"、"君子之交淡如水"等优良传统理念。但是，中国长期处于封建社会和半殖民地半封建社会的体制之中，发展市场经济的历史还很短。所以，中国既要发扬自己悠久历史古国的长处，又要向工业发达国家学习市场经济的经验。

顾客就是上帝，这是西方市场经济文明的表现之一。这句话告诉我们，企业的生产经营者要忠实地为自己的客户服务。

企业员工与客户的关系是员工与"上帝"的关系。在改革开放初期，我们引进了西方文明的这个口号，一时间引起了部分人的误解甚至不满。中国近代长期受外国的奴役和压迫，新中国刚独立三十多年，人民好不容易成为国家的主人，应该说"人民就是上帝"，怎么又出现一个"客户是上帝"的奇怪观念？其实这完全是一种误解，"客户就是上帝"的观念与"人民就是上帝"的观念是统一的，二者并不矛盾的。

世上哪有永远的客户？在市场经济条件下，商品生产和服务深入到了社会的各个领域，社会的每个成员都会在不同的地方成为客户。因此，人人都是"上帝"，区别在于所处的时间和工作岗位不同。企业的生产和服务人员要像尊重"上帝"一样尊重客户。

企业的每一个员工，从老板到辅助工，一定要有客户至上的理念。在市场经济条件下，商品生产者有客户就有财富。财富是由客户带来的，这是最简单的道理。现在市场上很多公司，特别是服务类的公司，如果门前冷冷清清、门可罗雀，说明这家公司经营不善、服务差或者欺诈客户、违法经营，所以没有客户来消费。如果不改变服务理念，这个企业就会面临破产的命运。一般情况下，商业、服务业企业如果连续几个月亏损就会破产，因为房租成本、装修成本、人工成本、设备成本、财务成本都是客观存在的。没有顾客是一件很痛苦的事，需要所有的企业参与者引起高度的警惕。

在现代企业经营中，出租车的经营是一个特殊例子，因为它可以随时改变经营场所。出租车与客户的经济合同关系是整个经济市场中最简单又最诚信的。顾客在大街上只要一招手，出租车停下来，双方就建立了合同关系，这是何等简单的合同模式啊！规范管理的出租车不能拒载，只要翻了空车牌子，顾客一招手你就没有任何理由不为顾客提供服务，否则就会遭到投诉，受到出租车管理部门的惩罚，这是现代经济市场条件下最为典型的事例。

可以说，中国杭州的出租车是规范经营的典范。第一，杭州是中国第一个选用奔驰车作为出租车的城市，提高了中国人的形象。第二，杭州的出租车志愿为社会服务，每年高考和中考都有几百辆出租车放弃赚钱的机会，义务为考生服务。第三，杭州的出租车遇到危重病人，会第一时间联系交警部门并把病人送到医院，这已经形成一种良好的行业风气。最后，杭州的出租车拒载、拼载的现象极少，服务质量相对较高。当然，上海、济南等一些城市的出租车行业也是比较先进的。

1. 企业为谁生产

企业为客户生产，同时也是为自己生产、为职工生产，归根到底为消费者生产。过去有人讨论过生产的目的，生产的唯一目的是为了满足社会，包括自己的需要。有一句歌词唱得非常好，"为了祖国，为了家乡，为了自己"。应该说，为了祖国就已经包含了一切。

回答企业为谁生产的问题，首先要明确一个基本的要求，那就是消费者至上。有一句广告词"客户的需要就是我们的需要"，讲的就是这个基本道理。企业不管生产出质量多么上乘、多么美妙的商品，如果得不到消费者的认可，就是一种失败。

赚钱不是企业的唯一目的。有人认为企业的目标是利润最大化，这在某种意义上说是正确的，但是有许多限制条件，如企业必须遵守国家的法律法规、必须关注和注重环境保护、要尊重职工的合法权利、要承担更多的社会责任。上面四个条件是企业必须遵守的基本原则，在这些前提下才能讲利润最大化。

总体上，企业除了要赚钱，还要担负更多的社会责任。也可以说，企业是为社会生产、为自己生产。

2. 海尔——个性化冰箱的创立者

海尔集团是山东青岛一家生产家用电器的集团。在中国改革开放的初期，它只是一个只有几十位员工、几十万资产的地方国有工厂，后来改制为有限责任公司，张瑞敏带领海尔成为一家世界认可的企业。最近有关机构评估，海尔成为世界最有价值的品牌之一，海尔的无形资产价值67亿美元。海尔是世界上第一个提出个性化冰箱的企业，可以说，海尔从改制开始就进入了创新和快速发展的通道。

海尔的理念是先进的。海尔在宣传"人人是人才"时，员工反应平淡，他们想："我又没受过高等教育，当个小工人算什么人才？"后来，海尔采取了这样的措施：把一个普通工人发明的技术革新成果以这位工人的名字命名，如"王德工作法"、"李勇冰柜"等。2002年，海尔以员工命名的操作法有二百余项。

海尔的成功案例能给我们很多启示：

（1）海尔是敢于创新的公司。它第一个提出了个性化、智能化冰箱的理念，运用电脑程序，在客户购买冰箱时做各种调试，满足客户的个性需求，以此赢得了大量的客户。

（2）海尔是客户至上的实践者和执行者，海尔对客户的尊重体现在生产过程中，又体现在销售过程中。

（3）海尔对客户以人为本，对每一个员工也十分尊重，海尔的员工热爱自己的公司，并且具有强烈的自豪感。

（4）海尔的理念体现在与国际接轨，敢于闯海外市场，树立为全球服务的理念。

3. 满足客户需要就是满足自己

美国前国务卿亨利·基辛格最近出版了一本《论中国》。他在书中说："虽然中国历经劫难，有时衰危长达数百年之久，但中国传统的宇宙观始终没有泯灭。即使在贫弱分裂时期，它的中心地位仍然是检验地区合法性的试金石。其他国家或以族裔、或以地理特征命名，而中国称自己为中国——中土王国或中央之国。孔子倡导一个等级制社会，认为一个人的首要义务是恪守本分。"[①]

按中国的传统文化观念，儒家学说讲究"中庸之道"，而且中国自古以来自以为是地球的中心，这是由于西边有喜马拉雅山的阻挡、东边有大洋之隔造成的理

---

① 参见：〔美〕亨利·基辛格著《论中国》，第11页。

念。加之市场经济产生和发展的时间不长，所以中国相对缺乏"顾客就是上帝"的经营观念。

但是，改革开放三十多年了，中国的市场经济已经基本和世界接轨，东西方文化互相融合，中国人已经完全引入了"满足客户的需要就是我们自己的追求"的文化理念。

企业要实现自己生产的目的，必须通过市场这个平台，所以说满足客户的需要就是满足市场的需求。

企业适应了市场发展的需要，就会取得成功。企业的成功会给股东带来更多的利润，企业的员工也会获得更多的工资和奖金，因此，企业经营好了是股东和员工双赢的态势。反之，企业经营不善，股东就不能分到更多的红利，员工也会得不到奖金，双方都处于被动的局面，弄不好就会产生劳资纠纷，产生员工和股东、高层管理人员情绪的对立，更加影响企业的发展。如不及时调整，就会产生恶性循环，导致不良的后果。

因此，任何企业都应该把满足客户的需要、满足市场的需求作为自己的最高奋斗目标。

4. 引导消费新潮流

我们提倡最大限度地满足客户的需要，这既是一个目标又是一个结果。但是，我们的生产和服务应该是积极主动的，不应该是被动的。上规模、上档次的企业拥有各方面的专业人才，又有自己的协作团队，还有同行的帮助，可以起到引导顾客消费的作用。客户的需要是一个广泛的、宏观的概念，无数客户的需要就构成了市场的需求。先进的企业要领导消费的新潮流，要向社会不断推出新产品、新工艺，为社会提供更优质的服务。

房地产市场的消费新潮流。中国房地产市场起步很晚，到1992年全国才批准设立了8家房地产公司，逐步开始了市场化的房地产开发。可以说，中国房地产市场的发展是非常成功和迅速的。从某种意义上说，中国房地产市场的发展带动了十几个大的产业和几十个分支产业的兴起和发展，对中国经济的高速增长有不可磨灭的贡献。

中国房地产市场的开发有几个误区。第一，认为房地产只是单一地满足居民的居住需求。实际上，房地产是一种综合性很强的商品，它能满足客户多方面的需求。因此，在价格基本一定的情况下，应该从更多的方面满足消费者的需求。第二，认为商品房是一个空间较大、使用时间几十年的商品，因此，重在考虑它的永久性和消费的时效性，而忽略了消费的新颖性和超前性。

房地产市场是代表商品消费新潮流、新概念的市场之一。所以，成功的房地产商要学会引导消费的新潮流。

5．学会时尚

什么叫时尚？时是指时间、时代；尚是指高级的品味。时尚就是领先于一般商品、具有超前性和一定品味的商品或服务。时尚是对商品品质先进性、超前性、大众性和潮流性的简称。

时尚是年轻客户、高端客户所追求的消费目标和消费理念，因此，时尚商品要新颖、有开创性、易于客户接受，这样才能很快在市场上推广。时尚商品或服务由于具有创新效应，能给企业带来更多的利润，有时甚至是普通商品或服务的几倍、几十倍。这就是企业要学会时尚、追求时尚、创造时尚的根本原因所在。

6．敢于前卫

前卫的含义是指企业生产的产品品质优良、外观优美、走在消费的前头。其实，前卫和时尚是个意义相近的概念。一般而论，时尚的东西都比较前卫，前卫的东西一般也都时尚。前卫是创新和创造的产物。前卫在时间上比时尚更具有长远性，如魔方的发明轰动了世界，很快成为青少年最喜爱的玩具之一，这个玩具刚出现的时候是非常前卫的，几十年过去了仍然没有人能发明出类似的东西来替代它，这就说明前卫在时间概念上比时尚要持久一些。

一个企业要成为行业的龙头，处于行业的前列，必须不停地拼搏。所以，上规模、上档次的企业都应该加大科技和人才投入，组织高效的研发团队，不断推出前卫的产品，这样才能获得更大的成功。

现在小型客车已经成为世界上三分之一以上的人的代步工具，因此，小轿车的生产和研发就体现了前面所讲的时尚和前卫的理念。中国作为发展中的大国，是世界上人口最多的国家。改革开放以后，中国通过引进国外先进技术，形成了自己的汽车生产能力。中国现在的汽车产量和销量已进入世界前列，最为典型的是中国的民营企业吉利集团公司整体收购了世界著名的沃尔沃汽车有限公司。沃尔沃汽车经过几十年的反复实验，被称为世界上安全性能最好的小汽车。中国民营企业对沃尔沃的成功收购，又树立了一家汽车工业的世界品牌，这是一件具有标志性意义的事。

7. 客户心理学

经济实体的中高级管理人员、销售服务人员以及每一个员工都应该学点心理学。心理学是研究心理现象及其客观规律的科学。心理现象是指认识、情感、意志等心理过程和能力、性格等心理特征。根据不同的研究领域和任务，心理学分为普通心理学、儿童心理学、教育心理学等。

心理学是一门综合性很强、应用范围很广的科学，它是自然科学和社会科学交叉的科学，因此，提倡人人都学点心理学，对社会和个人的发展都是很有好处的。

掌握一定的心理学知识，对处理好家庭成员之间的关系、员工之间的关系、上下级之间的关系都很有帮助，也有利于适当调节心理、保持应有的心理健康，对自己的成长和进步也有积极的作用。

客户心理学是心理学中一个重要的分支。企业的生产、销售、服务人员要全心全意地为客户服务，满足客户的需要和市场的需求，就必须了解客户的心理状况，通过和客户沟通，弄清楚客户的消费趋向和需求心理。客户心理学包含的内容很多，不同的客户有不同的心理特征，有不同的消费需求。客户可以分为多种人群，如以年龄划分有青少年、成年、壮年、老年；以职业划分有公务员、教师、医生、工人、农民、工程师等。摸清职业加年龄，能很好地掌握客户的消费需求和消费心理，再进一步观察客户的着装、打扮、口音、讲话方式等，又能进一步揣测其消费心理和消费需求。企业管理者应该组织全体员工学习客户心理学，为客户提供更加优质的产品和更加优良的服务。

通过某一客户的心理表现和特征揣摸另外的客户的心理，这是有经验的销售、服务人员应该掌握的基本方法之一。我们应该抓住个别客户的心理特征，引导其他客户产生心理共鸣，以达到满足客户要求的目的。

现在中国经济处于新常态，调结构正进入重要的关键时期，市场上有消费疲软的迹象。因此，很多企业根据消费者的需求做了很多创新，其中最重要的表现之一就是抓住独生子女和青少年的消费需求，以此来影响成人（家长）的消费需求。最近两年，北京的很多超市、饭店都设有儿童玩具区，通过满足儿童或青少年对玩具的消费需求而吸引客户，这是运用消费心理的事例之一。

在上海、杭州，凡是经营比较好的餐馆、饭店，都有很时尚的玩具区供儿童和少年玩耍。据调查，不少家长之所以要到某家饭店去就餐，就是因为有些儿童和学生想去那儿玩一次玩具，这是对客户心理学的很好运用。

8. 推销产品

生产型的企业都要推销自己的产品。推销的方式有很多，采用媒体广告宣传是其中之一，大部分企业的产品都是通过市场销售人员推销的。

推销产品又分为直销和代销两种方式。直销是指商品生产企业自己在城市或乡镇办理大量直销点的销售形式。最为成功的直销企业是"日立胶卷"，在一百多年时间里，日立胶卷的直销方式获得了很大的成功，其直销柜台和直销商品几乎遍布世界各地。很多企业仍然通过开设专卖店的方式直销自己的产品，但是，随着日立直销模式的结束，直销也不再是市场经济中主流的推销形式。

代销是指企业生产的商品通过市场专门的销售网络进行销售，这仍然是企业推销自己商品的主要方式之一，比如，现在很多企业的产品都通过超市或专业市场进行代销。无论直销还是代销，销售人员都必须熟悉所销售的产品，这是非常重要的。销售人员不熟悉自己所销售的产品一般有这样几种情况：一是连产品的说明书都不熟悉，当顾客询问产品的使用方法时几乎一无所知，让顾客大跌眼镜，这严重破坏了消费者的情绪；二是不熟悉所销售产品的功能，不了解该类产品的比较优势；还有很多销售人员不熟悉自己所销售产品的状态。总之，熟悉自己所销售的产品是推销最重要的前提之一。

推销产品时要注意扬长避短，宣扬自己产品的优良品质、特殊功能和良好效用，避免谈到产品的某种短处。当然，任何优秀的产品都会有一定的缺陷。产品的缺陷是客观存在的，有的销售人员做得很好，拿一个笔记本把客户对该产品的不满记录下来，一一向客户做出解释，让客户高高兴兴地购买产品。

9. 推销企业

在市场经济条件下，人人都要学会推销，因为市场和商品充斥于社会的每一个角落。经济实体是社会大部分人参与的、提供商品和服务的组织，推销企业的产品是人们普遍的经济行为。到了网络经济时代，很多人都开了网上商店，推销产品更成为很多非销售人员的工作。网络的推销更加普及，人们都要学会推销产品。

推销企业比推销产品更为重要，特别是那些大的跨国企业集团，因为其产品种类很多，所以它们更注重推销自己的企业。比如，德国有个知名的品牌叫"西门子"，它是世界机械行业的品牌之一，也是世界500强之一。西门子生产的产品很多很多，人们只要能够记住它的名字，就会喜欢它的品牌产品。

企业推销人员的一个基本素质就是必须热爱自己所在的企业、忠于自己的企业。只有忠于自己所在的企业，对企业的推销才能做到入情入理而不是口是心非、为推销而推销。

丰田是世界十大汽车名牌之一，丰田汽车的管理，特别是公司形象和团队精神管理，是20世纪七八十年代世界企业的榜样之一。丰田汽车的员工十分热爱自己的企业，除了极少数特殊情况外，人们一旦进入丰田公司，就会成为终身员工。丰田为员工提供福利化的待遇，每一位丰田公司的正式员工，即使是刚参加工作的大学生、技校生，都会在很短的时间内获得一台丰田轿车。要知道，丰田高级轿车是很多国家元首、政府首脑选用的座车之一，丰田的员工每天开着丰田高级轿车上下班、外出办事，感到无限自豪和光荣。因此，丰田的员工非常忠诚于自己的企业，为公司拼命工作，使丰田汽车的质量更加优秀、在市场上更具有竞争力。

年轻大学生刚进入丰田就能获得一辆高级轿车，这是令人难以想象的事，但是丰田人做到了，这是因为丰田公司采用了分期付款制。一般的大学生到丰田公司工作，用2—3年的时间就能付清丰田汽车的贷款。如果表现特别好，付清欠款的时间可能更少。同时，丰田公司还为员工分配体面的住房，一般的大学生用7—8年的时间就可以分期付完公司住房的余款。丰田是20世纪企业经营管理的典范之一。

10. 推销自我

同学们在学生时代就要学会推销自我。推销自我是人们走向社会、参加工作、走向成功的基本要求之一。

形象是一个人对外的标志，人的形象大部分是天生的，但是，也可以进行美化。人特别是爱美的年轻人，要学会自我形象设计。如果有这方面的天赋或知识，可以自己给自己进行形象设计。如果这方面的能力还不足，可以请朋友帮忙进行形象设计，甚至可以请专业的形象设计师来设计形象。

人的形象设计要体现职业、专业、兴趣爱好和审美观念等四个方面。形象设计的基本要求是庄重、大方、活泼、美感。奇装异服、胡里花哨只会弄巧成拙、适得其反。

形象设计应该以情动人、注意细节，这实际上是对形象设计更高的要求。一些年轻人外观形象天生丽质，自我设计也很得体，但是一张嘴讲话就显得很不高雅，损坏了自己的良好形象，所以，大学生们还应该进行必要的语言训练。

自我形象设计实际上是年轻人就业创业的需要。从就业而言，你到一个单位，在某种程度上就代表了企业的形象，推销产品、推销企业实际上也是在推销自我，反之，推销自我也就推销了自己的公司，这是一件顺理成章的事情。

近几年，中国掀起了一股推崇韩剧、韩流、韩国美容的旋风，这既是一个社会现象，又是一个经济现象。从社会的角度来分析，"爱美之心，人皆有之"，人们喜爱韩剧的风格，这是正常的。从经济的角度来看，韩剧之所以在21世纪初形成一股潮流，对中国产生比较广泛和深入的影响，首先是由经济因素决定的。韩国在20世纪七八十年代成为"亚洲四小龙"之一，在经济上获得了很大的进步。经济进步带来了社会环境、城市建设、家庭住房、民众服饰等物质方面的改进和提高，由物质因素所决定的精神和文化方面也不断提高。改革开放以后，中国经济虽然高速前进，但是韩国经济发展的起步时间比中国早二十多年，所以，人们受韩国旋风的吸引是正常的。

在时尚潮流上，中国历史上也形成过"海派文化"[①]，海派文化的服装和审美直到现在也还有一定的影响。中国香港地区形成的"港派文化"[②]不但对亚洲有深远的影响，对全世界的时尚审美和消费观也有着重要的影响。因此，我们要客观全面地分析"韩派文化"。

在这里，笔者不得不提醒青年大学生们正确认识韩国美容业。韩国的美容业取得了很大的进步，这是不可否认的。但是，美容，特别是深度美容，是有风险的，这一点韩国人也不得不承认。再加上韩国的美容业毕竟容量有限，优秀、专业、合格的美容机构也不多，所以，选择深度美容之前要经过认真考察和研究。

11. 逆势推销，突破重围

企业的发展和人的成长具有相似性，二者都不会是一帆风顺的。在市场竞争十分激烈的情况下，企业可能会出现暂时的困难，遇到某种曲折，这都是正常的。

扭转局势法是指企业经营决策者在企业经营困难时期调整企业的发展战略，团结全体企业员工，利用企业现有的人力、财力和物力，寻求新的突破点来重振企业的形象，逆势推销企业和企业产品的营销方法。

很多企业在不同的发展阶段，都采用过这种方法。韩国在成为"亚洲四小龙"的过程中，有一家企业经营不善、年年亏损，职工纷纷辞职，企业陷入了危难之中。在这关键时刻，企业决策层做出了一个惊人的举措，他们没有用刚刚获得的

---

① 中国20世纪20年代以上海文化为特征的文化流派。
② 以香港文化为特征的文化流派。

一笔资金来增建厂房，而是把这非常有限的资金用来修建职工的住房，让企业的多数员工分到一套新的住房。果然，此举感动了很多已经辞职的员工，有些老员工重返公司，自愿暂时不要工资、奖金，跟老板一起渡过难关，新进公司的员工也自愿降薪、积极工作。从此，企业树立了良好的形象，受到了社会的尊重，员工也奋发努力，很快生产了大批优质的产品，使这个企业很快扭转局势，获得了成功。

"浙江精神"。在中国的长江三角洲中，上海、江苏、浙江三个省市是中国经济发展较好的地区之一，但是，相比而言，浙江的自然条件、工业基础不但比上海落后，比江苏省也落后很多。

在改革开放的前10年，江苏的经济发展比浙江的速度更快，更占有优势。1988年，苏州的经济总量在全国城市中排第5位，杭州只排在二十几位，差距是较大的。但是，在1992年小平南巡以后，浙江进入了快速发展的通道，经济发展的速度很快就超过了江苏，这是一个省认识自己、逆势推销、突破重围的重要例子。浙江能超过比自己经济条件好的江苏，除了有国家大的形势外，浙江人的努力精神也是很值得赞赏的。

温州模式是浙江的代表之一。温州是浙江南部的一个人多地少的地级市，交通落后，到20世纪90年代还不通火车。但是，温州人有"东方犹太人"的美誉，他们到世界各地去经商，推销自己的产品，使温州模式获得了很大的成功。

温州模式是中国人办企业的先进模式。温州人互相团结、同心协力。即使一个镇生产同类产品的企业多达三四千家，但他们互不排斥，你干你的，我干我的。比如，温州生产打火机的企业、生产电器产品的企业、生产纽扣的企业、生产皮鞋的企业、生产眼镜的企业分布在六个不同的镇，他们互通有无，不搞同行业的无序竞争，使温州的经济得到了迅速发展。

后来，有人把浙江精神总结为四句话：想尽千方百计（这是指浙江人人人都学会动脑，用智力克服各种困难），走遍千山万水（这是指浙江人敢于寻求新的增长点，勇于推销自己），吃遍千辛万苦（这是指浙江人不怕困难、吃苦耐劳的精神），讲尽千言万语（这是指浙江人不怕重复，不厌其烦地说服客人、推销自己的精神）。

浙江精神使浙江省成为中国改革开放较为成功的省份之一。

12. 服务至上学说

企业为客户服务的方式主要有现场服务、售后服务、终身服务。

企业在商场、在各类服务场所为客户提供的服务叫作现场服务。现场服务是看得见摸得着的，因此，现场服务能让客户直接体会到企业的服务水平和服务质量，是重要的服务形式。

本书在研究各种服务方式时发现了一个奇特的现象，盲人按摩往往能受到顾客的青睐。其原因主要有：第一，由于社会对盲人的同情心，人们在选择按摩消费的时候，愿意选择盲人按摩；第二，盲人按摩主要靠听力和触觉能力，具备天然的优势，同时，盲人因为看不到顾客的形象，不会以貌取人，降低或提高服务质量。这个案例可以给我们很多启示。

售后服务是指企业为销售出去的商品提供的服务。售后服务兴起于20世纪五六十年代，工业发达国家在这方面做得较好。中国在改革开放以后，为了融入国际社会、提高服务质量，也逐步实行了售后服务制度。十几年来，家用电器、大型机械设备等方面的售后服务做得比较到位。但是，在汽车产业、房地产业两大领域，售后服务还处于起步阶段。2015年中央电视台的3·15晚会对几家知名的汽车生产厂家提出了批评，暴露出了我国汽车产业售后服务方面存在的弊端，这是需要改进的。

终身服务是指企业对销售出去的产品提供的终身保养、修理服务。现在中国的很多企业还没有真正推行终身服务，这就会给企业的发展带来不利影响。企业对自己所提供的商品实行终身服务，这是一种社会进步的表现。

13. 代理服务和服务代理

这是两个十分相似的词组。代理服务主要是指商业企业代理商品生产企业的销售，代理服务也叫代理销售。销售本身就是服务的重要形式之一。一般情况下，代理商品销售的企业也应该代理所销售产品的服务，特别是售后服务。现在的情况是，很多代理销售商因为变换了销售场所而中断所代理销售产品的售后服务，这是一个较为普遍的现象。因此，商品生产企业应该选择信誉好的代理销售商，减少对自己企业和商品形象的损坏。

服务代理是指服务行业为其他企业进行服务的经营方式，这也是企业经营的一种重要方式。例如在汽车销售行业，世界各国都普遍采用4S店的形式进行服务代理。正是因为有了服务代理这种经营模式，汽车行业才能提供全球服务。服务代理包含的内容还有很多，国际中介机构往往也实行服务代理的经营模式，只有当它的客户达到一定的规模后才会开设分支机构，这对节约成本、提高服务质量都是很重要的。

14. 服务人性化新说

服务人性化是企业服务的最低标准，也是最高标准。这个矛盾的说法告诉我们，企业的服务就是要人性化。人性化服务对于不同的行业、不同的企业有不同的要求，大致要求如下：

尊重客户。这是一个抽象的概念，首要要求是使用文明语言，这不但是对服务行业的要求，也是对每个人的要求。很多服务优良的企业对职工有一个明确的要求，就是不能和顾客争吵。如果出现这种情况，员工要向顾客赔礼道歉，否则就有可能被开除。试想，顾客带着自己辛勤劳动挣来的钞票，慕名或顺道到你的商店或到你的服务场所来消费，肯定是高高兴兴而来的，除非其精神处于病态，否则顾客是不会和服务人员争吵的，因为争吵会给他带来不愉快，降低他的消费质量。经过研究，在绝大多数案例中，员工和顾客发生争吵的根本原因在于企业员工。

微笑服务。学会微笑是现代文明人应有的素质之一。世界对每个人都是公平的，所以，除非有足够引起你烦恼、痛苦、沉思的因素，人都要处于微笑状态。当然，人总是有喜怒哀乐的，这也是人的自然本性。可是，如果你选择了服务行业，在上班的期间就必须控制自己的情绪，坚持微笑服务。如果身体有病，或者被某种原因严重影响了情绪，而你又无法战胜自己，无法坚持在工作岗位上微笑服务，那唯一的办法就是请假，等待身体状况好转以后再上岗服务。作为人的一种职业素养，微笑是可以训练的。

满足服务，即企业员工最大程度地满足消费者需求的一种服务方式和状态。只要顾客提出的需求是合法、合理的，不损害他人的利益，企业都应该满足。

工业发达国家的满足服务做得比较到位，但是，它们的"小费"[①] 仍值得讨论和研究。中国的服务业原则上是不准收客人"小费"的，这是东方文明固有的观念——顾客已经支付了消费费用，企业本身就应该尽可能满足顾客的需求，所以，收"小费"是不合理的。笔者认为这个问题还要继续讨论下去，一方面是中国融入世界经济大家庭，要尊重世界很多地方和国家的经营方式，可以考虑给

[①] 西方国家对服务业员工即时支付的零钱。

"小费"；但是，中国一直没有给"小费"的习惯，强制要求给"小费"，也有不尊重东方文明之嫌。随着时间的推移和文明的进步，这个问题会有一个正确的解决方案。

15. 服务成本、企业成本

服务是一个广泛的概念，生产也是一个广泛的概念。在人类分工的发展过程中，服务业是从生产行业中派生出来的，服务业所提供的服务也是以生产企业所提供的商品为基础的，因此，我们在研究服务成本之前，先讨论生产成本。

生产成本是指企业生产某种商品所需要的生产要素的价格成本的总称。生产成本首先包含厂房、机器设备、原材料、零配件、辅助材料、运输费用等。在经济学说史上，人们对商品的成本进行过多种多样的分析和讨论，如萨缪尔森的《经济学》就有专门的成本分析一章，提出了总成本、固定成本和可变成本、边际成本、平均成本、平均固定成本、平均可变成本、最低成本等概念。①

企业生产出来的商品必须进入销售服务领域，这就需要销售费用和服务费用，这两个费用构成了企业的服务成本。销售费用是企业销售产品所花费的货币开支，主要包括运输费用、保管费用、包装费用等。服务费用是指企业为顾客提供服务所花费的货币开支，主要是付给代理商的场地费用、聘请服务人员的人工费用、将商品送到顾客手里的交通运输费用和售后运输费用。销售费用和服务费用是狭义的服务成本，广义的服务成本是企业为顾客提供商品和服务所花费的一切成本的总和。

企业成本是企业的生产成本、服务成本、货币成本、税收、员工工资奖金、补贴费用和医疗保险费用的总和。企业成本看起来复杂，实际上是比较容易把握的。通过会计、统计手段可以知道企业各种可供生产的生产要素的价格，这就是企业成本。

16. 服务水平和企业水平

企业水平的高低是由服务水平决定的。因此，服务水平是企业水平的试金石。企业是为社会成员提供服务的经济实体，不同的企业处于市场的不同环节，但是，它们的宗旨都是为社会提供优质服务。

对于生产型企业，优质的商品最为重要，因为，只有优质的商品才能够满足

---

① 参见：〔美〕保罗·萨缪尔森、威廉·诺德豪森著《经济学》，华夏出版社，第16版，第7章。

客户的需求。商品是客户的需求对象和直接消费品，它的质量好坏客户能够自己作出判断。服务决定一切，企业一定要转变观念，把为顾客服务放到最高的位置。

在中国，总体上服务质量比过去有很大的提高，但是，由于基础差，人们观念的陈旧，全方位、高质量的服务仍然离我们还比较远。这里我们举一个最糟糕的案例，之所以给它这个名称，是因为这个案例给中国的服务业带来了巨大的负面影响。

在20世纪末，人们发现很多餐厅、饭店、酒店的碗筷达不到卫生标准，引起了强烈的社会反响。这个问题应该怎么解决？其实，最简单的办法就是要求餐饮行业加强卫生管理，有关部门加强监督，鼓励消费者维护自己的权益。结果，有关部门联合发文，允许餐饮业向每位消费者收取一元钱的碗筷保洁费，这个决定令人啼笑皆非。一个饭店、酒店，连碗筷都洗不干净，这么一个最简单、最基本的要求都办不到，哪里还有资格从事餐饮行业呢？

最近，中央电视台经过暗访发现，所谓的碗筷消毒行业毛病百出，大部分达不到卫生要求。这件事欺骗了全国人民十几年，到现在也没有彻底解决。本书认为，应该追究当时批准收取碗筷保洁费的部门和相关负责人的责任，赔偿消费者的经济损失和精神损失。

17. 服务没有终点

服务行业应该实行全方位服务、全天候服务。这是对服务企业最简单的要求，也是最基本的要求。

随着人们生产和生活的发展，出现了许多新的行业，最为普遍的就是物业管理业。在中国，物业管理行业基本上处于较低的层次，很多不上规模、不上档次的小区根本就没有所谓的物业管理，还有相当一部分小区物业管理落后、服务质量很差，因此，部分住户为了表达自己的意见或寻求服务的改进而拒交物管费。根据本书的研究，由于我国房地产行业产生的历史很短，中小城市半数以上的小区是中低档的小区，物业管理存在严重的缺失，长此以往会给社会安定带来隐患。再过10年、20年，随着社会经济发展和文明的进步，这个问题会逐步解决。但是，由于中国人口众多、小区总量很大，物业管理行业中的问题值得我们高度重视。

再服务[①]是指企业为消费者提供多次服务才能完成自己应尽的职责。再服务

[①] 也叫多次服务，是终身服务的形式之一。

还是一个新的观念，未来将会被更多的人接受。

18. 服务出效益，服务是企业的生命

提高服务质量的关键是人们要从短缺经济的阴影中走出来。在 20 世纪，人们对短缺经济习以为常，市场总体上是卖方市场，服务差存在着合理性。人们的观念是"有就不错了"，所以，人们不追求服务质量，对损害自己利益的行为也一笑了之。这就纵容了企业不讲究服务质量的落后观念，影响了整个社会服务质量的提高。

服务是企业的新生命。很多企业生产的产品、为顾客提供的服务已经相当成熟了，但是，固守旧习会给企业带来严重的危害，"百年老店"从某种意义上影响了企业服务质量的提高。不管什么企业，都应该视改进服务质量为自己新的生命。

亮点、难点、重点与基本概念

亮　点

1. 关于顾客就是上帝。

这是一种比喻，充分说明了企业员工与客户的关系。企业员工应该全心全意为客户服务。

把客户称为上帝，并不意味着企业员工和客户在人格上是不平等的，这只是一种尊称而已。

世上没有绝对的客户和员工。任何一个企业员工都要参加消费活动，这时员工也就是上帝。

2. 关于引导新潮流。

全方位、高质量的服务不应该是消极被动的。企业要敢于和善于引导消费新潮流，积极主动地为消费者服务。

难　点

1. 关于客户心理学。

学习心理学是现代文明的一个要求之一。

优秀的企业员工应该学习客户心理学，有效掌握和运用客户心理学，以更好地满足客户的消费需求和消费心理。

2. 关于推销产品。

员工不能简单地推销产品，而要把推销企业和推销产品结合起来。

推销产品就是推销自己。销售人员应该是企业的主人，想方设法把推销自己和推销企业结合起来。要做到这一点，销售人员需要修炼自己的品德和素养。

3. 关于企业为谁生产。

企业为客户生产，归根到底是为自己生产，因为只有为消费者生产的目的达到了，自己才能有丰厚的收入。有的企业的经营理念是"客户的需要就是我们的需要"，说的正是这个道理。

企业要获取更多的利润，同时也要承担更多的社会责任。

利润最大化是企业的主要目的之一，但不是唯一的目的。

重 点

1. 海尔品牌给我们的启示。

海尔是能够代表中国企业形象的优秀企业之一，因此，我们要学习它的成功经验。

海尔的经营理念是"员工人人是人才"，目的是要求员工尊重自己，树立主人公的责任感。海尔是客户至上的实践者和执行者。

2. 关于丰田汽车的启示。

丰田汽车的员工一旦进入公司，就被鼓励成为终身员工。

每个丰田员工都开着丰田车上下班和外出办事，感到无限自豪和光荣。丰田人的努力创造了丰田奇迹。

丰田的管理经验警示企业高级管理层，一定不能把追逐利润放在首位，只要把自己的企业经营管理好了，自然会有丰厚的利润。

基本概念

海尔的理念、时尚、前卫、客户心理学、心理学、丰田的管理核心、温州模式、微笑服务、浙江精神、"海派文化"。

问题与思考

1. 关于"韩派文化"的思考

最近中国掀起了一股韩剧、韩流、韩国美容的热潮。韩派文化是韩国经济发展的产物,我们不能盲目崇拜,特别是对韩国美容要客观、认真地分析考察,以防范风险。

一方面我们可以欣赏和学习韩派文化,另一方面,我们也要创造出适合中国文化的消费时尚。

2. 关于浙江精神和温州模式

浙江精神是浙江人创立的文化精神,温州模式是浙江温州的区域经济发展典范,我们应该把二者有机地结合起来学习,帮助自己发展。

第十七章

诚信和竞争——企业外化管理

企业是经济实体的主体部分，在国内、国外两个市场下生存和发展。企业内要提倡职工之间、部门之间的友好竞争，但是，竞争的前提是诚信，企业内部要反对任何不诚实和弄虚作假行为。同时，企业在招聘员工时要特别注意该员工是否诚信。诚信是现代文明对每个人的基本要求之一，也是企业生存的根本。

1. 诚信是企业生存之本

中华民族是最诚实、淳朴、善良的民族之一。16 世纪，中国开始了民族资本主义的萌芽，随后，在各国列强的侵略和掠夺下，中国进入了半殖民地半封建的社会形态。因此，中国人看到的资本主义是"尔虞我诈"、"弱肉强食"的，这实际上只是资本主义初期商业竞争中消极的一面。

在改革开放前 30 年，中国实行的是以计划经济为主的经济体制，对市场经济持批判态度。到改革开放后，当中国要融入国际社会、选择以市场经济为主导的经济模式的时候，人们对旧中国时期的市场经济的印象还记忆犹新，因此，很多人难以接受市场经济。到 20 世纪末，很多企业经营者都按照传统的思维模式，采取很多不诚信的办法来参与市场竞争，给经济的发展带来了很大的破坏。中国的传统观念"无商不奸"说的就是这个意思。

后来，政府有关部门、行业协会、社会组织都一致提倡企业讲诚信，并采取了很多相应的措施引导社会特别是市场参与者讲诚信。经过十多年的努力，中国的企业界基本形成了"诚信是企业生存之本"的理念。

做人和做企业的诚信原则有守信、守时、守职、守责、守法，现分别说明如下：

守信，是指凡事要讲信用，或者叫说话算数，不弄虚作假，不欺诈他人，恪守本分。

守时，是个人或企业诚信的最起码要求之一。不守时是对他人利益的侵占。比如，我们约定到一个企业去访问或洽谈业务，预约上午9点半到达，如果你10点或更晚才到，就会让对方觉得你很不守时，进而认为你不守信。有人以为现在交通拥堵是个最好的借口，其实，这是不对的——你明知要拥堵，就应该提前更多的时间出发。据调查，近几年在广州，如果人们约定9点半到达，一般会提前两个半小时出发，除去交通拥堵，其中还有一个半小时的提前量以保证守时，因为侵占别人的时间完全是损害他人的利益。守时是对他人的尊重，也是对自己的尊重。

守职，是对企业成员的基本要求之一，也是对社会成员的要求之一。人们忠于和热爱从事的职业，才能得到他人和社会的信任。有的人以为，决定跳槽之后的几天、十几天可以马虎一点，这是错误的。中国有"站好最后一班岗"的传统。要知道，在发达国家，用人单位到新员工之前的单位去了解其才能和表现已成为一种常态。

守责，是对企业每个员工的基本要求之一。所在的岗位决定了所承担的责任，所有岗位对企业都是很重要的，如果不遵守基本职责、造成损失，那是要承担责任的。中国刑法规定了一个罪种叫"玩忽职守罪"，这是对不守责者的刑法处罚。即使岗位看起来比较简单，如果不遵守职责，也会造成巨大的灾害，最典型的是保安人员失职而引起的火灾。

守法，是对企业和每个公民最基本的要求。企业违法经营肯定会受到法律的制裁，公民不守法也会受到法律的惩处，失去公民的部分正当权益。

不诚信是有代价的，甚至可能使人丧命。有个传说久远的"狼来了"的故事，讲的是一个放羊的孩子在山坡上高叫"狼来了、狼来了"，山下的村民跑上山去救他，结果是狼没有来。这个孩子在一段时间内连续叫了几次，村民白跑了几趟。终于有一天狼真的来了，他大声呼叫，村民以为他又是在欺骗大家，没有一个人上山去救他，结果狼把他的羊叼走了很多，这个不诚信的孩子也被狼咬伤了。中国是一个讲究诚信的国家，"狼来了"是一个深入人心的、教育人们一定要讲诚信的故事。

2. 商业秘密与诚信并不矛盾

有人常常以保护企业的商业秘密为由，制造一些虚假信息，这种做法是错误的。其实，大多数企业在经营过程中不存在所谓的商业秘密，商业秘密一般只是出现在企业运行的某些关键时期，如某一个新产品要开发、某一个新产品的投放市场、某一个合同要签署、某一位精英人员要跳槽等。

现代法律虽然保护商业秘密,但是知识产权、专利权的保护都有一定的年限限制,所以商业秘密的保护期限一旦结束,就无秘密而言。企业只有讲诚信才能守住商业秘密。

当前,中国的经济体制改革进入了关键时期,人民银行推出了诚信记录这一举措,极大地提高了全民对诚信的重视。21世纪初是中国房地产市场发展的黄金阶段,要贷款买房子就必须去银行取得诚信记录,这是一个对讲诚信宣传面最广、教育作用最大的制度。此外,很多企业在银行系统中也都有诚信记录。

3. 经营之道,诚信之道

经营是企业的谋略理念之一,而诚信是企业的谋略理念之首。如果一个企业的经营理念、经营策略都建立在虚假之上,这个理念能有生命力吗?肯定是不可能的。

遵守合同是企业诚信的重要标志之一。中国人常说守合同、讲信用,可见遵守合同和讲信用是紧密联系在一起的。企业的经营活动,不论是对外还是对内,都应该签订合同,合同双方的权利和义务要非常明确,惩罚条款也要很明确。不遵守合同的企业要依法赔偿给对方造成的经济损失。

一般的企业经营者对经济法可能不是很熟悉,所以要请律师把关。另外,关于专门技术方面的问题也要请专家把关,否则就会蒙受经济损失。

改革开放初期,宝钢作为中国第一家最大的中外合资企业,是中国和日本合作成立的。双方有一个关于计算机的合同,合同条款中的标的为提供计算机成套设备某某万人民币,后来当合同执行时,日方确实提供了整个宝钢系统所需的计算机设备,但是却没有提供计算机软件,双方因此产生了纠纷。经过法律程序,日方最终胜诉,因为日方的行为和合同的条款完全一致。中方白白遭受了几千万的损失,因为软件的费用是计算机硬件费用的几倍。所以,企业在涉及技术方面的业务时一定要请专家为合同把关,确保合同内容的可靠性。

在中国,包含所谓的霸王条款的合同在许多领域都还存在,如金融、保险、证券、电力、通讯等以国家垄断经营为主导的行业。中国移动、中国电信这样的公司在给客户服务时,往往会提供一个看似内容很全面、很详细的合同,实际上其中很多条款都是在维护合同提供方的利益,而且这种合同本身没有商量的余地,此外,附则中还明确规定"本合同的解释权属于公司",这是典型的霸王条款。应该说,这类合同本身就应该是无效的。

2015年中央电视台3·15晚会曝光了中国移动的欺诈行为，但是几个月之后也没有看到根本性的改变。这些公司的高管打着国有企业的幌子，干着有损国家声誉的事，实际上是为了自己的私利。根据本书的研究，像中国移动这样的公司与客户签订的合同，应该请中介结构来制定，或者由社会组织、民众代表来草拟合同条款，根除合同中的霸王条款。

此外，少数餐厅、饭店仍设有"最低消费标准"和"谢绝自带酒水"的规定，这实际上也是变相的霸王条款。顾客到餐厅就餐，双方就建立了一个合同关系，企业不应该制定此类不尊重顾客的条款。政府及行业组织已多次废止这些规定，但还是有极少数饭店坚持不改。之所以会这样，就是因为我国相关的法律让这些人付出的代价太轻。

4. 用产品和服务说话

企业要讲诚信，这已经成为人们的共识。但是，仍有少数企业不讲诚信，或者口头上、表面上讲诚信，实际上却干着不诚信的事。

诚信是实实在在的、看得见摸得着的。企业生产的商品是优质的、价廉物美的，这是企业诚信的最好说明，反之，生产假冒伪劣产品的企业没有诚信可言。

服务性的企业则要拿服务的内容和质量来说话。服务好顾客自然会有好的感受，"回头客"就会多，企业的经营场所就会不断扩大，获取的利润也会越来越多。

诚信贯穿于企业生产、服务过程的始终。在生产过程中，因为消费者无法观察到整个过程，所以有些不讲诚信的企业会以次充好，用不合格的原材料来充当合格材料，导致产品质量不合格。据本书调查，在小型家用电器中以次充好的现象比较严重，比如电器开关、插座等。为什么很多三星、四星甚至五星级宾馆的插座都不好使？关键是这些插座的生产企业用的是劣质材料，所以插座很快就坏了。除了少数驰名商标外，家用、民用插座以次充好是较为普遍的现象。

在销售和服务中不诚信和欺诈的行为也不少，房地产商的低售价广告就是最典型的例子之一。客户看到这样的广告匆匆地赶去售楼部，得到的回答要么是"早已卖完了"，要么是"一天只有3套，你来晚了"诸如此类的搪塞语言。更有甚者根本没有一套房有这样低的价格，虚假广告的目的只是把客户吸引或者叫欺骗过去，为售楼部增加所谓的人气。

5. 诚信自我，让社会评价

诚信是对人格品质和企业品质的最低要求。一个企业是否诚信，不能自己说了算，更不能靠吹嘘和自我标榜。对企业的评价一般由以下几个方面组成：

（1）客户评价。客户对企业的评价是最有说服力的。客户的评价客观地体现在产品的销售额上，评价高的产品，价格会随着行情变化，企业不需要靠降价来推销自己的产品。

客户评价的作用在餐饮业表现最明显。一个餐厅或饭店，如果服务质量好，回头客就会很多，每天的收入也会很高，反之就会冷冷清清直到倒闭。在乡镇交通要道有很多所谓的"路边店"，它们的服务好不好，看一看门外停的车多不多就可以做出大致的判断，这就叫"金杯银杯不如客户的口碑"。

（2）媒体评价。媒体是代表公众的最好平台，媒体以组织社会调查、专访、暗访等形式考察企业，对企业的评价具有客观性、公众性和公正性。在国际市场上，企业在介绍自己的产品和公司时，媒体的评价是最有说服力的证据之一。

（3）行业协会的评价。随着市场经济的发展，行业协会更加健全和发达，对行业内企业的评价也更有权威。在国际市场上，行业协会的意见也是评价企业的重要依据之一。

（4）政府评价。各级政府代表国家或地方对企业进行引导、管理和监督，政府部门对企业的评价是极其重要的，有些评价如裁定的处罚等甚至具有法律效力。诚信的企业、优秀的企业都会和各级政府保持良好的关系。企业从领导者到每个员工都应该清楚：一切经营活动都要在政府的领导下进行，都应该遵守政府制定的各种制度法规。

6. 广告词与诚信

在 20 世纪六七十年代，电视的普及把企业广告推向了高峰。形、色、影的立体广告给人们以应接不暇、眼花缭乱的感觉。相对于已有的广播广告和纸质广告，这在很大程度上是一个革命性的进步，为企业迅速推销自己的新产品、新技术创造了一个极好的平台。

中国自改革开放以后，逐步引入了商品广告。到今天，中国的广告水平已进入世界先进行列，特别是彩色电视的普及使广告的受众面无限扩大，很多客户就是因为广告而使用某种商品的。

但是，中国有相当多企业还不懂得怎样运用广告。广告的基本原则是：一要诚信；二不能产生误导；三不能违背国家的法律法规；四要尊重民风民俗，特别是宗教的教义规定；五不能损害他人而宣传自己。

有人以为大部分广告虽然光鲜，但与实际相差甚远，这是对广告的一种误解。广告的费用是非常昂贵的，所以广告的时间通常都很短，不可能面面俱到。企业的广告费实际上是作为成本分摊在每件商品中的，中国有句名言叫"羊毛出在羊身上"，说的就是这个道理。那么，顾客是否可以不通过广告而购买符合自己需求的商品呢？这是不现实的。因此，顾客的消费也包括一部分对广告的消费。打广告时要特别注意的是，企业只能宣传自己而不能和别的企业、别的产品做比较，这也是广告的基本常识。

7. 诚信，不战而胜

企业的诚信主要体现在企业与企业之间、企业与消费者之间、企业与其他社会组织之间，这些都属于企业的外化管理。对企业内部而言，因为内部的员工几乎天天在一起，都了解彼此的真实情况，所以企业对内部的诚信要求不是很高。

企业诚信与否应该由市场检验。企业的诚信是一个较为抽象的概念，消费者只有通过市场、通过自己的消费行为才能检验出企业的诚信度。从另一个角度来看，成功的企业都是诚信度很高的企业。这就是诚信不战而胜的概念——诚信的、优秀的企业只需要努力提高自己的产品和服务质量，就会取得胜利，不需要参与市场上那些无序甚至恶性的竞争。

浙江省乐清市有一个小镇叫柳市。千百年来，勤劳的柳市人民在这块土地上辛勤耕耘着，可总是摆脱不了贫穷的命运。进入20世纪的六七十年代，柳市人民渐渐地悟出了一点头绪：眼睛盯着脚下人均0.27亩耕地，是无论如何甩不掉穷帽子的。几个柳市人在"文革"后期首先"突破重围"，"吃了豹子胆一样"去外地闯荡。他们一边闯荡，一边寻找机会，终于捕捉到了一条令人心动的信息：五金电器在市场上明显供不应求。从1979年下半年到1981年短短的两年多时间，柳市的五金电器厂就发展到300多家，当年的产值就达2200万元。

但是，当时的柳市人对市场经济还没有基本的认识，误认为可以通过假冒伪劣、欺诈经营实现暴富。一些人头脑开始"发昏"，假冒伪劣产品开始渗入市场并迅速膨胀，"柳市"几乎成为"假冒伪劣"的代名词。在1982年5月打击经济领域严重犯罪的斗争中，柳市成为重点。当时柳市有"八大王"，即螺丝大王、五金大王、目录大王、线圈大王、矿灯大王、供销大王、翻砂大王、旧货大王，这些"暴发户"有的被关押，有的被罚款，有的逃往异地他乡。

1987年6月，柳市一些假冒劣质电器产品在上海被查获；1990年6月，国务院办公厅第29号文件转发了国家技术监督局《关于温州市乐清县生产和销售无证、伪劣产品的情况和处理建议的通知》，可见形势十分严峻。①

在这种情况下，有两个人，一个叫胡成中，一个叫南存辉，一个23岁，一个21岁，共同出资5万元，创办了"乐清县求精开关厂"。求精开关厂仅有8名员工，年产值始终在5万元左右徘徊，他们为了寻求突破，借了8万块钱从上海聘来几个退休工程师给产品把关。当1989年柳市低压电器遭到全国抵制时，国家六部一委派工作组进驻柳市，专查"假冒伪劣"。可是，当检查组来到求精开关厂时，眼前一亮：在柳市居然还有这样一家领取了生产许可证、有自己的品牌、质量过硬的低压电器生产厂！温州市政府当即决定将求精开关厂作为重点扶持对象。

1990年，已初具规模的求精开关厂一分为二。南存辉成立"正泰"公司，胡成中兄弟三人创立了"德力西"公司。1994年初，温州正泰公司组建为温州正泰集团。1995年11月，由国家工商行政管理局核准，温州正泰集团更名为"正泰集团"，成为无区域性全国大型企业集团。德力西公司的成绩也很显著。1997年3月3日下午，瑞士驻华大使锡克博士到柳市考察，给德力西题了这么一句词："感谢能在中国最有活力的城市和最有活力的公司度过了一个愉快的下午。"德力西的成功受到《人民日报》《经济日报》《中国改革报》等国家级权威报纸的赞扬。《经济日报》更在1998年12月7日，在头版显著位置撰文称赞德力西公司："产值从1万元到20亿元，资产从5万元到7亿元，完成如此惊人的大跨越，仅用了1984年到1998年的短短14年时间。"

这两家公司是中国民营企业发展的典范，也是公司诚信的榜样。它们之所以成功，就是因为同行业的相当一部分公司不讲诚信、生产假冒伪劣产品，相比之下，诚信经营的公司自然会不战而胜。直到今天，这两家公司仍然发展良好，都创立了全国驰名商标。

8．竞争，诚信之战

市场经济是在竞争中发展的。优胜劣汰是自然界发展的客观规律，也是市场经济发展的原动力。但是，竞争不是野蛮拼搏，不是钩心斗角、尔虞我诈的非正常争斗，竞争是在市场经济状态下，在政府的引导、监督、管理下，在社会组织、新闻媒体的监督下展开的有序比赛。

---

① 参见：《浙江英杰传》，中国青年出版社，第283页。

竞争首先是诚信之争。对提供虚假信息的企业，市场会给予制裁。制裁是多方面的，有市场的、行业的、政府的。社会绝大多数人都反对不正当竞争。

在现代社会，工业发达国家的竞争显得越来越有序，因为它们的市场规则对不诚信者的处罚更为严厉。一旦发现不诚信者，就会让他付出惨重的代价。比如，在向超市提供商品时，如果出现假冒伪劣产品，生产企业会受到严厉的处罚，其商品可能永远不得进入超市。

中国改革开放的时间只有三十多年，市场经济成为主导的时间还很短，很多市场规则与发达国家相比还显得不完善，处罚也不够严厉。今后，随着市场化进程的深入，中国必将和国际接轨，让这些不诚信者付出同样惨重的代价。

9. 抢占市场靠什么

在经济发展史上，很多企业靠不正当的手段抢占市场，获得了暂时的成果，但是，最终都以失败告终。例如，有的企业靠垄断在市场上获得垄断利润，后来人们制定了反垄断法，让这些通过垄断而获得超额利润的企业不仅被没收非法所得的利润，还要缴纳非法利润一倍至几倍的罚款。所以，企业的经营者不要存侥幸心理，用非法的手段抢占市场。

那么，抢占市场要靠什么？

首先是靠诚信。企业通过合法经营，建立自己的企业形象，得到消费者的接受和认可，这是大多数企业进入市场、抢占市场的正确道路。

其次是靠新产品的开发。开发新产品需要人才、技术、设备的投入，需要对信息的掌握。当然，市场是很大的，既有国际市场又有国内市场，既有高档的超市又有中低档的市场，开发新产品一定要找准市场定位，通过市场真正了解消费者的需求，生产出能够满足他们需求的产品。

第三是靠新技术的开发。开发新技术是人们追求的目标。现在我们都讲究掌握产品的核心技术，核心技术是什么？是企业独立占有的、能提高产品质量的、能满足消费者更大需求的某种技术。

现在中国中央电视台有一个格力电器的广告，其广告语中就有"核心技术"一词。这个广告语从策划上是很成功的，但是，细加分析，其实很多上规模、上档次的企业都有自己创造的某一方面的核心技术。茅台酒、五粮液也掌握了自己的核心技术，只是没打"核心技术"这个牌而已。

10. 竞争是比赛

在自由竞争的资本主义初期阶段，人类文明还相对落后，市场之间的竞争充满着血腥味。20世纪前期资本主义的竞争带来了灾难性的经济危机，并且引发了两次世界大战，让人类充分认识到野蛮的竞争是不可取的。

20世纪后半期，和平与发展成为世界的主流，殖民主义体系在全球消失，世界经济形势发生了重大的变化。到了21世纪，人类的文明程度有了更大的提高，市场竞争的秩序有了更大的改善，可以说，现在的市场竞争已经变为有规则的竞赛。

竞赛最大的特点是有规则、有裁判，竞赛参与者要接受裁判员的指挥，要服从裁判。市场竞争朝着好的方向发展，就能成为"友谊式竞赛"。在国家或地区内部，这是容易办到的，因为有统一的法律法规、政府组织、行业组织、社会组织、舆论监督等从不同的角度维持市场竞争的有效秩序。当然，国家或地区之内也会出现违法违规现象，这些违法违规的生产经营者必然会受到应有的制裁和惩罚。

市场竞争要借鉴体育比赛的成功经验。体育比赛之所以能获得成功，是因为比赛规则的制定者和执行者是分立的。市场竞争往往和政府联系在一起，很多地区的政府既是市场规则的制定者，又充当着裁判的角色，这就会给市场竞争带来许多复杂性和不可预见性。因此，成功的经验是把很多执法的功能交给中介机构、行业协会，由他们来充当市场的裁判，而政府只是在市场规则出现重大失灵，或因为发生重大的自然灾害甚至战争等特殊情况下才直接出面干预市场。

当然，在现代市场条件下，政府职能机构可以通过法律的手段、经济的手段、行政的手段调节和维持正常秩序，即修改比赛规则，监督裁判公平执法，这样的市场竞争就越来越接近体育比赛了。

国际市场的规则经过六十多年的发展，已经比较成熟和完善。联合国在其中起了重大的作用。联合国下面有二十多个专门的组织，对维持国际秩序、国际和平、国际市场秩序起到了极其重要的作用。

各种国际性的区域组织也为维持区域的市场秩序发挥了积极的作用。60年前亚非首脑会议只有29个国家参加，到会议成立60周年的时候，已经有90个国家和地区参加，是成立之初的3倍多。这说明国家和地区之间互相了解、互相团结、互相协作也成了一种新常态，对促进不同地区国家的经济、政治和文化发展有着积极的作用。

同时，国际行业组织也发挥着积极的作用。比如，石油行业的石油输出国组织基本上囊括了主要的产油国，对石油市场的相对稳定也起了积极的作用。虽然世界上还有一些不和谐的事件，有一些人特别是有一定权力的人在旧观念的影响下企图阻碍世界市场秩序的正常发展，这都是徒劳的。社会的进步必然战胜邪恶，这是被人类发展的历史所证明了的。

11. 联合协作出规模、出效益

竞争的另一面就是联合。通过竞争走向联合是人类进步的表现之一，联合和协作也是人类经济发展进程中解决不正当竞争带来的不良效果的最好方法之一。

在传统的市场经济条件下，竞争的结果主要表现为淘汰落后，这是一个进步。落后的生产企业会浪费资源、污染环境、阻碍科学技术的发展，所以，通过市场竞争来淘汰落后是工业化发展几百年来的普遍现象。现代社会之所以仍然需要市场竞争，就是因为竞争仍然具有淘汰落后的功效。

联合是竞争的结果之一。通过竞争使行业内强强联合，集中优秀人才、优秀的技术设备，进行规模更大的生产和服务，这是竞争最好的结果。地球的资源是有限的，人类进步的目的之一就是要科学、有效、合理地利用自然资源，尽可能地减少浪费。所以，竞争出效益，竞争者联合起来互相取长补短，会发挥更大的优势，产出更好的效益。

12. 竞争——温州模式之谜

中国改革开放以后最先采用了三个模式，即"苏南模式"①"川西模式"②"温州模式"。经过30年的发展，前两个模式基本上都被中国经济的整体发展所同化，不具什么独特的风格，只是在改革开放的初期起到了示范和带动作用，而温州模式却保持了它独有的特色和魅力，这是我们要研究的地方。

温州模式是以温州人、温州话为特色的开拓市场、发展经济的方式。温州模式之所以能延续下来，是因为它们不只限于温州市的十几个县、区，而是以温州人到世界各地去开拓市场、以温州话为标志的经济发展模式。同温州人交往，只要会讲温州话，就能增加双方的信任度，使彼此成为朋友。据不完全统计，世界上每个国家和地区都有温州人的生意，这是温州模式赖以生存的源泉和活力所在。

笔者在研究温州模式的时候发现，温州人的经商之道是由他们的"海洋文化"所带来的。"海洋文化"是指生活在海岸线附近区域和海岛上的人们由于长期从事

---

① 改革开放初期，苏州、无锡发展乡镇企业的模式。
② 改革开放初期，成都市温江区的开放模式。

海上捕捞业形成的一种特殊文化，"海洋文化"最突出的特点是团结和坚守，这两点是温州人发展的宝贵财富。

温州的"海洋文化"和同样沿海地区的"潮汕文化"、"章泉文化"有许多相似之处，比如说它们都是侨乡，中国的海外华人在这三个地方占了大多数。因此，"海洋文化"是有共同特点的。进一步研究可知，与"海洋文化"相对的还有"山地文化"① 和"内陆文化"②。

"海洋文化"最突出的特点是团结一致面对困难和挫折。在海上捕捞时，一旦遇到恶劣天气，渔船就有沉没的危险。船上的船员只有同舟共济，团结起来互相支援，才能争取度过难关。即使是遇到海难，幸存者也会团结一致等待救援，这是生产的环境决定的。这种习惯祖祖辈辈延续下来，就形成了海边生活的人注重团结的特点。反之，高山地区的人们在共同参加生产活动时，如果遇到猛兽的袭击，有的人会选择自己逃命，因为只要比别人跑得快就可以较快地脱离危险，这就是"山地文化"和"内陆文化"容易形成"山头主义"、"个人逃跑主义"趋向的自然原因。

"海洋文化"的第二个特征是能够坚守。出海捕鱼的人会经常遇到这种情况：渔船准备了燃料和食品，预计7天之内返航，但是，由于海洋气候变化多端，也可能由于技术的原因，一条船用了5天半时间，每网下去的收获都很少，船上带的燃油和食品逼迫他们尽快返航，而捕捞的鱼的价值连油费都不够，怎么办？船长往往会下令捕最后一网鱼，这最后一网在很多时候都会收获不小，有时一网鱼就造成了此次出海的大丰收。长此以往，祖祖辈辈出海捕鱼的人们都会因为坚持到最后一网，得到意想不到的收获，这使他们学会了坚守。

可以说，"海洋文化"对温州人的思维模式有很重要的积极影响，是他们取得成功的重要原因之一。

13. 为什么温州会产生名牌

在20世纪90年代初中国轻工业总会组织的一次优秀产品评比中，温州人一次性拿下了鞋类产品的10个第一，创造了10个名牌。同样，温州的眼镜、打火机、纽扣、电器也都在国内外占有一席之地，其原因主要是温州人敢为天下先，敢于运用新技术。正因为如此，温州才能出名牌，领导市场消费的新潮流。"胆大包天王均瑶"的故事最能够说明这一点。

---

① 受山区、高原地理环境长期影响形成的文化派别。
② 受远离海洋的内陆地区环境长期影响形成的文化派别。

温州人王均瑶在南昌经商，获得了初步的成功，但是，几千温州朋友过年回家买不到火车票，也买不到飞机票，他为此感到焦急，终于想出了包机回家过年的异想天开的办法。当时还是中国改革开放的初期，私人包飞机是从来没有过的，一个农民要包飞机更是异想天开的事，但是，他敢为天下先，跑武汉、跑北京，终于成为"中国包机第一人"。后来，王均瑶的生意越做越大：在温州注册了"均瑶公司"，经商、开发房地产；后来进军上海，在上海建立了均瑶大厦；在无锡组织了上市公司，成为中国第一家民营航空公司的创立者。从这个故事可以看出，温州人敢于开拓市场，所以能取得成功。

温州能产生名牌还与他们的区域规模经济有关。温州一个小镇就有几千家企业生产像打火机这样的小商品，尽管每个企业的规模都不大，但是，聚集在一起就产生了规模效应。早在十年前，温州的打火机就垄断了美国市场，不论是1美元一个的打火机，还是上千美元甚至更高价格的超级打火机，温州应有尽有。

14．遵守游戏规则

市场竞争就像一场游戏，所有参与者都应该遵守游戏规则。

用游戏来比喻市场又是另一种思维模式。游戏不像体育比赛一样有严格的规则和专业的裁判。之所以能这么比喻，不是因为市场不需要制定严格的规则和聘请专业的裁判，而是因为市场的竞争平台不像体育竞赛那么规范。市场的范围很广阔，参与市场的人员众多而复杂。如果要拿足球比赛来比喻，市场的复杂性就好像观众进入了球场，运动员、裁判、观众混杂在一起，这就是市场复杂难以管理之处。其实，不管是用体育比赛还是用游戏来比喻市场，都只是一个很小的手段而已，目的都是提醒人们在市场竞争中要学会遵守法律、法规、合同、习惯、规矩等。

现在人们为什么喜欢看足球比赛？因为足球比赛竞争性很强、参与人数众多。首先是场上的运动员多，第二是观众数量也很多，第三是团队精神强，第四是能发挥个人的作用尤其是球星的作用，第五是奖金多、诱惑大，第六是变化莫测、一球定胜负，诸如此类的特点使足球比赛和其他体育运动相比更具有吸引力。市场的竞争类似于足球比赛。

15．行业协会的妙用

市场经济发展到现在，行业协会越来越规范，也越来越发挥着积极的作用。在经济发展史上，封建经济形态下的行会曾经起到过进步作用，后来才逐渐变成了阻碍经济发展的事物。到了资本主义时代，在自由竞争状态下，行业协会发挥的作用较小。但是，到 20 世纪后半期，世界各国的行业协会都纷纷起到了协调经济发展的积极作用。

在改革开放前，中国的行业协会很少，起的作用也很小。随着改革开放的深入发展，中国的行业协会也吸取别国的先进经验，起到了积极的作用。今后我们还要加强行业协会的建设，使之发挥更好的作用。中国要与国际市场接轨，必须通过发挥行业协会的作用，逐步减少和弱化政府部门对市场经济的干预。

行业协会要制订相关的行业标准。行业标准在国际上是通用规则，在行业内部也可以建立规范，所以行业标准越来越重要。先进的企业要参与制定行业标准，提升自己的品牌知名度和企业管理水平。

16. 科研是竞争的根本

上规模、上档次的企业要发展科技，加大对科技开发的投入，吸引更多的科技人才，申请更多的发明专利，使自己立于不败之地。

北京的联想科技园是联想集团的科研基地。联想的成功是靠科技启动的，现在联想集团提出了振兴民族工业的口号，进入了绿色食品等高科技行业，已经取得了较好的效果。

科技要发展，教育是基础。有眼光的企业家会主动发展企业的教育。吉利集团收购了沃尔沃汽车后，建立了吉利汽车学院，学院在北京和海南都有教育基地，取得了很好的效果。大型企业集团办教育，使教育更有针对性、实用性，这是值得倡导的。

对于中小企业或者科技人才相对缺乏的企业来说，购买专利技术是一个重要的途径，可以节省时间和节约成本，尽快地把专利科技转化为商品投入市场。

17. 创新是致胜的法宝

创新是人类文明发展的需要，也是一个民族立于世界民族之林的基本条件。尊重创新是一种民族文化和优良传统。企业更应该尊重创新，没有创新就没有企业的发展。尊重创新应该成为一种良好的社会风气，成为社会各阶层的一种共识。只有创新才能发展，以发展促进创新是我们的必然选择。

企业的经营者和员工都要明白：创新使企业立于不败之地，使员工获得更多的收入，使每个人实现自身的价值。

经过六十多年，特别是改革开放三十多年来的发展，中国迅速成为世界公认的制造业大国。中国人提供的优质商品已经遍布世界大部分国家和地区，特别是大量供给到欧美市场。中国的经济从比较落后的状态变为接近中等发达水平的状态，经济总量成为世界第二，这么巨大的成功是非常值得中国人骄傲和自豪的。但是，我们的目标是使"中国制造"进化为"中国创造"，为世界人民提供更多新产品、新技术，为世界的和平发展做出更大的贡献。

亮点、难点、重点与基本概念

亮 点

1. 关于企业的诚信是企业生存之本。

在资本原始积累的初期，不少企业是不讲诚信的。21世纪，人类进入了文明的新时代，企业如果不诚信，就会难以生存。守信、守时、守职、守责、守法是企业诚信的基本要求。每一个企业员工和公民都应该讲诚信，只有这样才能更好地发展自己。

2. 关于企业的评价体系。

企业是否成功，关键在于能否生产优质产品、赚取更多的利润。企业在发展过程中需要得到优质的社会评价以增加自己的竞争力。对企业的评价一般是由客户评价、媒体评价、行业协会评价、政府评价构成的。

难 点

1. 关于广告词与诚信。

广告的一个基本原则就是广告词要诚信，不能对消费者产生误导，不能违背国家法律法规，要尊重民风民俗特别是宗教教义的规定。

广告词的另外一个原则就是可以宣传自己的优点但不能贬低别人。

2. 关于竞争是比赛。

最良性的竞争应该像体育比赛，但是，市场竞争比体育比赛复杂很多：首先是裁判不明确，其次是裁判和运动员、观众混在一起。所以，市场竞争只能学习体育竞赛的精神。

重　点

1. 关于服务水平和企业水平。

企业水平的高低由它的服务水平决定。售后服务是企业服务最重要的方式之一，中国由于过去市场经济不发达，很多企业在这方面做得还不尽人意。

优秀的企业应当提供终身服务。

2. 关于海洋文化。

海洋文化是一个开放型的文化模式。海洋文化的核心是团结一致，共同应对困难。海洋文化的特征之一就是坚守。

基本概念

诚信的原则、诚信记录、霸王条款、企业诚信评价体系、海洋文化。

问题与思考

1. 关于柳市竞争案例的思考

柳市是以生产假冒伪劣电器而闻名的，在这种环境下，只要诚信，企业就会获得很大的发展。

求精开关厂的案例启示我们，企业的分立也能取得成功。

2. 关于海洋文化的思考

海洋文化的优点和特点给我们带来深刻的思考。

远离海洋地区的文化也有优点和特点，关键是要能够吸取其中优秀的部分，帮助我们获得事业的成功。

参考文献

1. 《1996—1997经济分析与预测》，萧灼基主编，经济科学出版社，1997年2月第11版。

2. 《教育经济学》，励以宁著，北京出版社，1984年2月第1版。

3. 《中华人民共和国国民经济和社会发展第十二个五年规划纲要》，人民出版社，2011年3月第1版。

4. 《2015年3月5日李克强在第十二届全国人民代表大会第三次会议上的政府工作报告》，人民出版社，2015年3月第1版。

5. 《邓小平文选》，人民出版社，1989年5月第1版。

7. 《毛泽东选集》，人民出版社，1991年6月第2版。

8. 《马克思恩格斯全集》，人民出版社，1985年版。

9. 《2014领导干部理论学习热点·面对面：深入学习习近平总书记系列讲话精神辅导》，中共中央党校出版社，2014年5月第1版。

10. 《习近平总书记系列重要讲话读本》，学习出版社、人民出版社，2014年6月第1版。

11. 《新结构经济学——反思经济发展与政策和理论框架》，林毅夫著，北京大学出版社，2012年11月第11版。

12. 《繁华的求索——发展中经济如何崛起》，林毅夫著，北京大学出版社，2012年11月第1版。

13. 《解读中国经济》，林毅夫著，北京大学出版社，2012年11月第1版。

14. 《经济学教程——中国经济分析》，刘伟主编，北京大学出版社，2012年5月第1版。

15. 《中国经济改革二十讲》，吴敬琏、马国川著，生活·读书·新知三联书店，2012年12月第1版。

16. 《中国经济的区域发展》，林凌著，四川人民出版社，2006年10月第11版。

17.《新常态改变中国——首席经济学家读大趋势》，胡舒立主编，民主与建设出版社，2014年12月第1版。

18.《反主流经济学——主流经济学批判》，何新著，时事出版社，2010年3月第1版。

19.《经济学300年》，何正斌编著，湖南科学技术出版社，2010年10月第3版。

20.《财经郎眼07——危机中的忧与思》，郎咸平等著，东方出版社，2012年2月第1版。

21.《赋税论、献给英明人士、货币略论》，〔英〕威廉·培第著，陈冬等译，商务印书馆，1963年3月初版。

22.《国民财富的性质和原因的研究》，〔英〕亚当·斯密著，郭大力、王亚南译，商务印书馆，1972年10月初版。

23.《政治经济学赋税原理》，〔英〕大卫·李嘉图著，商务印书馆，1976年。

24.《就业、利息和货币通论》，〔英〕约翰·梅纳德·凯恩斯著，宋韵声译，华夏出版社，2005年第1版。

25.《经济学》，〔美〕保罗·萨缪尔森、威廉·诺德豪森著，萧琛等译，华夏出版社，1999年8月第16版。

26.《论中国》，〔美〕亨利·基辛格著，胡利平等译，中信出版社，2012年10月第11版。

27.《1999年，不战而胜》，〔美〕理查德·尼克松著，世界知识出版社，1989年6月第1版。

28.《家庭经济分析》，〔美〕加里·S.贝克尔著，华夏出版社，1987年11月第1版。

29.《社会主义所有制与政治体制》，〔波〕W.布鲁斯著，华夏出版社，1989年3月第1版。

30.《发展计划的战略管理》，塞缪尔·保罗著，中国对外翻译出版公司，1987年4月第1版。

31.《孤立国同农业和国民经济的关系》，〔德〕约翰·冯·杜能著，商务印书馆，1986年。

32.《美国农业经济概况》，广东省哲学社会科学研究所美国农业概况编写组编，人民出版社，1976年11月第1版。

33.《政治经济学大纲》，〔英〕西民尔著，商务印书馆，1971年12月第

1 版。

34.《历史方法的国民经济学讲义大纲》,〔德〕威廉·罗雪尔著,商务印书馆,1981 年 11 月第 1 版。

35.《现代经济学的最新发展》,〔英〕《经济学家》主编,经济科学出版社,1987 年 5 月第 1 版。

36.《政治经济学概论》,张文鉴主编,西南师范大学出版社,1989 年 11 月第 1 版。

37.《李光耀论中国与世界》,李光耀口述,中信出版社,2013 年 10 月第 1 版。

38.《生活中的经济学》,〔美〕加里·贝克、吉蒂·贝克著,华夏出版社,2000 年 1 月第 1 版。

39.《财富与智慧——一个善待财富的话题》,〔美〕海迪·L. 斯滕格、纽伯格伯曼主编,汕头大学出版社,2004 年 1 月第 1 版。

40.《富爸爸穷爸爸》,〔美〕罗伯特·清崎、莎伦·莱希特著,世界图书出版公司,2000 年 9 月第 1 版。

41.《翡翠城市——欧美城市发展启示录》,〔美〕琼·菲茨杰拉德著,中国商业出版社,2011 年 11 月第 1 版。

42.《我们向印度学什么》,潘松编著,机械工业出版社,2000 年 6 月第 1 版。

43.《阿里巴巴模式》,刘鹰、项松林、方若乃著,中信出版社,2014 年 10 月第 1 版。

44.《世界商界领袖演讲精选》,刘植荣编译,江西人民出版社,2014 年 4 月第 1 版。

45.《李嘉诚讲给年轻人的财富课》,宿文渊编著,中国华侨出版社,2015 年 4 月第 1 版。

46.《蓝色管理——破解西方管理本源》,冯成平、耿云等著,东方出版社,2008 年 5 月第 1 版。

47.《2030——技术改变世界》,〔荷〕鲁格·凡·森特恩等著,中国商业出版社,2011 年 10 月第 11 版。

48.《看懂世界格局的第 1 本书》,王伟著,南方出版社,2011 年 3 月版。

49.《建国以来政治经济学重要问题争论》,中国财政经济出版社,1981 年 8 月第 1 版。

后　记

　　《新经济学》的第一卷《实体经济学》从2003年3月形成写作提纲到终于可以付印，已有13年零3个月了。本书是对我30多年的经济研究，以及深入我国大部分地区，到1000多家大中型企业调研的总结。在国际、国内虚拟经济（股票、证券、债券等）市场很不景气，实体经济面临结构调整的当下，本书的出版，将为企业、政府、非政府组织、为正准备创业的人们提供一个有益的参考。

　　本书的出版，首先要感谢我的导师北京大学萧灼基教授。他早就催我尽快完成书稿，并答应一定为我的书作序。但非常遗憾的是，他在一次演讲中不幸中风，至今已病多年，学生不愿再劳驾一颗为国家经济发展劳累的心。其次，南开大学谷书堂教授也十分关心本书的出版，同样遗憾的是谷老于今年3月17日不幸辞世。谷老如在天有灵，看到本书的出版，一定会有一丝欣慰。

　　感谢浙江大学经济学教授、博士生导师史晋川百忙之中为本书作序，他的谦虚之词和独到见解使我很感动。感谢第十、十一届全国政协委员，德力西集团董事局主席兼总裁胡成中先生长久以来关心、帮助我，并为本书作序。胡先生的创业感言和为民族经济创业创新的成功经验值得弘扬。感谢第十二届全国人大代表、成都艺术学院创始人余开元教授在百忙中为本书作序。余院长的创业创新经历为世人之楷模，学之令人受益匪浅。邹建明教授系一生从事政治经济学教学和研究的长者，几十年来一直从事党政干部和企业管理者的培训工作。他一直关注实体经济的研究。感谢他不辞辛劳，以八十之高龄通读本书并作序。

　　感谢北京社会管理职业学院院长邹文开教授、常务副院长赵红刚教授以及北京社管学院老年福祉学院院长杨根来教授和民政部培训中心领导、同事们对本书写作的关心和帮助。

　　衷心感谢为本书写作提供实例的企业家和广大职工、有关地区党政领导、经济研究者和众多的经济实践者。

　　感谢四川省社会科学联合会原党组书记王均先生、副秘书长李哲民先生支持本书立项成为2013年省重点社科课题。

感谢浙江省地矿建设有限公司建安公司经理林明东先生、四川华君电器设备有限公司董事长万兴雄先生、四川洪运律师事务所李应勤律师的关心和帮助。

感谢关心本书出版的四川师范大学校长丁任重博士，北京工商大学副校长李朝鲜教授，乐山师范学院党委副书记陈立志教授，乐山师范学院经济管理学院院长龚晓博士、院党总支书记邓健教授，四川大学工商管理学院秦永红博士、代永红博士，乐山师范学院詹虎教授等学界朋友。

感谢王华民博士、刘露硕士加入本书后期的部分写作。

本书的出版得到了华夏出版社的大力支持，特别要感谢编辑部主任贾洪宝老师和责任编辑廖贤老师的辛勤劳动和奉献。

最后，要感谢我的夫人——浙江科技学院外国语学院谭小娅，她为本书的资料收集和后勤支持付出了难以计算的心血。没有她的支持，我是难以完成本书的。

但愿我和同志们的努力能达到为万众创新、大众创业、民富国强，为世界上的发展中国家提供有益的经济学知识和理论的目的。

刘开海

2016年6月12日于北京